DAVID EWING DUNCAN

Historia del calendario

Traducción de María Luz García de la Hoz

D AVID E WING D UNCAN

Historia del
calendario

EMECÉ EDITORES

820-4   Duncan, David Ewing
DUN   Historia del calendario. - 1a ed. - Buenos Aires : Emecé, 1999.
          320 p. ; 23x15 cm. - (Títulos varios)

          Traducción de: María Luz García de la Hoz

          ISBN 950-04-2063-5

          I. Título - 1. Ensayo Inglés

Emecé Editores S.A.
Alsina 2062 - Buenos Aires, Argentina
E-mail: editorial@emece.com.ar
http: // www.emece.com.ar

Diseño de tapa: *Eduardo Ruiz*
En la tapa: *Los trabajos de los campesinos por meses,* miniatura medieval
Fotocromía de tapa: *Moon Patrol S.R.L.*
Primera edición: 4.000 ejemplares
Impreso en Talleres Gráficos Leograf S.R.L.,
Rucci 408, Valentín Alsina, noviembre de 1999

IMPRESO EN LA ARGENTINA / PRINTED IN ARGENTINA
Queda hecho el depósito que previene la ley 11.723
I.S.B.N.: 950-04-2063-5
23.563

Para Sander, Danielle y Alexander.
Y gracias a Stephen.

El tiempo es el mayor innovador.

FRANCIS BACON, 1625

Datos de interés

- Duración del año (trópico) en 2000 d.C.: 365 días, 5 horas, 48 minutos, 45 segundos
- Reducción de la duración del año desde el 1 d.C.: 10 segundos
- Reducción media del año por disminución gradual de la rotación de la tierra: ½ segundo por siglo
- Mes lunar: 29 días, 12 horas, 44 minutos, 2,9 segundos
- Fecha más antigua conocida: 4236 a.c., año del establecimiento del calendario egipcio
- Antiguo año egipcio: 365 días y ¼
- Antiguo año chino: 354 días (año lunar), con días añadidos periódicamente para adecuar el año a la duración de las estaciones
- Antiguo año griego: 354 días, con días añadidos
- Año judío: 354 días, con días añadidos
- Antiguo año romano: 304 días, cambiado en el 700 a.C. a 355 días
- El año según Julio César (calendario juliano): 365 días y ¼
- Fecha en que César cambió el año romano en calendario juliano: 1 de enero de 45 a.C.
- Discrepancia entre el antiguo calendario romano y el año solar de César: 80 días
- Duración total del año 45 a.C., conocido como «año de confusión», después de añadirle 80 días: 445 días
- El año reformado por el papa Gregorio XIII (calendario gregoriano): 365 días, 5 horas, 48 minutos, 20 segundos
- Fecha en que el papa Gregorio reformó el calendario: 1582
- Tiempo por año en que el calendario juliano sobrepasaba el año solar, según el papa Gregorio: 11 minutos, 14 segundos
- Días que suprimió el papa Gregorio para compensar el desajuste del calendario: 10
- Fechas que eliminó Gregorio con una bula papal para ajustar su calendario al año solar: del 5 al 14 de octubre de 1582

- Fechas en que la mayoría de los países católicos aceptaron el calendario gregoriano: entre 1582 y 1584
- Fecha en que los protestantes alemanes adoptaron el calendario gregoriano: adopción parcial en 1700, adopción total en 1775
- Fecha en que Gran Bretaña (y las colonias americanas) adoptó el calendario gregoriano: 1752
- Días eliminados por el Parlamento británico para ajustar el viejo calendario (juliano) al calendario gregoriano: 11 días
- Fechas eliminadas por el Parlamento: del 3 al 13 de septiembre de 1752
- Fecha en que Japón adoptó el calendario gregoriano: 1873
- Fecha en que Rusia adoptó el calendario gregoriano: 1917 (y otra vez en 1940)
- Fecha en que China adoptó el calendario gregoriano: 1949
- Fecha en que la Iglesia ortodoxa de Oriente rechazó por última vez el calendario gregoriano para continuar utilizando el juliano: 1971
- Tiempo de discrepancia entre el calendario gregoriano y el año solar verdadero: 25,96768 segundos al año
- Tiempo de desajuste del calendario gregoriano durante los 414 años transcurridos desde la reforma del papa Gregorio: 2 horas, 59 minutos, 12 segundos
- Año en que el calendario gregoriano estará un día por delante del año solar verdadero: 4909 d.C.
- Año en que el tiempo atómico reemplazó al tiempo terrestre en las medidas de tiempo oficial internacionales: 1972
- El año medido en oscilaciones de átomos de cesio: 290.091.200.500.000.000

El año 2000 en otros calendarios

1997 según el año real del nacimiento de Cristo, que se produjo alrededor del 4 a.C.

2753 en el antiguo calendario romano

2749 en el antiguo calendario babilonio

6236 en el primer calendario egipcio

5760 en el calendario judío

1420 en el calendario islámico

1378 en el calendario persa

1716 en el calendario copto

2544 en el calendario budista

5119 en el actual gran ciclo maya

208 en el calendario de la Revolución francesa

Año del DRAGÓN según el calendario chino

Contenido

Contenido

Prólogo

Pescar el tiempo con red

Ese ser silencioso e incansable que se llama tiempo,
que rueda y corre, rápido y silencioso, como una ma-
rea omnímoda [...] es por siempre, y de un modo muy
literal, un milagro; algo que nos deja sin habla.

THOMAS CARLYLE, 1840

No hace mucho tiempo conocí a un famoso cirujano que agonizaba en un hospital de Richmond (Virginia). Era una figura consumida, la cara una máscara de piel sobre la calavera, las manos una pálida sombra violeta después de haber recibido inyecciones intravenosas durante varias semanas. Sin embargo, su voz continuaba siendo profunda y poderosa y sus ojos vivarachos. Cuando un amigo le preguntó cuánto tiempo iba a estar en el hospital esta vez, el cirujano dijo que no lo sabía, que el tiempo se había vuelto irrelevante para él.

—Es curioso —dijo, sonriendo débilmente—. He vivido pendiente del calendario durante sesenta años. Relojes con alarma, agendas... estos objetos gobernaban mi vida. Ahora no tengo ni idea del día que es ni me importa. Es como si estuviera flotando —añadió, recostándose sobre las sábanas almidonadas y casi susurrando.

Nuestra obsesión por medir el tiempo es intemporal. Después de la conciencia, debe de ser nuestro rasgo más característico como especie, ya que una de las primeras cosas de las que fuimos conscientes fue, sin duda alguna, nuestra mortalidad... el hecho de que vivimos y morimos en un tiempo dado.

Incluso en una época en que medimos femtosegundos (trillonésimas de segundo) y cúmulos de estrellas situados a 11.000 millones de años luz, el tiempo cuestiona las medidas realmente objetivas. Parece deslizarse lentamente e incluso detenerse en ciertos momentos, y correr y precipitarse en otros. Podemos derrochar tiempo, hacer tiempo, conservarlo, ahorrarlo, matarlo, perderlo y desearlo. Para los pastores núer, del sur de Sudán, el tiempo es *tot* y *mai*, húmedo y seco, según la estación. Para Hesíodo, el antiguo poeta griego, el tiempo es segar en el mes en que el cuco canta y una ligera excitación sexual entre los varones al final del verano, cuando «las cabras están más gordas y el vino sabe mejor».

Consideremos la geometría de la medición del tiempo. Puede ser dividido en tiempo circular y tiempo cuadrado: tiempo del reloj y tiempo del calendario. El tiempo del reloj se persigue a sí mismo como Uróboros, las manecillas o los dígitos destellantes vuelven al lugar de origen en una progresión que no tiene principio ni fin. El ciclo continuará tanto si la gente mira las manecillas y los dígitos como si no. En cambio, el tiempo del calendario está compuesto de casillas que contienen todo lo que sucede en un día, pero nada más. Y cuando el día se acaba, no se puede volver a la casilla. El tiempo del calendario tiene pasado, presente y futuro, y termina en muerte cuando las casillas se acaban.

No obstante, en los tiempos modernos damos por sentado el mecanismo del calendario, como hacemos con la respiración o la fuerza de gravedad. Mientras nos deslizamos por los años, los meses, las semanas, las horas, los minutos y los segundos, raramente pensamos de dónde vienen estas cosas o por qué hemos dividido el tiempo de una forma y no de otra.

No siempre ha sido así. Durante miles de años, el esfuerzo por medir el tiempo y crear un calendario factible ha sido una de las grandes luchas de la humanidad, un enigma para los astrónomos, matemáticos, sacerdotes, reyes y todos los que han necesitado contar los días que faltan para la siguiente cosecha, calcular cuándo hay que pagar los impuestos, o determinar el momento exacto de realizar un sacrificio para calmar a un dios colérico. Incluso puede afirmarse que la misma ciencia arrancó de la necesidad humana de comprender el paso del tiempo, de domeñar el avance de la vida e imponerle un sentido del orden.

El empeño por organizar y controlar el tiempo sigue siendo constante hoy día. Es uno de nuestros mayores esfuerzos colectivos mientras forjamos nuestro futuro y tratamos de comprender el pasado. Un inversor coloca en bolsa un microchip a corto o largo plazo según la historia de la compañía. En las cuencas de los ríos construimos presas y diques para contener las inundaciones durante 10, 50 o 100 años. Celebramos Semana Santa, la Pascua judía y el Ramadán en fechas señaladas, al igual que nuestros antepasados hace siglos, y esperamos que nuestros hijos sigan celebrándolos en los siglos futuros.

Somos el pueblo del calendario. Al mirar hacia delante (y hacia atrás), nos sentimos incómodos con el presente de una manera que no habrían comprendido los antepasados que cultivaban la tierra, vivían y morían de acuerdo con los grandes ciclos de la naturaleza.

¿Qué haremos mañana a la una? ¿Puede reservarme una plaza en el avión de Memphis del próximo jueves a las dos? ¿Cuándo se enviará el inventario? Diez, nueve, ocho, siete, seis, cinco, cuatro, tres, dos, uno, cero: ¡Lanzamiento!

Mientras tenía entre mis manos las del cirujano del hospital de Richmond, pensé en mi agenda del día. Reuniones, compromisos, llamadas telefónicas, el avión que tenía que coger para volver a mi casa. Tenía que comprar un regalo para mi hijo de ocho años y que acordarme de poner gasolina en el coche de alquiler antes de devolverlo en el aeropuerto. En cierto modo envidiaba al cirujano porque él podía dejar pasar el tiempo y yo no. Ésta es nuestra bendición y nuestra maldición: contar los días, las semanas y los años, calcular los movimientos del sol, la luna y las estrellas y ordenar todo esto en una retícula de pequeñas casillas que se extiende como una red de pesca que se arrojara sobre el tiempo. Cómo se tejió esta red en el curso de los milenios, y por qué, es el tema del presente libro.

sagrada tradición y respeta por [illegible] los [illegible] de [illegible] re- [illegible] en las [illegible] futuras.

[illegible] el ocho del [illegible]. Al parecer hacia adelante (y) [illegible] podemos [illegible] presentarla [illegible] que [illegible] comprender [illegible] de la Sierra viviría y moriría de acuerdo a un [illegible] de la naturaleza.

[illegible] ¿Puede observarla [illegible] ¿Quiere mover las [illegible] Cuando [illegible] mueve [illegible] cinco [illegible] tres [illegible]

Hermes [illegible] con mis manos [illegible] antigua [illegible] mismo [illegible] que [illegible] Tanto [illegible] de [illegible] con [illegible] desde [illegible] Entre [illegible] que [illegible] antes [illegible] Esto es [illegible] nuestro [illegible] las semanas y los años [illegible] la tierra y las estaciones [illegible] una [illegible] de [illegible] que [illegible] el [illegible] de los [illegible] en el [illegible] presente libro.

1

Un genio solitario proclama la verdad sobre el tiempo

El calendario es intolerable para la sabiduría, el horror de toda la astronomía y un motivo de risa para el punto de vista de un matemático.

ROGER BACON, 1267

Hace siete siglos, un enfermizo fraile inglés envió una estridente misiva a Roma. Era una llamada apremiante, dirigida al papa Clemente IV, para que, de una vez por todas, el tiempo se definiera con exactitud. Calculando que el año del calendario era unos 11 minutos más largo que el año solar real,[1] Roger Bacon informaba al sumo pontífice de que esto sumaba un error de un día entero cada 125 años, un excedente de tiempo que a lo largo de los siglos había acumulado, en la época de Bacon, nueve días.[2] Si no se corregía, esta tendencia trasladaría marzo a lo más crudo del invierno y agosto a la primavera. Más horrible en esta época piadosa era la insistencia de Bacon en que los cristianos estaban celebrando la Pascua de Resurrección y demás festividades en fechas erróneas, una acusación tan ultrajante en 1267 que Bacon se arriesgó a que lo calificaran de hereje por poner en duda la veracidad de la Iglesia católica.

A Roger Bacon no le importaba. Era uno de los más originales e irascibles pensadores de la Europa medieval y

---

1. Cuando digo «año», «año verdadero», «año del calendario» o «año solar», quiero decir año *trópico*, a menos que se indique otra cosa. El año trópico es el año basado en la sucesión de las estaciones y se suele definir como el tiempo que transcurre entre dos equinoccios vernales. Debido a que esta medida fluctúa de año en año, el año trópico suele calcularse como la media de varios años. El año trópico es ligeramente diferente del año *sidéreo*, que mide el tiempo que tarda la tierra en dar la vuelta al sol hasta que vuelve al punto de partida según un punto fijo, por ejemplo una estrella.
2. En otro lugar de este mismo tratado, Bacon da esta cantidad una vez cada 130 años. El error real está más cerca de una vez cada 128 años.

parecía disfrutar de su papel de rebelde, primero como profesor de la Universidad de París desde 1240 y después como sacerdote tras ingresar en la orden franciscana después de 1250, a los cuarenta años. Insaciable curioso y siempre empeñado en poner en duda la ortodoxia, Bacon dedicó su vida a reflexionar qué causa un arco iris, a dibujar la anatomía del ojo humano y a desarrollar una fórmula secreta de la pólvora. Dos siglos antes de Leonardo da Vinci, predijo la invención del telescopio, las gafas, los aviones, los motores de alta velocidad, barcos autopropulsados y motores de gran capacidad. Llegó a estas conclusiones basándose en la idea, radical por aquel entonces, de que la ciencia ofrecía verdades objetivas, al margen del dogma o de lo que constara en los libros.

Los contemporáneos de Bacon estaban sorprendidos por su intelecto, pero asustados por sus ideas. Parece que sus propios hermanos de orden en Oxford y París le impidieron salir del convento. Aún peor, le prohibieron durante largos periodos escribir y enseñar, manteniéndolo ocupado con las tareas cotidianas del monasterio: atender el jardín, recitar oraciones, barrer el suelo. De vez en cuando lo castigaban retirándole la comida.

Éste habría sido el final de la historia de Roger Bacon si no hubiera sido por el súbito interés que Guy Foulques, apodado «el Gordo», sintió por sus ideas. En 1265, este abogado y consejero del rey Luis IX de Francia descubrió a Bacon y contactó con él, pidiéndole que le enviara un resumen de sus ideas. Como Bacon, Foulques se había ordenado sacerdote ya mayor, en 1256, el año que murió su mujer. Después había ascendido a velocidad meteórica a obispo, arzobispo y cardenal, cargo que ejercía cuando se acercó a Bacon. No se sabe cómo se enteró Foulques de la existencia de aquel fraile tanto tiempo enclaustrado; tampoco está claro por qué aquel importante cardenal estaba interesado en las ideas de Bacon, ni por qué estaba de acuerdo con él.

Fueran cuales fuesen sus razones, el interés de Foulques supuso un giro fundamental para Roger Bacon. El fraile, tras tantos sufrimientos, debió de sentirse como si finalmente le fuera permitido volver al mundo normal. Y por si esto no bastara, meses más tarde Guy Foulques, *el Gordo*, fue elegido pontífice de la Iglesia católica, adoptando el nombre de Clemente IV. De aquí surgió un segundo contacto con Bacon: un breve papal fechado en junio de 1266 ordenando que se enviara cuanto antes a San Pedro de Roma la obra del fraile.

Bacon estaba jubiloso pero avergonzado, ya que, después de años de hostigamiento en el seno de su propia orden religiosa, incluyendo a veces la prohibición de escribir, no tenía nada completo que enviar a Roma.

«Mis superiores y mis hermanos —escribió al Papa el contrariado Bacon— me castigan con el hambre, me tienen bajo estrecha vigilancia y no permitirían a nadie acercarse a mí, dado que temen que mis escritos los conozcan otros, además de ellos.»

Libre al fin para proseguir con sus ideas, Roger Bacon prometió preparar un manuscrito y enviarlo lo antes posible. Durante casi dos años trabajó incansablemente y al final, en 1267, envió a Roma un tratado colosal titulado *Opus maius*. En este y otros dos libros, llevados personalmente por un fiel sirviente llamado Juan a través de los caminos a menudo traicioneros de la Europa de la Edad Media, Bacon comenta desde el estudio de las lenguas y la geometría de los prismas hasta la geografía de tierra Santa.

La parte que describe los fallos del calendario está en un largo y oscilante capítulo sobre matemáticas, en una sección en la que el autor aboga por utilizar la objetividad de los números y de la ciencia para denunciar los errores. Empieza al afirmar que está tratando una materia «sin la cual habría gran peligro y confusión», un error causado por la «ignorancia y la negligencia [...] [que son] despreciables a los ojos de Dios y de los santos [...]». «El tema en que pienso —dice— es la corrección del calendario.»

Bacon remite los defectos del calendario a su inventor, Julio César, que puso en vigor el modelo utilizado por Bacon (y también por nosotros en la actualidad, con alguna modificación) el 1 de enero del 45 a.C. «Julio César, versado en astronomía, completó el orden del calendario hasta donde pudo en su época», escribe Bacon:

Pero Julio no llegó a la verdadera longitud del año, que en nuestro calendario supuso que era de 365 días y un cuarto [...]. Pero está claramente probado que la longitud del año solar no es tan grande, antes bien es menor. Este defecto calculan los científicos que es la centésima trigésima parte de un día. Por lo tanto, al cabo de 130 años hay un día de más. Si dichos días se quitaran, el calendario se perfeccionaría al menos en lo que se refiere a este error. En consecuencia, puesto que todas las longitudes del calendario se basan en la duración del día solar, es

*necesario desconfiar de ellas, ya que tienen una
base falsa.*

Bacon también señala otro error del calendario que
proviene del primero. «Hay otro gran error —escribe Bacon— relacionado con la determinación de los equinoccios y
los solsticios. Pues [...] los equinoccios y solsticios están situados en días fijos [...]. Pero los astrónomos saben que no
son fijos, que suben en el calendario, como está probado por
tablas e instrumentos.»

Este segundo punto era de capital importancia, afirma
Bacon, porque el equinoccio de primavera (astronómicamente hablando, el punto situado entre el invierno y el verano en
el que el sol cruza el ecuador) es la fecha utilizada por los
cristianos para determinar la Pascua de Resurrección. Según las normas de la Iglesia, la Resurrección se celebra el
primer domingo que sigue a la primera luna llena después
del equinoccio de primavera.[3] En tiempos de Bacon, el equinoccio estaba fijado permanentemente en el 21 de marzo,
por orden de la Iglesia, tal como había quedado establecido
en un importante concilio celebrado en Nicea (actual Tur-
quía) en el año 325 de nuestra era. Pero desde el 325, como
apunta Bacon, el equinoccio había «subido en el calendario [...] y de igual manera los solsticios y el otro equinoccio»
un día cada 130 años u 11 minutos al año. Determinó que la
fecha auténtica del equinoccio del año en que estaba escribiendo (1267) caía «tres días antes de los idus de marzo», o
sea, el 12 de marzo (una diferencia de nueve días). «Este hecho no sólo lo certifican los astrónomos —afirma Bacon—
sino que también cualquier profano puede percibir a simple
vista la incidencia de los rayos solares, ora más arriba, ora
más abajo, en la pared o en otro objeto, como cualquiera
puede notar.»

Bacon calculaba que en 1361 el calendario habría de re-
troceder otro día entero, creando la máxima confusión en el
desfile de fechas y días santos. El fraile concluía pidiendo a
Clemente que abrazara la «verdad» de la ciencia y corrigiera
el error.

*Vos, Santo Padre, tenéis poder para ordenarlo, y
encontraréis hombres con soluciones excelentes para
este particular, y no sólo en lo relativo a los mencio-
nados defectos, sino también en los de todo el calen-*

---

3. El cálculo real de la Pascua cristiana es muchísimo más complicado,
pero esta simplificación servirá por el momento.

*dario. [...] Si esta labor gloriosa se llevara a cabo en
vida de Vuestra Santidad, se consumaría una de
las hazañas mayores, mejores y más hermosas
de la Iglesia de Dios.*

La solución de Bacon era quitar un día del calendario
cada 125 años. Pero hizo una advertencia en el sentido de
que «nadie nos ha dado todavía la duración verdadera de un
año, con pruebas concluyentes, y sin ninguna duda», una
realidad que continuaría complicando la solución final del
problema del calendario durante los siglos siguientes.

Roger Bacon no fue exactamente el primero en darse
cuenta del desajuste del calendario respecto del año solar. Mil años antes, el astrónomo griego Claudio Tolomeo
(c. 100-178) había señalado que el año del calendario se quedaba corto respecto del año verdadero, aunque su cálculo difería sustancialmente del de Bacon. En el *Almagesto*, una
obra astronómica muy leída (aunque no totalmente enten-
dida) durante la Edad Media, Tolomeo estima la diferencia
en cerca de tres centésimas de día, un salto de un día completo cada 300 años. Esto da un defecto de cinco minutos, es
decir, un año de 365 días, 5 horas y 55 minutos, frente al
año juliano de 365 días y 6 horas (365 días y cuarto). «Y este
número de días —escribe Tolomeo— lo podemos tomar como
la aproximación más cercana posible, dadas las observaciones que tenemos en el presente.» Considerando que Tolomeo, como Bacon, no tenía telescopio y creía que el sol giraba alrededor de la tierra, este cálculo era bastante
aproximado, aunque menos que el año baconiano de 365
días, 5 horas y 49 minutos.

Entre la época de Tolomeo y la de Bacon, los eruditos
de Europa y Asia idearon distintas soluciones, tratando de
mejorar las estimaciones del año auténtico, pero siempre
pecando por exceso o por defecto. Entre estos eruditos estaban el gran astrónomo indio Aryabhata (476-550), el matemático Mohamed ibn Musa al-Jwarizmí (c. 780-850) y
otros del mundo musulmán; y una lista desigual de frailes
y eruditos más o menos conocidos en Occidente; el más famoso fue Beda el Venerable (673-735) de Britania. Utilizando el reloj de sol de un monasterio de Northumbria, Beda
sospechaba que el año solar estaba ligeramente desajustado
con el calendario, pero no sabía cuánto. En parte era porque
los europeos, después de la caída de Roma, o descuidaban
o no entendían las fracciones complejas. Tendían a redon-
dearlo todo, menos las fracciones sencillas como un cuarto
o la mitad.

Otros monjes que intentaron y no supieron calcular el año solar auténtico fueron Notker el Tartamudo, un monje suizo que puso en duda la exactitud de ciertas fiestas de guardar en un tratado escrito alrededor de 896; el eclesiástico francés Hermann el Cojo, que se atrevió a sugerir en 1042 que el calendario aprobado por la Iglesia podía no coincidir con los cielos; y Raniero de Paderborn, que lo intentó en 1100. Pero ninguno de estos computistas se atrevió a desafiar a la Iglesia en un tema tan fundamental como el cálculo del tiempo.

Entonces llegó Roger Bacon, que aprovechó la oportunidad que le ofreció Clemente para zambullirse en este antiguo enigma. Rechazando con un golpe de su pluma siglos de reticencia de astrónomos temerosos, Bacon declaró que todo aquel que rechazara la verdad ofrecida por la ciencia era un necio.

No conocemos la reacción de Clemente a los pronunciamientos y llamadas de Bacon. El 29 de noviembre de 1268, el Papa murió de súbito, probablemente antes de que tuviera la oportunidad de leer la obra completa de Bacon.

Nada podía ser más desastroso para el fraile, que acababa de acusar a la Iglesia de ignorancia y obcecación y pedía reformas que los funcionarios del Vaticano, menos solidarios que Clemente, habrían condenado por herejía. Pero la Santa Sede hizo algo mucho más dañino; no le hicieron caso. El sucesor de Clemente, Gregorio X, no menciona a Bacon en sus escritos; tampoco lo menciona ningún otro personaje vinculado con San Pedro.

Pero Bacon continuó diciendo lo que pensaba. En 1272 lanzó un corrosivo ataque contra los académicos y lo que él consideraba el tenebroso estado del saber. No se olvidó de nadie, ni de las universidades, ni de los reyes, ni de los príncipes, ni de los abogados, ni de la corte pontificia. También comenzó a aplicar sus paradigmas de la verdad y la objetividad a la práctica del cristianismo, uniéndose a un pequeño pero activo movimiento de frailes extendido por toda Europa que creía que la Iglesia se había desviado de las enseñanzas originales de Cristo al adquirir demasiado poder y bienes humanos.

Bacon tuvo al final serios problemas a causa de su radicalismo. En el 1277 fue denunciado otra vez por su propia orden religiosa, que lo acusaba de apoyar «novedades sospechosas». Esta vez no se limitaron a enclaustrarlo: lo enviaron a prisión. Según los documentos franciscanos sobre el juicio, el consejo supremo de la orden «condenó y reprobó las enseñanzas del fraile Roger Bacon de Inglaterra», prohibiendo a todos que leyeran sus obras. Además se solicitó del papa Nicolás III un decreto ordenando la posibilidad de eliminar «las peligrosas enseñanzas del fraile». Durante década y media Roger Bacon desapareció. Más tarde, en 1292, el anciano fraile, ya entrado en los setenta y al parecer fuera de prisión, volvió a dar señales de vida para escribir otro enérgico ensayo, el último. Por entonces, sin embargo, el nombre de Roger Bacon era tan desconocido que este manuscrito, sin terminar ni publicar, no fue conocido por nadie. Tampoco se molestó nadie en apuntar la fecha exacta de su muerte, posiblemente acaecida aquel mismo año.

Pero la pasión baconiana por la verdad persistió. Roger Bacon se convertiría en un héroe a finales del Renacimiento y para los pensadores de la Ilustración, que se quedaron atónitos al ver la modernidad de sus ideas.

Hicieron falta tres siglos para que se cumplieran las demandas de Bacon sobre el calendario; por fin, el papa Gregorio XIII (1502-1585) reformó el calendario en 1582. Por entonces, los científicos llevaban varias décadas solicitando abiertamente una corrección. Incluso Copérnico, una generación antes de la reforma de Gregorio, había escrito un capítulo sobre la verdadera duración del año en su *Revoluciones de las esferas celestes*, publicado en 1543. En este mismo tratado presentaba una teoría convincente que desmentía la antigua creencia de que el sol y los planetas giraban alrededor de la tierra.

La reforma de Gregorio la llevó a efecto una comisión creada en 1572 o 1574 y dirigida por el matemático bávaro Cristóbal Clavio (Christophorus Clavius, 1537-1612), uno de los dos héroes silenciosos de la empresa. El otro fue un físico italiano llamado Luis Lilio (1510-1576), que fue quien realmente elaboró la solución que Gregorio promulgó en una bula papal el 24 de febrero de 1582. Habían pasado exactamente 316 años (más dos días y medio perdidos) desde la petición de Roger Bacon a Clemente IV.

Hoy casi todo el mundo da por sentada la exactitud del calendario, sin saber nada del largo hilo que se pierde en el pasado y que recorre prácticamente todas las grandes revoluciones de la ciencia, todas ligadas al cálculo del tiempo. El hilo, en términos generales, atraviesa todo Occidente, ya que en éste está el origen del calendario civil internacional, pero también hay ramificaciones de distintos tamaños y grosores que se desvían hacia China, la India, Egipto, Arabia y Mesopotamia. Si lo seguimos hacia atrás, el hilo se detiene provisionalmente en Clavio y en Bacon; en la fiebre de conocimiento del Islam y de Oriente durante la Edad Media; en los sangrientos conflictos por las fechas que se produjeron tras la caída de Roma; y en Roma en su punto álgido, cuando Julio César se enamoró de Cleopatra, una aventura que dio a Occidente su calendario. El hilo retrocede más allá del Egipto de los faraones, se remonta a Babilonia, a Sumer, a miles de años antes de que Roger Bacon escribiera al Papa, cuando un humano anónimo vestido con pieles de reno cogió un hueso de águila, miró al cielo y tuvo una idea tan radical en su día como Bacon en el suyo: utilizar la luna para medir el tiempo.

2

La luna, tentadora del tiempo

Hizo la luna para marcar los tiempos,
conocer el sol su ocaso.

SALMO 104:19, C. 150 A.C.

Hace 13.000 años, cuando el borde sur del gran casquete de la glaciación Würm todavía tocaba el mar Báltico, el valle del Dordoña, en el centro de Francia, se parecía más a la Alaska de nuestros días que a las frondosas colinas cubiertas de vides de la actualidad. Extensas manadas de renos, bisontes y rinocerontes lanudos pastaban en la tundra y bebían el agua de torrentes fríos y caudalosos. En las alturas rocosas, los tigres de colmillos de sable observaban las manadas y las águilas revoloteaban a cientos de metros del suelo, buscando musarañas, ratones y roedores del Paleolítico, extinguidos en nuestros días.

Apostado en una roca, cerca de lo que hoy es el pueblo de Le Placard, otra criatura observaba, no el ciervo ni el torrente canoro, sino el cielo. Una versión cromagnonesca de Roger Bacon, peluda y vestida con pieles de reno, esperaba pacientemente que la luna saliera en el valle. Estaba a punto de revolucionar la forma en que él y su gente enfocaban el tiempo.

Durante varias noches, este astrónomo y cronógrafo de la Edad de Piedra había estado viendo salir y ponerse la pálida esfera celeste. Se dio cuenta de que se movía en una serie de fases previsibles y de que podía contar las noches entre los momentos en que estaba llena, semillena y completamente oscura. Era una información útil para una tribu o un clan que quisiera utilizar aquella luz plateada para cocinar y cazar, o para calcular acontecimientos como el número de lunas llenas que había entre la primera brisa del invierno y la llegada de la primavera. Para el propio ha-

cedor de calendarios era una información útil que podía
utilizar para impresionar a su familia, a sus compañeros y
a su clan prediciendo cuándo volvería a estar llena la luna
o cuándo desaparecería, acontecimientos que incluso hoy
señalan ceremonias religiosas y celebraciones clave.

Posiblemente no fue el hombre de Le Placard el primero
que utilizó la luna como un tosco reloj. Pero aquella noche
particular, nuestro Cro-Magnon no se limitó a mirar al cielo
para calcular las fases del satélite terrestre. Tras bajar la cabeza, grabó con cuidado una muesca en un hueso de águila
del tamaño de un cuchillo para untar mantequilla, añadiendo una serie de muescas a lo largo del hueso. Las muescas
eran líneas rectas con pequeñas diagonales grabadas cerca
de la base, con este aspecto: ⅃. El hombre añadió una muesca
aquella noche a los distintos grupos de símbolos parecidos
que seguían pautas regulares, sin duda correspondientes a
las fases de la luna. Los grupos contenían siete muescas cada
uno, lo cual es una aproximación al paso de la luna nueva al
cuarto creciente, a la luna llena, al cuarto menguante y otra
vez a la luna nueva. El hombre tiró o perdió este hueso de
águila y los arqueólogos lo encontraron 13.000 años después
en una excavación.

¿Fue éste uno de los primeros calendarios?

grupos de muescas

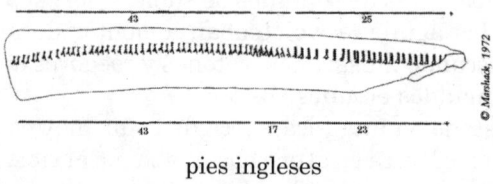

pies ingleses

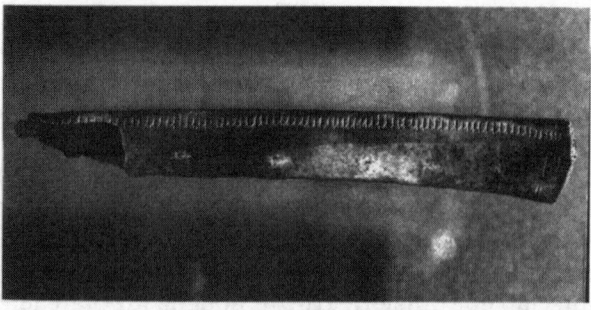

Hueso de águila con incisiones.
Posible calendario lunar.
Le Placard, c. 11000 a.C.

Los antropólogos afirman que es posible que algo parecido a la escena anterior sucediera en Le Placard en el curso de
una lejana noche. Pero no todos están de acuerdo. Los más
escépticos dicen que las marcas en este y otros huesos no tienen nada que ver con calendarios sino que son dibujos o incluso trazos al azar, garabatos de la Edad de Piedra o las
marcas dejadas por antiguos cazadores al afilar sus cuchi-
llos. Sin embargo, a través de los años, los arqueólogos siguen encontrando los mismos dibujos o parecidos en piedras
y huesos de distintos lugares situados en África y Europa.

Un hueso de la Dordoña que data de hace 30.000 años
está cubierto de incisiones circulares que parecen representar el curso de la luna durante dos meses y medio. Otra
imagen famosa, la Venus de Laussel, de 27.000 años de antigüedad, muestra lo que parece una mujer embarazada su-
jetando un cuerno con trece muescas. ¿Representa una tosca
aproximación al año lunar? Si es así, y si las marcas y muescas de los huesos y piedras son en realidad calendarios, ¿cómo se utilizaba exactamente esta información? Puede que
nunca lo sepamos, aunque sospecho que nuestro calendario, hecho de casillas y números, sería igualmente confuso
para el cronógrafo de Le Placard y su tribu. Sin embargo,
hay una conexión entre nuestro calendario y el suyo. Ambos
representan esfuerzos conscientes de organizar el tiempo
midiéndolo y poniéndolo por escrito. Y ambos se sirven de
fenómenos astronómicos como si fueran puntos de referencia, aunque los Cro-Magnon que grabaron aquellos huesos
y piedras eran claramente un pueblo lunar en lo que a medir el tiempo se refiere, tal como nosotros somos un pueblo
solar.

No es tan descabellado que nuestro fabricante de calendarios de la Edad de Piedra eligiera la luna como inspiración.
Seductora y encantadora en su dominio plateado del cielo
nocturno, la luna parece a primera vista un reloj perfecto
por su regularidad fiable. Cada 29 días y medio, aproximadamente, pasa por sus fases, de luna nueva a luna llena y
vuelta a empezar, una progresión continua que cualquiera
puede ver y trazar. También es relativamente sencillo ave-
riguar que doce ciclos completos de la luna parecen corresponderse más o menos con las estaciones, que es como las
sociedades primitivas inventaron la idea del periodo llamado año.

Casi todas las culturas antiguas adoraban la luna. Los
antiguos egipcios llamaban Jonsu a su divinidad lunar,

los sumerios Nanna. Las diosas lunares griegas y romanas tenían tres caras: cuando no se veía era Hécate, en cuarto creciente era Ártemis (para los griegos) o Diana (para los romanos), y cuando estaba llena era Selene. Incluso en nuestros días la gente adora la luna, celebrando fiestas, danzas y rituales solemnes cuando es nueva. Los san de África, por ejemplo, recitan una plegaria: «¡Salve, salve, joven luna!» Los esquimales celebran un banquete de pescado y, según cuentan, apagan las lámparas e intercambian a las mujeres. Los musulmanes hacen vigilia durante la luna nueva del Ramadán, el mes sagrado en el que se abstienen de comer y de practicar la sexualidad durante el día y banquetean por la noche.

Hay todo un vocabulario lunar que todavía se basa en el misterio y la majestuosidad de esta extraña esfera que pende del cielo. Así, están los «lunáticos» y los que «tienen lunas», expresiones que parecen venir de las supersticiones que dicen que dormir a la luz de la luna puede enloquecer a una persona. Todos los idiomas tienen una serie de palabras y expresiones vinculadas con la luna, desde estar en ella, ladrarle o pedirla, hasta irse de luna de miel o quedarse en la de Valencia. Además, tenemos los *Claros de luna* de Beethoven y Debussy, y aquella imagen de Góngora que evoca los cuernos de Zeus («media luna las armas de su frente»), disfrazado de toro para raptar a la ninfa Europa.

La luna no fue el único reloj de la antigüedad, sino una de las muchas pistas naturales utilizadas por los pueblos antiguos para medir el tiempo y predecir acontecimientos como el invierno, las lluvias estacionales y las cosechas. En Siberia, los ostiakos todavía basan su calendario en ciclos naturales incorporándolos en meses con nombres como Mes del Desove, Mes de los Patos que Se Van y Mes del Viento. Del mismo modo, los natchez del bajo Misisipí tenían el Mes del Ciervo, el Mes del Maíz y el Mes del Oso.

Estos apuntes del natural debieron de salir de un largo y profundo análisis de la fauna y la flora local y de otros entornos y sucesos naturales, información aprendida y luego transmitida de padres a hijos, y, de manera más formal, como listas de meses y poemas fácilmente recordados e historias de calendarios contadas hasta la saciedad. Finalmente estas versiones orales de los cálculos del tiempo se grabaron en piedras y se consignaron en papiros y pergaminos.

Por ejemplo, hace unos 2.700 años, el poeta griego Hesíodo (s. VIII a.C.) cogió el calendario oral utilizado desde
tiempos remotos en el Peloponeso y lo puso por escrito en un
largo poema titulado *Trabajos y días*. Guía práctica para
organizar el tiempo, *Trabajos y días* es también una invita-
ción moral a seguir las antiguas reglas sobre el tiempo y las
obligaciones, y no fue la primera ni la última vez que un calendario se utilizó para codificar modelos de conducta. Hesíodo escribió el poema en una época en que Grecia se convertía en una potencia marítima del Mediterráneo oriental
y muchos jóvenes se alejaban de la agricultura y sus rigores
para abrazar el comercio, la guerra y la política. La primera
parte de la obra está dirigida al hermano menor del poeta,
Perses, al parecer uno de los jóvenes que no se interesaban
por la forma de vivir tradicional. Hesíodo creía que su dísco-
lo hermano necesitaba su firme orientación. Pero la espina
dorsal de la historia es el tiempo:

> *Guarda estos consejos que te doy mientras el año
> avanza y los días se vuelven iguales que las noches,
> cuando una vez más la tierra, madre de todos, pro-
> duce su variedad de frutos.*

Hesíodo se refiere aquí al reloj natural más básico y
disponible, el día y la noche, que en sus respectivas duraciones en el curso de un año ofrecen una guía general de las estaciones. También alude a indicios como la aparición de ca-
racoles al principio de la primavera:

> *Pero cuando el caracol, con la casa a cuestas, sube
> de la tierra a las plantas [...], ya no es tiempo de ca-
> var en las viñas, sino de afilar las hoces y de jalear
> a tus ayudantes.*

El poema de Hesíodo, como es lógico, invoca ese otro
fantástico reloj del cielo nocturno, las estrellas, utilizando
la posición de las constelaciones para guiar a su casquivano
hermano:

> *Cuando Orión y Sirio lleguen a la mitad del cielo, y
> la Aurora de rosados dedos contemple a Arturo, en-
> tonces, oh Perses, corta todos los racimos y llévate-
> los a casa. Pon las uvas al sol durante diez días y
> diez noches, luego tenlos a la sombra durante cin-
> co, y al sexto exprime en los cántaros los dones del
> pródigo Dionisos.*

Pero la más importante guía del tiempo para Hesíodo es la luna. Esto se hace evidente en la segunda mitad del poema, que trata el tiempo como una fuerza mística y el calendario como un ciclo de días faustos e infaustos, de augurios y ceremonias sagradas. Esta segunda parte está estructurada sobre los 29 o 30 días de cada mes griego y sobre las fases de la luna. Enumera los días sagrados, los días infaustos, los días malos para el nacimiento de las niñas, y los mejores días para castrar a un toro o un carnero. «Evita el día décimo tercero del mes que crece —dice un pasaje típico de su poema didáctico— cuando vayas a comenzar la siembra porque ese día es mejor para la plantación de árboles.»

La luna dio también a Hesíodo y a los griegos su año, que basaban en doce meses lunares de una duración aproximada de 29 días y medio, y equivalía a unos 354 días. No eran los únicos. Desde la antigua Sumer y la China antigua hasta los ya desaparecidos anasazi de Arizona, la luna era fundamental y por todas partes aparecían variaciones

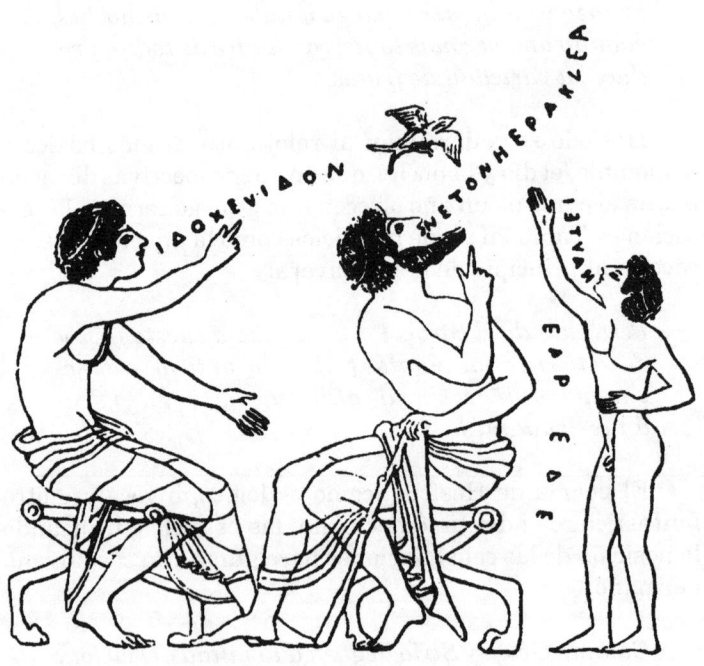

Los antiguos griegos saludan la primavera.
«Mira la golondrina», dice el de la izquierda. «Es verdad,
por Heracles», dice el del centro. «¡Allá va! ¡La primavera
está aquí!» De un vaso del siglo V a.C.

sobre este mismo año de 354 días y 12 meses, mientras la Edad de Piedra se transformaba en Neolítico y la población empezaba a construir ciudades, a regar campos, a establecer gobiernos y organizar ejércitos.

Pero, ay, la luna era una simple tentadora en lo que se refería al tiempo, los dibujantes de calendarios dieron un paso en falso, el primero de muchos en la lucha de la humanidad por crear un calendario exacto. Y es que la confianza en la luna originó un serio error, mucho peor que el defecto que irritaría a Roger Bacon varios milenios después. Bacon sólo tendría que preocuparse por los 11 minutos de adelanto de su calendario. Los antiguos griegos y otros que confiaban su suerte a la luna tenían calendarios que adelantaban casi 11 días, un desajuste que en pocos años lleva a alterar las estaciones y a dar la vuelta a los solsticios de verano e invierno en sólo 16 años. Esta situación era inaceptable para cualquiera que utilizara ese calendario como guía para sembrar y cosechar, o para saber la estación idónea para pescar, construir casas o rendir culto a los dioses.

El problema está en el tiempo que tarda la luna en pasar por sus fases mientras da la vuelta alrededor de la tierra. No es un número apto para dividirlo en un año de aproximadamente 365 días y cuarto. De hecho, un mes lunar exacto dura unos exasperantes 29,5306 días, según los instrumentos modernos, lo que, multiplicado por doce meses, da un año lunar de 354,3672 días. Compárese con el año solar correcto de 365,242199 días y se apreciará la frustración de los astrónomos a lo largo de los siglos al tratar de relacionar el sol y la luna.

Según maduraban las culturas antiguas, la insuficiencia de la orientación lunar estimulaba a sus científicos y sacerdotes a idear una solución, investigaciones que continúan en la actualidad mientras tratamos de limar la duración de los días, las semanas y los meses para que se correspondan con el auténtico año solar. Pero para los antiguos, que carecían de las modernas herramientas y conceptos, incluso aproximarse al año utilizando la luna resultó muy difícil. Se intentaron varias soluciones, pero todas fracasaron.

Por ejemplo, los antiguos babilonios se aferraron a la luna a pesar de sus avanzados conocimientos de astronomía. Pero esta fidelidad sentimental estaba templada por una solución de compromiso con el sol que hoy llamaríamos año «lunisolar». Alrededor del 432 a.C., los matemáticos babilonios calcularon que siete años de trece meses lunares, seguidos por doce años de doce meses lunares, equivalían

casi exactamente a diecinueve años solares. Esto se conoció
más tarde como ciclo metónico, por el astrónomo griego Metón (c. s. V a.C.). Funciona intercalando meses de más en el
año lunar normal de doce meses. Pero ni siquiera el sistema
de 19 años es completamente exacto, ya que adelanta varias horas. También resultó que era poco práctico para el
uso cotidiano, ya que poca gente estaba en condiciones de
seguir un sistema tan complicado durante tanto tiempo.

Otras culturas antiguas que no querían olvidarse de la
luna inventaron otros sistemas de intercalaciones. Los griegos añadieron 90 días cada ocho años para compensar su calendario lunar de 354 días, aunque los meses no siempre
se añadían según el riguroso turno de espera y a menudo se
insertaban al azar. El calendario judío intercalaba un mes
cada tres años, después del mes de nisán, aunque este sistema sigue produciendo un desajuste gradual que necesita la
introducción ocasional de otro mes extraordinario. Según
la leyenda, los matemáticos chinos, a las órdenes del emperador Yao (c. s. XXIV a.C.), empezaron a experimentar con un
calendario en 2357 a.C. que con el tiempo sería metónico, con
siete meses añadidos al calendario lunar cada 19 años.

Los sumerios del siglo XXI a.C. habían desarrollado un
sistema ligeramente diferente basado en un año de 360
días. Esto se consiguió redondeando el mes lunar y deján-
lo en 30 días, lo que encajaba limpiamente en el sistema
matemático y astronómico sumerio. Este sistema está basado en los números 6 y 60, que al multiplicarse entre sí
dan 360, el número que todavía utilizamos para dividir el
cielo y todas las líneas curvas. Nadie sabe por qué los sumerios y más tarde los babilonios eligieron estos números,
aunque cuatro mil años después sigue siendo la base numé-
rica de todo, desde determinar una posición en el mar hasta
localizar en el cielo una galaxia distante en relación con la
tierra.

Los babilonios heredaron y mejoraron la vieja nume-
rología sumeria para dividir el día en 24 horas, que es divisible por seis y es divisor de 360. De nuevo, la razón para
utilizar el 24 ha quedado oculta por el tiempo, aunque es
probable que tenga algo que ver con el zodíaco, que los babilonios locos por la astrología utilizaban para orientar su
vida. Posiblemente dividían el día y luego la noche en 12 horas, para adaptarlas a los signos del zodíaco, sumándo-
las luego para conseguir el día de 24 horas que todavía tenemos.

En el siglo V a.C., el historiador griego Herodoto contó
una anécdota que señalaba las complicaciones de estos me-

nos que perfectos calendarios lunisolares. En su *Historia*, Herodoto cuenta que el rico y arrogante Creso de Sardes preguntó cierta vez al legislador griego Solón cuál era el hombre más feliz que había visto en su vida. Al contestar, Solón se negó a nombrar a Creso, explicando que el destino todavía podía hacerlo infeliz. Utilizó el calendario griego para reforzar su opinión. «Pon la duración de la vida humana en setenta años», dice Solón. «Esos setenta años contienen 25.200 días, sin contar los meses intercalares. Añade un mes cada año para que las estaciones lleguen con la regularidad habitual, y tendrás treinta y cinco meses más, lo que sumará otros 1050 días. Por lo tanto, el total de días de tus setenta años es de 26.350, y ninguno trae lo que el anterior. Así puedes ver, oh Creso, qué incierta es la vida. Eres riquísimo y gobiernas a muchísima gente; pero la pregunta que me has hecho no la contestaré hasta que sepa que has tenido una buena muerte.»

Egipto fue la primera civilización antigua en corregir el error de la luna y hacerse partidaria del sol. Hay que subrayar que lo hizo muy pronto: hace casi seis mil años, la gente que vivía a orillas del Nilo descubrió que el año solar tenía cerca de 365 días. Esto produjo un calendario de 12 meses con 30 días cada uno y 5 días adicionales que, según la mitología egipcia, los añadía al año el dios Tot. En dichos días nacieron Osiris, Isis, Horus, Neftis y Set.

Cómo estos egipcios del Neolítico descubrieron una versión tan fidedigna del año real es un misterio. La ciencia egipcia había avanzado muy pronto, pero los egipcios nunca fueron famosos por su astronomía, como los babilonios, ni por su interés por las matemáticas, como los griegos.

La explicación más plausible es el Nilo. Herodoto llama a Egipto «don del Nilo», y cualquiera que lo haya visitado entiende inmediatamente la división entre el verde que rodea el río y el marrón del desierto, entre la vida y la muerte. El Nilo era responsable de las cosechas, el comercio y la continuidad de Egipto. Los antiguos egipcios lo llamaban simplemente «el mar». Al desbordarse entre finales de junio y finales de octubre, el Nilo, cada año, llevaba barro útil para que los cultivos crecieran de octubre a febrero, y se cosecharan entre febrero y finales de junio. Tales eran las tres estaciones de la vida egipcia: riada, plantación y cosecha. La regularidad de este ciclo y la disponibilidad de un gran río como reloj natural era una alternativa a la luna fácil y espectacular.

El nordeste de África no siempre dependió del Nilo. Antes de la retirada definitiva de los glaciares, hace 10.000 años, el Sáhara estaba cubierto de vegetación y no de arena. Más tarde, hace 7.000 u 8.000 años, la sabana desapareció al calentarse la tierra y los pueblos del nordeste del Sáhara tuvieron que trasladarse al valle del Nilo. Allí abandonaron su vida paleolítica de cazadores y recolectores y se adaptaron a los ciclos del río. Esto dio una gran regularidad a la cultura egipcia, que empezó a cultivar la tierra y a construir alrededor de 7000 a.C. Tres milenios después los egipcios fijaron la que sería primera fecha conocida de la historia de la humanidad, que los cronógrafos han calculado en 4241 a.C. Mil años más tarde los reinos del Nilo se unieron políticamente, lo que dio lugar a una civilización compleja y homogénea, con una autoridad y una religión centralizadas que duró con pocos cambios tres mil años, hasta la muerte de Cleopatra, y todo el tiempo dependió del ritmo del gran río.

El Nilo es un regalo de la vida; pero también es un inmenso reloj y un calendario de seis mil kilómetros de longitud, el río más largo del mundo. Alimentado por las lluvias y la nieve derretida de las tierras altas de Etiopía y, en menor medida, por manantiales de Uganda, el Nilo se desborda con una regularidad que los egipcios entendieron mucho antes de que empezaran a levantar templos y pirámides en sus orillas, y antes de que nadie pensara en un calendario formal. Lo único que tenía que hacer un antiguo agricultor egipcio era hundir una larga caña en el barro de la orilla, hacer una muesca para medir el punto más alto de la inundación y después contar los días hasta la siguiente medición de la altura del agua, que solía hacerse casi exactamente un año más tarde. Este sencillo invento, llamado nilómetro, era el calendario más exacto del mundo, se basaba en las estaciones reguladas por la órbita de la tierra y la inclinación de su eje y no en las fases de la luna.

Los astrónomos egipcios añadieron al nilómetro otro descubrimiento que hizo su año solar aún más exacto: que Sirio, la estrella más brillante del cielo, asciende al amanecer una vez al año en el mismo sentido que el sol. La aparición de Sirio coincidía con el desbordamiento anual del Nilo; también se convirtió en el primer día del mes de Tot, el Año Nuevo egipcio, conmemorado anualmente con complicadas ceremonias que empezaban cuando Sirio aparecía sobre los obeliscos alineados exactamente con puestos de observación situados a ras del suelo. Al cronometrar la aparición exacta de Sirio de año en año, los astrónomos egipcios finalmente se dieron cuenta de que el año solar era un cuarto de día más largo que los 365 días tradicionales. Los egipcios también utilizaron las pirámides para medir las sombras y determinar la llegada de los equinoccios.

Sumar un cuarto de día al año egipcio fue un descubrimiento revolucionario. Aproximó el año egipcio al año solar exacto en un margen inferior a 11 minutos y 24 segundos (segundo más, segundo menos) unos dos milenios antes de que Julio César instituyera el calendario de 365 días y cuarto, y casi tres milenios antes de la petición de Roger Bacon al papa Clemente IV. Sin embargo, los sacerdotes que controlaban el calendario egipcio se negaron a alterar el año para adaptarlo a los 365 días y cuarto. Tan ortodoxos y rígidos como la Iglesia católica en la época de Bacon, los sacerdotes egipcios, con su túnica blanca, la cabeza rapada y la cara embadurnada de pintura, consideraban su calendario demasiado sagrado para alterarlo, dejando que se desajustara seis horas (un cuarto de día) cada año. Esto llevó al calendario egipcio a una lenta deriva por las estaciones en un ciclo que se repetía cada 1.460 años. Llamado ciclo sothiaco, este error no fue corregido hasta la era tolemaica en Egipto. En el 238 a.C., Tolomeo III[4] ordenó un sistema de años bisiestos, añadiendo un día de más cada cuatro años. Pero incluso entonces los sacerdotes rechazaron el edicto, hasta el año 30 a.C., en que Roma conquistó Egipto y Augusto obligó al pueblo del Nilo a añadir un cuarto de día a su calendario para ajustarlo al calendario juliano. Esto estabilizó el calendario egipcio para que el primero de Tot siempre coincidiera con el 29 de agosto.

Los egipcios no estaban solos en su temprana observación del sol. Mucho más allá del valle del gran Nilo e incluso del Mediterráneo, en el rincón más noroccidental de Europa, un pueblo mal conocido descubrió también un año solar unos cuantos siglos después de los egipcios. Lo sabemos sólo porque dejaron como recuerdo lo que parece un enorme calendario, un crómlech construido con grandes losas verticales de arenisca arcillosa, algunas coronadas por piedras horizontales llamadas *henges*. Erigida en los páramos de Salisbury, esta estructura, llamada hoy Stonehenge, fue utilizada durante dos mil años por los antiguos bri-

---

4. No confundir la dinastía real de los Tolomeos con el astrónomo grecoalejandrino del siglo II d.C. Claudio Tolomeo, aunque en los dos casos el adjetivo que corresponde es «tolemaico».

tanos, que alineaban las piedras para que, en el preciso momento del solsticio de verano, un rayo de sol brillara a lo largo de la avenida principal y en su centro. Pero ¿para qué servía? ¿Es Stonehenge en realidad un gran calendario? ¿O un observatorio, una fortaleza, un templo, un centro de reunión de la Edad de Bronce... o todo a la vez?

Nadie lo sabe con certeza, aunque la disposición del megalito sugiere que el pueblo que lo construyó estaba lo bastante adelantado en astronomía para idear un aparato que medía con tanta precisión el año solar. Otras pruebas proceden de otros monumentos de Stonehenge que se alinean con el sol en ambos solsticios y en los equinoccios, así como con la luna en su órbita alrededor de la tierra. Este calendario gigante habría permitido a los antiguos britanos adelantarse a los ciclos y acontecimientos astronómicos con tanta precisión como los egipcios que observaban Sirio... o, para el caso, como un moderno astrónomo que utilizara tablas solares y estelares. Algunos han asegurado que Stonehenge también puede predecir eclipses de luna, que se dan con regularidad después de esos meses en que la luna llena se eleva precisamente por la avenida principal del crómlech.

Otra cultura antigua que inventó el tiempo solar muy pronto fue la de los mayas. Levantando grandes ciudades llenas de templos y palacios en el interior de América Central, los mayas también inventaron un sistema de calendario tan exacto que, cuando los españoles los conquistaron en el siglo XVI, el calendario juliano que éstos llevaban consigo era de precisión inferior.

Los mayas desarrollaron tres sistemas de calendario. El primero era de 365 días, con 18 meses de veinte días, al que añadían 5 días. Como entre los egipcios, estos cinco días de más se tenían por especiales, aunque los mayas creían que eran desgraciados y evitaban toda actividad mientras esperaban a que pasaran. Al parecer, los mayas sabían que el año estaba más cerca de los 365 días y cuarto, pero hacían como si no lo supieran en este calendario, que se desajustaba, como la versión egipcia, unas seis horas al año. Al mismo tiempo que este calendario de 365 días, los mayas utilizaban un ciclo de 260 días llamado *tzolkin*, o «ciclo sagrado», cuyo objetivo era similar al del poema de Hesíodo, ya que enumeraba augurios y asociaciones de cada día para guiar a los mayas y otros mesoamericanos a sembrar, hacer la guerra u ofrecer sacrificios a los dioses. El ciclo de 260 días fue desarrollado a principios del primer milenio a.C. por los zapotecas de México, por razones que permanecen oscuras. Común a todos los pueblos mesoamericanos de la época de los mayas, el *tzolkin*, aparecido alrededor del 1000 a.c., fue unido al calendario de 365 días en un complejo ciclo de 52 años. Éste es el tiempo que tardaban los dos calendarios en empezar de nuevo en el mismo día. Los conquistadores españoles del siglo XVI contaban que el final del ciclo de 52 años era conmemorado por todas las culturas avanzadas de la zona. Se pensaba universalmente en él con gran temor, pues se temía que el sol no volviera a salir.

El tercer calendario maya era la «cuenta larga», utilizada para calcular largos periodos de tiempo. Estaba basado en una unidad de 360 días llamada *tun* y en un sistema numérico basado en el 20 (los mesoamericanos contaban con los dedos de las manos y los pies). Los ciclos de cuenta larga son como sigue:

20 *kines*	=	1 *uinal*	=	20 días
18 *uinales*	=	1 *tun*	=	360 días
20 *tunes*	=	1 *katún*	=	7.200 días
20 *katunes*	=	1 *baktún*	=	144.000 días

Los mayas multiplicaban el baktún por 13 para conseguir lo que ellos llamaban «gran ciclo», equivalente a 5.130 años.

Al final de un gran ciclo, los mayas, aztecas y otros pueblos mesoamericanos creían que todo dejaría de existir y que llegaría un mundo completamente nuevo para empezar el siguiente gran ciclo. El gran ciclo actual probablemente comenzó en 3114 a.C. y terminará el 23 de diciembre de 2012.

Presumiblemente, los mayas descubrieron el año solar real utilizando indicios naturales y cuidadosas observaciones astronómicas, aunque no se sabe cómo lo hicieron. Hasta hace poco, los especialistas creían que adoraban el tiempo, en sentido literal, aunque desde el desciframiento de la escritura maya hay otras interpretaciones que revelan que los mayas en realidad utilizaban los calendarios para legitimar los hechos de reyes y otros sucesos clave, anotando con gran precisión el día, la hora e incluso el minuto en que ocurrían. Esto se ve en incontables jeroglíficos, en estelas y pinturas que describen la fecha exacta en que determinados reyes y reinas entraban en guerra, practicaban la automutilación en ritos religiosos, contraían matrimonio y celebraban importantes sacrificios a los dioses.

POP   UO   ZIP   ZOTZ   TZEC

XUL   YAXKIN   MOL   CHEN   YAX

ZAC   CEH   MAC   XANKIN   MUAN

PAX   KAYAB   CUMKU   UAYEB

Signos mayas de los meses en la cuenta de 365 días.

Parece que los dioses mayas y los de otros pueblos mesoamericanos querían que sus sacerdotes celebraran ceremonias en momentos muy precisos. Ningún pueblo se tomó esta exigencia con tanta seriedad (hasta llegar a extremos extravagantes) como los aztecas. Obsesionados por la creencia de que debían mantener el tiempo en su debido curso, los aztecas ofrecieron una asombrosa progresión de sacrificios humanos para calmar a su dios solar, Tonatiuh, y asegurarse de que saldría cada día y recorrería el cielo.

Los aztecas creían que el sol necesitaba como «combustible» ríos de sangre de víctimas que iban desde sacerdotes y delincuentes hasta tullidos y deformes, aunque muchos eran prisioneros de guerra. Si hemos de creer a los cronistas españoles, los aztecas sacrificaban de 20.000 a 50.000 personas por año en su capital, Tenochtitlán, pues cada mes requería una cantidad prescrita de víctimas: hombres y mujeres, niños y adultos. Por ejemplo, en los meses en que tenían que llegar las lluvias, los niños eran ahogados o emparedados en cuevas. Cuanto más lloraran y gritaran, mejor augurio para las lluvias. Otros eran desollados para que los cultivos crecieran y quemados en tiempos de cosecha. Para mantener la necesidad de tan alto número de víctimas, los aztecas llegaron a un curioso acuerdo con sus vecinos para entrar en batallas ceremoniales cada cierto tiempo, no para conquistar, sino para permitir a cada bando capturar grandes cantidades de víctimas de sacrificio. Al parecer, muchas de las víctimas apresadas en lo que se llamaba Guerra de las Flores consideraban el sacrificio un honor y un incuestionable acto del destino. Muchos eran anestesiados antes con plantas narcóticas, aunque quedaban lo bastante lúcidos para gritar y expresar dolor, que era parte de este cruento ritual del tiempo, el más sanguinario de todos.

A pesar de las proezas de mesoamericanos y gente de Wessex en el cálculo del tiempo, fueron los egipcios, los primeros que confiaron en el sol, quienes se pusieron en el camino directo de nuestra historia. Fue su aventura con el sol lo que nos trajo nuestro calendario, consiguiendo imponer el año solar sobre el lunar, primero en la cuenca del Nilo, luego en Europa y, mucho más tarde, en todo el mundo. Pero este triunfo del año egipcio fue difícilmente inevitable. No fue ni siquiera probable, dadas las circunstancias que llevaron a la fusión del antiguo calendario solar del Nilo con el impetuoso e incipiente imperio gobernado por un pueblo que vivía a orillas de otro río, el Tíber, y que estaba guiado por un conquistador que cuando adoptó un nuevo calendario lo hizo más por amor a una mujer legendaria que por deseo de medir el tiempo con precisión.

3

César abraza la causa del sol

César [...] reorganizó el calendario que el colegio de sacerdotes había permitido que cayera en tal desorden, al insertar días y meses según su conveniencia, de manera que las fiestas de la siega y la vendimia ya no se correspondieran con la estación de costumbre.

SUETONIO, 96 D.C.

Al caer la noche de aquel agradable día de octubre del año 48 a.c., una pequeña embarcación pasó por debajo de la cadena que protegía el puerto de Alejandría y que habían levantado unos guardias sobornados. La barca se deslizó silenciosamente por sus negras aguas, pasó por delante de muelles y almacenes llenos de cereales y tesoros. Bordeando los barcos de guerra egipcios y romanos, la barca llevaba una carga que no sólo iba a transformar dos grandes imperios, sino que produciría una revolución en la forma de medir el tiempo que es directamente responsable de los calendarios que hoy en día penden de las paredes de todas las casas, desde La Coruña hasta Singapur.

Tras amarrar la barca a un muelle de piedra, un siciliano llamado Apolodoro saltó a tierra, cargando cuidadosamente a la espalda una colcha atada por las cuatro puntas. Apolodoro llevó la carga por entre los centinelas romanos, explicando a la luz de las antorchas que llevaba un regalo para el recién llegado Julio César, dictador de Roma. Guiado hasta los aposentos que ocupaba el caudillo romano en el palacio real de Alejandría, Apolodoro saludó a César desenrollando la colcha, que escondía a una mujer.

Difícilmente habría podido tener un aspecto digno al salir de la colcha. Pero en cuanto Cleopatra se puso en pie delante del atónito César, consiguió impresionarle profundamente con su majestad y su atractivo sexual... y también con el sentimiento de una mujer que necesitaba con desesperación la ayuda del hombre más poderoso del mundo occidental.

Las tribulaciones de Cleopatra habían comenzado pocos meses antes, cuando su hermano, el adolescente y cogobernante Tolomeo XIII, había dado un golpe de Estado con sus consejeros y la había obligado a marchar de la ciudad. Tras escapar de Siria, había vuelto a Egipto encabezando un pequeño ejército, dispuesta a recuperar el trono... una causa que ella esperaba que abrazase el recién llegado César.

Según los poetas, César se sintió atraído por Cleopatra desde el momento en que la vio. Ésta contaba veintidós años y era reina desde que su padre, Tolomeo XII, había muerto tres años antes, dejando a ella y a su hermano de diez años gobernar juntos a la manera egipcia. Astuta, brillante y entregada a los placeres, Cleopatra hablaba varios idiomas, estaba versada en ciencias y literatura, y poseída por una ambición insaciable que divirtió y cautivó al dueño del Imperio romano. El poeta Lucano cuenta que el general y la reina durmieron juntos aquella misma noche.

César contaba entonces cincuenta y dos años. «Alto, rubicundo y bien proporcionado», según el historiador Suetonio, pero también medio calvo y epiléptico, estaba a punto de convertirse en el dictador indiscutible de un imperio que casi acababa de conquistar todo el Mediterráneo y regiones adyacentes. El mismo César había conquistado diez años antes las Galias tras una serie de victorias magistrales. Desde entonces había estado metido en una desquiciada guerra civil contra otro brillante general y conquistador, Cneo Pompeyo el Grande. César acababa de llegar a Egipto persiguiendo a Pompeyo, que había huido tras la aplastante victoria de César en la batalla de Farsalia, en el corazón de Grecia. César llegó tres días después que Pompeyo, y fue recibido en la costa de Alejandría con un espeluznante regalo del rey niño Tolomeo y sus consejeros: la cabeza embalsamada de Pompeyo envuelta en una tela egipcia. Un soldado contratado por la corte de Tolomeo había apuñalado por la espalda al gran general cuando éste desembarcaba. Según los rumores, César lloró ante los restos de aquel gran romano asesinado por extranjeros. Mas un sentimiento de alivio, si no un júbilo celosamente oculto, calmó su dolor, pues el imperio ya era suyo.

Con Pompeyo muerto, César debería haber marchado a Roma para consolidar su victoria. Pero se quedó para solucionar el conflicto dinástico de Egipto, un país aún nominalmente independiente pero esclavo de Roma, y para estar al lado de Cleopatra. Último eslabón de una larga cadena de amantes, Cleopatra impresionó tanto la libido como la política de César. «Dominado por el encanto de su sociedad», escribió el biógrafo Plutarco, obligó al rey niño Tolomeo, a los pocos días de la dramática entrada de Cleopatra, a reconciliarse con su hermana, ordenando que «ella gobernase con él el reino». Cleopatra celebró poco después una fiesta, en la que César, según testimonia Lucano, oyó hablar por primera vez del calendario egipcio.

Parece un contexto inverosímil para un suceso que literalmente reordenaría el tiempo de millones de personas. Además, Lucano nos dice que es poco probable que Cleopatra pensara en el calendario la noche de la fiesta. Vestida con gruesas sartas de perlas, «sus blancos pechos [...] visibles bajo la tela de Sidón», el pelo sujeto con coronas de rosas, parecía mucho más interesada en deslumbrar a su amante con las riquezas y el exotismo de Egipto: «pájaros y animales» servidos en bandejas de oro, jarros de cristal llenos de agua del Nilo para las manos, y «vino [...] escanciado en grandes cálices con joyas engastadas».

Sin embargo, la joven reina y su corte no ofrecieron sólo erotismo y buena comida a aquel singular conquistador romano. «Una vez saciados», refiere Lucano, César empezó a hablar con un erudito de la corte real, un anciano sabio llamado Acoreo, «que estaba, vestido con su túnica de lino, en el asiento más alto». César le hizo preguntas sobre las fuentes del Nilo, la historia de Egipto... y sobre el calendario del país. Durante aquella conversación, César se enteró de la confianza de Egipto en el sol a la hora de establecer su año... año que medía gracias a la salida anual de Sirio por el horizonte oriental y gracias al desbordamiento del Nilo, el cual, dijo el sabio alejandrino, «no eleva sus aguas antes de que luzca la Canícula».

Ninguna otra fuente antigua, que yo sepa, describe esta escena o menciona al sagaz Acoreo, aunque sin duda algo parecido tuvo que suceder para informar a César sobre el sistema egipcio de medir el tiempo. Más tarde, César llevaría este conocimiento a Roma, aunque de momento no tenía ninguna prisa por partir.

El romance de César con Cleopatra también supuso una súbita pasión por Egipto. Muy antiguo ya en época de César, era un país de riquezas y misterios fantásticos, y durante los últimos años de la dinastía tolemaica, de una decadencia y una sensualidad muy extrañas para un romano criado en la austeridad de la república. Pero Alejandría también era un festín para la mente, una ciudad que incluso en su declive como potencia regional, seguía siendo uno de los centros más importantes de estudio y refinamiento. Durante tres siglos había atraído a las mentes más importantes del mundo helenístico, que crearon un ambiente intelectual que fomentó una veloz progresión de descubrimientos, incluyendo obras originales sobre el tiempo y el calendario.

Fundada por Alejandro Magno al conquistar Egipto, en el 332 a.c., tras la muerte de aquél, la ciudad quedó en poder de Tolomeo, uno de sus principales generales. Tras proclamarse rey de Egipto en el 305 a.c., Tolomeo I trasvasó la riqueza del valle del Nilo a su nueva capital, al crear un refugio para eruditos que llegaban desde tierras tan remotas como la India, que estuvo brevemente conectada con el mundo helenístico tras las conquistas de Alejandro. La ciudad, una de las más grandes del mundo antiguo, se expandió rápidamente hasta tener al menos 150.000 habitantes, mientras Tolomeo y su dinastía la llenaban con magníficos palacios, templos, gimnasios, museos y anfiteatros. Alrededor del 307 a.C., el estadista ateniense Demetrio de Falero sugirió a Tolomeo I que pusiera los cimientos de la gran biblioteca de Alejandría, que más tarde albergaría cientos de miles de rollos de papiro, incluida la biblioteca personal de Aristóteles. Una generación después, Tolomeo II (308-246 a.C.) construyó el famoso faro, una de las siete maravillas del mundo; tenía una altura de ciento treinta metros y emitía una señal de fuego que podía verse a varios kilómetros de la costa.

Durante la edad de oro de Alejandría destacaron Apolonio de Rodas, autor de la *Argonáutica*, sobre la búsqueda del vellocino de oro por Jasón; el anatomista Herófilo de Calcedonia, que llevó a cabo una de las primeras autopsias sistemáticas; y Euclides y Arquímedes, cuyas ideas son el corazón de las matemáticas occidentales. Pero el mayor triunfo de esta ciudad del delta, endurecida por el desierto libio, fue probablemente una larga cadena de descubrimientos astronómicos, algunos de los cuales fueron la base del nuevo calendario que surgió con ocasión de la cita de amor de César y Cleopatra.

Los astrónomos de Alejandría habían empezado con el patrimonio dejado por los antiguos astrónomos y matemáticos griegos. Al menos desde el siglo VI a.C. habían estado observando el cielo y elaborando hipótesis sobre lo que veían. El más antiguo de éstos postulaba que el sol tenía un pic de anchura y que se renovaba cada día, y que la tierra flotaba en agua o aire. Pero también se habían dado cuenta de que la «luz» de la luna es en realidad un reflejo de la del

sol, de que la luna está más cerca de la tierra que del sol, y
de que los eclipses son causados por la sombra de la tierra
y otros cuerpos celestes.

Estas especulaciones dieron paso a una ciencia más sólida con Pitágoras (s. VI a.C.), que desarrolló parte de la geometría y las matemáticas utilizadas por otros astrónomos
para analizar las respectivas posiciones del sol, la Luna, la
tierra y las estrellas. Luego llegó el astrónomo ateniense
Metón, que en el 432 a.C. descubrió el ciclo metónico. Casi
al mismo tiempo, el astrónomo Euctemón estimaba la duración de las estaciones, aunque con errores. Un siglo más
tarde, Calipos de Cízico calculaba la duración correcta redondeando los números: 90 días para el verano, 90 para el
otoño, 92 para el invierno y 93 para la primavera. También
del siglo IV a.C., el astrónomo Eudoxo de Cnido ideó una
teoría matemática que incluía esferas que utilizaba para
explicar el movimiento de los planetas y la Luna, y lo que al
parecer era el movimiento del sol en un universo cuyo centro era la tierra. Aristóteles (384-322 a.C.) también aportó
su granito de arena en los años inmediatamente siguientes
a la fundación de Alejandría. Sus escritos sobre astronomía
amplía la teoría eudoxiana de las esferas planetarias, sugi-
riendo que las estrellas, los planetas y el sol están encaja-
dos en esferas transparentes que giran alrededor de la tierra en círculos concéntricos.

Otro gran astrónomo y además alejandrino fue Aristarco (fl. c. 270 a.C.), que construyó un reloj de sol modificado llamado *skáphe* (escafa), un cuenco esférico con una
aguja levantada en el centro, como si fuera un obelisco en
miniatura, y que arrojaba sombras sobre las líneas traza-
das en la superficie del cuenco. Con este aparato podía
medir la altitud y la dirección del sol. Esto le permitió descubrir que el sol ilumina la media luna, vista desde la tierra, en un ángulo de 87 grados. De aquí conjeturó que el sol
tiene varias veces el tamaño de la tierra y debía de estar
muy lejos.

Aristarco también dedujo que la tierra giraba alrededor del sol, una teoría astronómica que iba en contra de la
ortodoxia aceptada de que el sol giraba alrededor de una
tierra quieta. Argumentó que el sol *parece* moverse por el
cielo porque la tierra gira sobre su eje. Pero a falta de telescopio y mapas estelares exactos, Aristarco no pudo probar
algo considerado absurdo por un mundo cuyo centro era la
tierra y que seguiría convencido de que el sol era un servi-
dor suyo durante dieciocho siglos, hasta la época de Copérnico y Galileo.

Una generación después de Aristarco, el matemático, filósofo, geógrafo y astrónomo alejandrino Eratóstenes (276-194 a.c.) dedujo con un margen de error de una décima de grado la inclinación del eje de rotación de la tierra, que es causa de las estaciones. También midió la circunferencia de la Tierra con un margen de error de 400 km del valor real. Pocos años después, Ctesibio de Alejandría construyó un complicado reloj de agua utilizando flotadores, un cabrestante, un eje dentado, un dial y un reloj de sol que relacionaba astronómica y geométricamente la trayectoria del sol con distintos niveles de su sombra.

El astrónomo Hiparco (fl. 146-127 a.c.) descubrió, alrededor del 130 a.c., la precesión de los equinoccios, una ligera desviación hacia el oeste de los puntos equinocciales sobre el telón de fondo de las estrellas; milenio y medio más tarde, Isaac Newton determinó que la precesión estaba causada por la ligera atracción gravitatoria que la luna y el sol ejercían sobre la Tierra. Hiparco publicó un catálogo de cuerpos celestes, hoy perdido, que describía cientos de estrellas y presentaba cálculos sobre las distancias entre ellas. También confirmó la exactitud del año egipcio estudiando los solsticios de varios años y llegando a una razonable aproximación al auténtico año solar: 365 días, 5 horas y 55 minutos, es decir, unos seis minutos de más.

Pero ninguno de estos observadores de estrellas fue tan influyente como el último gran astrónomo de Alejandría, Claudio Tolomeo. Era griego y ciudadano romano, y apareció dos siglos después de la estancia de César en Egipto. Tolomeo recopiló durante el siglo II d.C. una enciclopedia colosal de astronomía y geografía que se convirtió, junto con los *Elementos* matemáticos de Euclides, en un manual reverenciado, aunque no siempre entendido, durante la Edad Media. Los cálculos de Tolomeo sobre la duración del mes y del año; los movimientos del sol, la luna y las estrellas; los eclipses, y la precesión de los equinoccios se convirtieron en referencias obligadas para todos los medidores del tiempo del milenio siguiente: Beda, Roger Bacon, y los artífices principales de la reforma del calendario de 1582, Cristóbal Clavio y Luis Lilio. El valor que había dado Tolomeo a la duración del año solar, y que a su vez había tomado de Hiparco, contenía un error de varios minutos. Sin embargo, es de notar que Tolomeo y los alejandrinos sabían que el año juliano de 365 días y cuarto era erróneo siglos antes de Roger Bacon, y unos 1400 años antes de que el papa Gregorio finalmente lo corrigiera.

• • •

La noche en que Cleopatra le homenajeó, cabe la posibilidad de que César recabara información sobre el calendario egipcio, pero tal como salieron después las cosas, casi perdió la oportunidad de utilizarlo. Aquella misma noche se libró por los pelos de morir en un golpe de Estado palaciego. Sólo lo salvó la intervención de su barbero, un metomentodo que se había enterado de los planes. César tuvo el tiempo justo para protegerse y reunirse con sus hombres. Tras una fiera lucha dentro de palacio, el general y sus hombres consiguieron hacerse con el recinto real, aunque quedaron sitiados por el ejército del rey niño y una muchedumbre de alejandrinos antirromanos. Los romanos seguían teniendo acceso a su pequeña flota, atracada en los muelles de palacio, pero los barcos de guerra egipcios impedían salir del puerto principal a las naves romanas.

César, haciendo alarde de temeridad, había ido a Alejandría sólo con dos legiones, agotadas por la batalla de Farsalia. No más de 3.200 hombres y 34 barcos se oponían a un ejército egipcio de 22.000 hombres como mínimo, apoyados por la gran flota alejandrina. Tras fortificar el palacio y asegurar el puerto real, César despachó mensajeros para conseguir refuerzos de sus legiones de Siria y Grecia. Luego, para reforzar su posición, practicó una serie de escaramuzas e incursiones, en una de las cuales prendió fuego a una parte de la flota alejandrina. Aquellas llamas se extendieron a tierra de forma trágica, destruyendo varios edificios del barrio de Brusium, al oeste de palacio, edificios que albergaban parte de la gran biblioteca. En otra escaramuza, producida en una calzada que unía la isla de Faros con la ciudad, los egipcios tomaron la posición de César y éste tuvo que huir a nado hasta una barca romana, rodeado de proyectiles lanzados por egipcios que fácilmente habrían podido identificarlo por su toga púrpura.

Finalmente César se impuso, cuando un gran ejército de legionarios llegó cinco meses después. Con ellos aplastó al enemigo y devolvió el trono a su amante.

César quedó libre entonces para regresar a Roma, pero volvió a retrasar el viaje, esta vez para celebrar su victoria con un paseo por el Nilo que duró dos meses, en compañía de Cleopatra. Cómodamente instalados en una gran embarcación con varios reservados para banquetes y compartimentos adornados con detalles de cedro, ciprés, marfil y oro, el general y la reina se entregaron a festines, se relajaron, hicieron el amor y engendraron un hijo que más tarde

César reconocería como propio y al que llamaron Cesarión (el Pequeño César). A la espera de marchar hasta Etiopía para descubrir las fuentes del Nilo, durante este viaje César sin duda continuó hablando con los sabios de Egipto. Entre ellos debía de encontrarse un astrónomo de la corte llamado Sosígenes, que escribió varios libros sobre las estrellas, todos perdidos en la actualidad. Pero a diferencia de otros grandes observadores de estrellas cuyas obras se han conservado, Sosígenes, en algún momento de la temporada que pasó César en Egipto, transmitió algo mucho más duradero que las hipótesis sobre la posición de las estrellas y la distancia del sol y la luna: una idea muy sencilla para reformar el calendario romano.

En junio del 47 a.C., Julio César partió finalmente de Egipto. Como regalo de despedida, dejó a la encinta Cleopatra tres legiones romanas para protegerla a ella y también para salvaguardar los intereses romanos frente a una mujer que César había descubierto tan ambiciosa y despiadada como él. Requerido con urgencia en la metrópoli para poner orden en las secuelas de la guerra civil, César organizó antes dos guerras relámpago contra un rey levantisco de Siria y contra lo que quedaba del ejército de Pompeyo, que había huido a la costa septentrional de África. Luego volvió a Roma, donde el Senado lo nombró dictador durante diez años más, ordenó que una estatua suya fuera levantada en el foro y decretó la celebración de una fiesta de cuarenta días por sus victorias en las Galias, Egipto, Siria y África. Este triunfo se celebró con una legendaria orgía de fiestas, juegos y demás luminarias que incluyeron la matanza de cuatrocientos leones en el circo, naumaquias y simulacros de batallas terrestres en las que murieron cientos de criminales y prisioneros de guerra. Durante varios días seguidos los soldados de César desfilaron en dirección al foro con unos 10.000 kilos de tesoros capturados e incontables prisioneros cargados de cadenas. Entre éstos estaba la joven princesa Arsinoe, una hermana de Cleopatra que se había aliado con sus enemigos.

Los que apoyaban a César se complacieron en su triunfo, pero muchos romanos, criados en una república que durante siglos había despreciado la monarquía, encontraron las celebraciones groseras y ostentosas y pensaron que eran una preocupante exhibición de arrogancia y poder personal. El historiador Dión Casio cuenta que la gente retrocedía sobrecogida ante las matanzas y las «incontables cantidades de dinero» derrochado en los espectáculos. La gente también se quejaba del trato que se daba a los prisioneros de alta cuna, por ejemplo Arsinoe. Degradada por las cadenas, «despertaba mucha compasión», hasta el punto de que César prefirió soltarla a enfrentarse a la cólera de la plebe. Ni siquiera una generosa donación de oro, trigo y aceite a cada ciudadano libre de Roma mitigó la inquietud general sobre lo que haría César después. Sus enemigos murmuraban ya de un hombre cuyo éxito y poder casi ilimitado lo estaban convirtiendo en un monstruo.

El hecho de que César gobernase con energía y decisión tras su infame fiesta aumentó la hostilidad de sus enemigos, porque un dictador con capacidad para gobernar disuadía a los nostálgicos de la república mucho más que un dictador inepto. César se enfrascó en una vertiginosa serie de proyectos que iban desde la construcción de templos nuevos y la planificación de un canal a través del istmo de Corinto hasta la promulgación de cientos de leyes y reformas. Disolvió los gremios corruptos de la ciudad; limitó los oficios públicos a los funcionarios más antiguos elegidos por votación; perdonó la cuarta parte de las deudas de todos los romanos para estimular la economía; dio incentivos a las familias numerosas para aumentar la población diezmada por la guerra y redujo los caros subsidios de grano que se daban a los pobres de la metrópoli. También consolidó su poder colocando a sus hombres en los cargos administrativos más importantes y reservándose la capacidad de nombrar senadores.

Pero ninguna de las medidas tomadas por César durante sus primeros meses en Roma fue tan sorprendente como la que decretó en la primera mitad del año 46 a.C.: la reforma del calendario romano. Más que un simple ajuste en la forma de contar los días, esta reforma fue un potente símbolo de la recién fundada autoridad de Julio César y de un imperio que creía tener poder para reorganizar el tiempo, no sólo de su propio pueblo sino también el de las gentes que vivían en lugares remotos, desde el canal de La Mancha hasta el actual Iraq. Afortunadamente para millones de personas que tendrían que utilizar este calendario, la soberbia de César coincidió con el pragmatismo del general veterano y el estadista que basaba el nuevo calendario en la ciencia, no en la vanidad ni en el dogma religioso. En cualquier caso, el viejo calendario lunar de Roma necesitaba una reforma con urgencia, ya que en época de César iba varios meses por delante del año solar.

• • •

Como muchas otras civilizaciones antiguas, los romanos habían desarrollado un sistema basado en doce meses lunares, más ocasionales días y meses intercalados por los sacerdotes para mantener el año más o menos acordes con las estaciones. Pero a lo largo de los siglos, el calendario había sufrido adelantos y retrasos porque los sacerdotes se olvidaban de intercalar meses extra o manipulaban el calendario a propósito por razones políticas. Por ejemplo, el colegio de sacerdotes, que estaba muy politizado, aumentaba a veces la duración del año para tener más tiempo en el cargo a los cónsules y senadores que les favorecían, o la reducían para abreviar el mandato de los rivales. El colegio también empleaba mal el calendario para aumentar o disminuir impuestos y rentas, a veces para su propio beneficio.

Según la leyenda, el calendario romano (nuestro calendario) fue creado por Rómulo, el mítico primer rey de Roma, cuando fundó la ciudad en el 735 a.c., año 1 del calendario romano. Así como nosotros decimos año 735 antes de Cristo o año 2000 después de Cristo, los romanos decían año 1, 2 o 700 *ab urbe condita* (a.u.c.), «desde la fundación de la ciudad». Pero a diferencia de muchos calendarios basados en la luna, Rómulo, por alguna razón desconocida, elaboró un año de 304 días y compuesto sólo por 10 meses, no por 12. El poeta Ovidio (43 a.C.-17 d.C.), que dejó inconcluso un largo poema sobre el año y sus días más señalados (los *Fastos*), sobreentiende que el errante rey guerrero «sabía más de espadas que de estrellas» y probablemente quiso compendiar «el tiempo que necesita un niño para salir del vientre de su madre», periodo de gestación que tiene aproximadamente 304 días. Otra razón pudo ser la reverencia romana por el número 10, dice Ovidio, «porque es la cantidad de dedos con los que solemos contar». Rómulo utilizó repetidamente el número 10 al organizar su reino, dividiendo tanto a los 100 senadores como sus unidades militares de lanceros, infantes y lanzadores de jabalina en grupos de 10. Los mismos números romanos (I, II, III, IV, V, VI, VII, VIII, IX, X) son probablemente símbolos que quieren representar los dedos contados hasta X.

La pasión de Rómulo por el número diez se extendió al nombre de los meses. En uno de los más pobres alardes de imaginación de todos los tiempos, este antiguo rey empezó poniendo nombres descriptivos a los meses y luego pareció quedarse sin ideas. A los cuatro primeros meses los llamó: Martis, por Marte, el dios de la guerra; Aprilis, que probablemente se refería a la cría de cerdos; Maius, por Maya, una diosa local italiana; y Junio, por Juno, la reina de los dioses. Luego se limitó a contar los meses, llamándolos quinto, sexto, séptimo, octavo, noveno y décimo; en latín, *quintilis, sextilis, september, october, november* y *december*. Esta falta de atención del mítico Rómulo explica por qué los meses diez, once y doce de nuestro moderno calendario todavía reflejan el orden romano del ocho, el nueve y el diez.

Rómulo y sus sucesores tuvieron la misma falta de imaginación para numerar los días del mes. Dividieron los meses, no en semanas, que fueron introducidas en Europa mucho más tarde, sino en días clave que caían a primeros de mes, en el quinto (o séptimo) día, y en el centro. Estos tres días señalados se llamaron respectivamente calendas (el origen de nuestra palabra calendario), nonas e idus. Casi todos los demás días del calendario romano se quedaron sin nombre. Por el contrario, cada uno era numerado mediante un confuso sistema basado en cuántos días faltaban para las calendas, las nonas o los idus. Por ejemplo, he aquí el sistema romano para la primera mitad de marzo:

Fecha actual	Fecha romana
1 de marzo	Calendas de marzo
2 de marzo	VI nonas (5 días antes de nonas)
3 de marzo	V nonas (4 días antes de nonas)
4 de marzo	IV nonas (3 días antes de nonas)
5 de marzo	III nonas (2 días antes de nonas)
6 de marzo	Víspera de nonas
7 de marzo	Nonas
8 de marzo	VIII idus (7 días antes de los idus)
9 de marzo	VII idus (6 días antes de los idus)
10 de marzo	VI idus (5 días antes de los idus)
11 de marzo	V idus (4 días antes de los idus)
12 de marzo	IV idus (3 días antes de los idus)
13 de marzo	III idus (2 días antes de los idus)
14 de marzo	Víspera de los idus
15 de marzo	Idus

Los romanos se referían, por ejemplo, al 11 de marzo diciendo «cinco idus», que estaba tan claro para cualquier otro romano como si ahora dijéramos «11 de marzo». Sin embargo, dada la complejidad de este sistema, es sorprendente que durase unos dos mil años, funcionando como sistema oficial de fechas en Europa hasta bien entrado el Renacimiento. Todavía en el siglo XVII, William Shakespeare podía escribir su famoso pasaje de *Julio César*, «Cuidado con los idus de marzo», y esperar que su público supiera lo que quería decir.

El calendario de Rómulo de 304 días tuvo corta vida, pues era totalmente impracticable para un pueblo agricultor que necesitaba un calendario razonablemente preciso para que sirviera de orientación a través de las estaciones. Fue el sucesor de Rómulo, el rey Numa, quien añadió dos meses al calendario, alrededor del año 700 a.C., *januarius* y *februarius*. Esto condujo al año lunar normal de 354 días, a los que Numa añadió otro día a causa de una superstición romana sobre los días pares.

Este año de 355 días fue una considerable mejora sobre el calendario de Rómulo, aunque los agricultores romanos no tardaron en descubrir que también era imperfecto y necesitaba días y meses intercalares para corresponderse con las estaciones. Los romanos probaron varios modelos para corregirlo, pero ninguno funcionó del todo bien. Primero intentaron añadir un mes extra cada dos años. Pero calcularon mal su duración, se pasaron de la raya y se quedaron con un año que duraba por término medio 366 días y cuarto. Al darse cuenta de que este calendario era más lento que el año auténtico, los romanos adoptaron una versión del calendario griego que insertaba meses intercalares cada ocho años. Esto colocó su calendario a la par con el año de 365 días, aunque el sistema griego era tan confuso que los sacerdotes a menudo olvidaban insertar los meses extra en el intervalo apropiado o acababan haciendo chapuzas que adelantaban o atrasaban el tiempo del calendario respecto del año solar.

También estaba la política. Desde el principio, el calendario romano, como muchos otros, era una poderosa herramienta política que regía las fiestas religiosas, las celebraciones, los días de mercado y un constante cambio de lugar de los días en que era *fas*, o legítimo, resolver asuntos judiciales y oficiales en los tribunales y en el gobierno. (Estos días «fastos» o «justos» dieron al calendario romano su nombre: *fasti*, es decir, fastos.) En la antigua Roma, el calendario y las listas de días fastos estuvieron controlados primero por los reyes y luego, en los primeros días de la república, por la aristocrática clase patricia. Durante varios siglos después de Rómulo, los sacerdotes y aristócratas mantuvieron el calendario como un secreto que compartían sólo entre ellos, lo que les daba una tremenda ventaja sobre los comerciantes y sobre la plebe a la hora de dirigir negocios y controlar la compleja estructura de los augurios y sacrificios religiosos que gobernaban gran parte de la vida romana.

Este monopolio del tiempo oficial terminó en 304 a.c., cuando la plebe acabó irritándose tanto que un plebeyo, Cneo Flavio (hijo de un liberto que más tarde ocupó varios altos cargos en la administración) robó las claves que determinaban el calendario y las puso en una tablilla en medio del foro, para que todos lo vieran. Tras esto, los sacerdotes y patricios cedieron y publicaron el calendario como documento público, el primer paso para desarrollar el calendario objetivo y secularizado que César introdujo dos siglos y medio después del robo de Flavio.

Pero Flavio no salvó totalmente la situación, pues los patricios retuvieron una importante prerrogativa, así como la clase de la que salían los sacerdotes romanos: el control sobre la intercalación de los meses. Fue de este privilegio del que abusaron sin rubor para ganar en cuestiones financieras y políticas. Además, cuando César volvió de Egipto y de sus otras guerras en el 46 a.C., se encontró con que los largos años de mala utilización habían dejado el calendario muy desordenado. El mismo César era en parte culpable, ya que había ostentado el título de pontífice máximo durante varios años, y había intercalado meses en el calendario sólo una vez, desde el 52 a.C. Esto había alejado el año romano casi dos meses enteros del año solar. Quizá había sido una manipulación intencionada por parte de César o sus aliados entre los sacerdotes, o quizá había sido un simple despiste de un pontífice máximo distraído por la guerra civil. Fuera cual fuese la causa, originó estragos no sólo entre los agricultores y los marineros sino también en una población que dependía más que nunca del comercio, de las leyes y de la administración civil en un imperio que crecía rápidamente y que necesitaba con urgencia un sistema normalizado de medir el tiempo.

Para ajustar el calendario, según cuenta Plutarco, «César llamó a los mejores filósofos y matemáticos de su época», incluyendo al astrónomo alejandrino Sosígenes, que al parecer fue a Roma desde Alejandría para mejorar las reformas que César y él habían discutido en Egipto. El corazón de la reforma era idéntico al sistema ordenado por Tolomeo III en el 238 a.C.: un año de 365 días y cuarto, cuya fracción se quitó para adoptar un ciclo de tres años de 365 días más un año de 366.

Para ajustar el calendario al equinoccio vernal, que por tradición se pensaba que ocurría el 25 de marzo, César ordenó intercalar en el 46 a.C. dos meses de 33 y 34 días respectivamente entre noviembre y diciembre. Combinados con otro mes intercalado ya en febrero, el año 46 a.C. acabó teniendo 445 días. César lo llamó *ultimus annus confusionis* (el último año de confusión). Todo el mundo lo llamó simplemente «año de confusión», refiriéndose no sólo a la extensión del año sino también a los múltiples cambios inaugurados por César.

Los días extra del año 46 a.C. causaron problemas en todos los aspectos del mundo romano, desde las contrataciones hasta los planes de navegación. El historiador Dión Casio escribe sobre un gobernador de las Galias que quiso que también se gravaran impuestos sobre los dos meses de más añadidos por César. Cicerón, en Roma, se quejaba de que su antiguo adversario político, no contento con dirigir la tierra, quisiera hacer lo mismo con las estrellas. Aunque al final muchos romanos se sintieron satisfechos de tener un calendario estable y objetivo, basado, no en los antojos de los sacerdotes y los reyes, sino en la ciencia.

Para redondear esta reforma del calendario, César trasladó el primer día del año, que caía en marzo, al mes de enero, más cerca del solsticio de invierno. Luego modificó la duración de los meses añadiendo los diez días necesarios para cambiar el año a 365 días, y creó un calendario de 12 meses alternativos de 30 y 31 días, con la excepción de febrero, que con el sistema de César tenía 29 días los años normales y 30 los bisiestos. Dejó el viejo calendario casi intacto en cuestión de celebraciones y fiestas. También conservó el viejo sistema de numerar los días según calendas, nonas e idus, así como los nombres tradicionales de los meses, aunque más tarde el Senado cambiaría *quintilis* por *julius* en su honor.

El primero de enero del 45 a.C. (calendas de *januarius* del año 709 a.u.c.) los romanos se despertaron con un nuevo calendario que estaba entre los más exactos del mundo de entonces. Incluso así, seguía sujeto a los errores y enmiendas de sacerdotes y políticos. El primer error llegaría poco después de la muerte de César (44 a.C.), cuando el colegio de pontífices empezó a contar años bisiestos cada tres años en lugar de cada cuatro. La medida volvió a dislocar rápidamente el calendario, aunque el error fue corregido poco después por el emperador Augusto. Al darse cuenta de la equivocación en el año 8 a.C., ordenó que los siguientes tres años bisiestos se saltaran, devolviendo el ritmo normal al calendario en el 8 d.C. Desde aquel año, este calendario nunca ha olvidado un año bisiesto, con la excepción de los que coincidían con el siglo y que fueron eliminados por el papa Gregorio XIII en su reforma de 1582. Pero Augusto y su Senado elegido a dedo no se detuvieron en esta sensata y necesaria corrección del calendario. También se entrometieron en la duración de los meses y el resultado fue mucho menos satisfactorio.

La reforma augusta comenzó cuando el Senado decidió honrar a su emperador rebautizando el mes *sextilis* con el nombre de *augustus*. Parte de la resolución decidida por el senado ha llegado a nuestros días:

> *Mientras que el emperador César Augusto, en el mes de sextilis, fue admitido en el consulado, y tres veces ha entrado triunfante en la ciudad, y en el mismo mes las legiones, procedentes del monte Janículo, se pusieron bajo su protección, y en el mismo mes Egipto quedó bajo la autoridad del pueblo romano, y en el mismo mes se puso fin a las guerras civiles; y como por estas razones el mes dicho es, y ha sido, el más afortunado de este imperio, el senado decretó que recibiera el nombre de augustus.*

Este sencillo cambio de nombre habría estado bien. Pero fuera por vanidad o porque sus partidarios lo pidieran, el senado decidió que el nuevo mes *augustus*, de sólo 30 días, no debía tener menos días que el que honraba a Julio César, de 31 días. Así que le quitaron un día a febrero, dejándolo con sólo 28 días y con 29 los años bisiestos. Para no tener tres meses seguidos de 31 días, Augusto y sus partidarios cambiaron la duración de septiembre, octubre, noviembre y diciembre. Esto estropeó el útil sistema de César de alternar meses de 30 días con los de 31, dejándonos con esta irritante cantinela que se ignora de dónde y cuándo procede y que podría tener antecedentes muy antiguos:

> *Treinta días tiene septiembre,*
> *con abril, junio y noviembre.*
> *Los demás tienen treinta y uno,*
> *menos febrero el mocho,*
> *que sólo tiene veintiocho.*

Otros emperadores romanos posteriores quisieron igualmente bautizar los meses con su nombre. Nerón, por ejemplo, quiso llamar *neronio* a abril para conmemorar un atentado que se produjo en el 65 d.C., en el curso de aquel mes, y del que salió bien librado. Otros cambios de nombre que no llegaron a cuajar fueron sustituir mayo por *claudio* y junio por *germánico*. Cuando el Senado intentó cambiar septiembre por *tiberio*, este taciturno emperador vetó la medida, preguntando tímidamente: «¿Qué haréis cuando haya trece césares?» En las provincias, los dirigentes locales y monarcas sometidos a menudo cambiaban sus meses para halagar a los personajes más poderosos del momento. El calendario de Chipre tuvo meses denominados según el nombre de Augusto; de su sobrino Agripa; de su mujer Livia; de su hermanastra Octavia; de sus hijastros Nerón y Druso; e incluso de Eneas, el legendario fundador de Roma del que Julio César, Augusto y toda la *gens* Julia aseguraban descender.

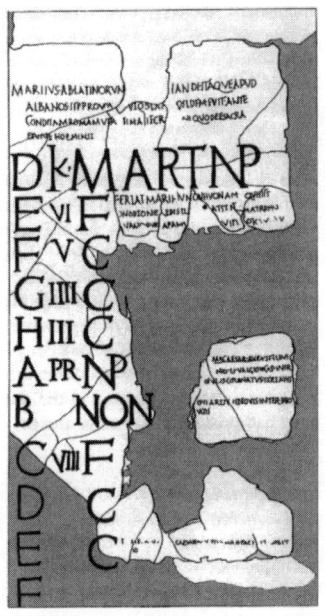

Restos de un calendario romano, el mes de marzo (s. I d.C.).
(Las letras A-H corresponden a un ciclo de ocho días
de mercado; la K se refiere a calendas y la N a nonas;
a la derecha hay fragmentos de fiestas y sucesos
históricos ocurridos en esas fechas.)
Ilustración de Herbert E. Duncan hijo.

El segundo error del calendario de César fue menos fácil de solucionar que la confusión sobre si un año bisiesto llegaba al tercero o cuarto año. Fue un misterio señalado ya por los astrónomos alejandrinos Hiparco y Tolomeo, y más tarde por Roger Bacon y otros espíritus medievales: que el año juliano de 365 días y 6 horas se quedaba corto. Es probable que el consejero egipcio de César, Sosígenes, también lo supiera, aunque nadie dice si conocía o no los cálculos de Hiparco.

Pero aun en el caso de que César hubiera reparado en un defecto que sumaba unos minutos, es difícil que se hubiera inquietado, dados los siglos que los romanos habían tenido que soportar un sistema de medición que a menudo estaba equivocado en varios días o varios meses.[5] La verdad es que, pasadas las quejas suscitadas por el cambio, el calendario juliano se convirtió en motivo de orgullo de los romanos educados. Las excavaciones relativas al primer Imperio han descubierto calendarios grabados en piedra y pintados en paredes, más o menos como nosotros colgamos los calendarios en la actualidad.

El calendario juliano inyectó además un nuevo espíritu en la forma que tenía la gente de pensar en el tiempo. Antes se pensaba en él como en un ciclo de sucesos naturales que se repetía o como en un instrumento de poder. Pero nada más. Desde entonces el calendario estuvo al alcance de todos como una herramienta objetiva y útil para organizar planes de navegación, para extender cultivos, para rendir culto a los dioses, para concertar matrimonios y para enviar cartas a los amigos. Junto con la creciente popularidad de los complejos relojes de sol y de agua, el calendario juliano introdujo la idea de que los seres humanos ordenaban su vida individualmente, de acuerdo con una progresión lineal que funcionaba al margen de la luna, las estaciones y los dioses.

Nada lo simbolizó mejor que el reloj de sol que Augusto mandó erigir en el año 10 d.C. para conmemorar su victoria sobre Marco Antonio y Cleopatra, y para inaugurar su inminente imperio de paz. De gnomon utilizó un obelisco de casi treinta metros (que todavía está en la piazza del Popolo de la Roma actual), transportado desde Egipto y puesto en el Campo de Marte, en medio de una gigantesca red de líneas que mostraban la duración de las horas, los días y los meses, así como los signos del zodíaco. Al lado, probablemente grabada en piedra, había una copia del calendario de César. «Nadie que entre en el Campo de Marte dejará de ver que los césares unieron el cielo y la tierra —escribe el historiador Arno Borst—, Oriente y Occidente, el origen y

---

5. Los romanos todavía no habían inventado el concepto de «minuto». Tenían una idea vaga de lo que duraba una hora; con fines astronómicos dividían el día en fracciones simples.

la evolución del tiempo y la historia, ni que marcaron el comienzo de un tiempo universal.»

No es que todos los habitantes del Imperio abandonaran de repente los antiguos calendarios que utilizaban la luna, las estrellas y los cambios de estación. Sólo lo hicieron quienes necesitaban medir el tiempo en la vida civil del Imperio. Esto excluía a los campesinos, jornaleros y esclavos analfabetos que constituían la gran mayoría que vivía dentro de las fronteras de Roma. Además, por primera vez en la historia de Europa, la futura *pax romana* produciría una clase media de comerciantes, funcionarios, soldados, abogados, prestamistas y artesanos que entrarían en contacto con la idea de medir el tiempo utilizando números y cálculos.

El advenimiento de la cronometría también llevó a los griegos y romanos a experimentar las primeras contrariedades que se conocen en relación con el tiempo medido con los relojes. Los abogados, según contaba Platón cuatrocientos años antes de que Augusto levantara su gigantesco reloj de sol, vivían «espoleados por las clepsidras [...] nunca descansaban». También Aristóteles se quejaba de la gente que miraba el reloj incluso durante una representación en el teatro. «La duración de la tragedia no debería calcularse según las clepsidras —dijo—, sino por lo que convenga al argumento.» Sin duda muchos romanos pensaban lo mismo, aunque también se sentirían contentos de tener un reloj a mano cuando se trataba de frenar a un abogado demasiado locuaz, o de poseer un calendario para demostrar a un prestamista que le correspondía pagar 16 días de intereses y no 17 por aquellos diez objetos de plata.

Mientras César estaba haciendo sus reformas, mandó llamar a Cleopatra para que fuese de Egipto a Roma. Poco después, la reina apareció con su hijo, Tolomeo XV César, conocido como Cesarión. También llevó personajes clave de su corte, incluyendo casi con seguridad al astrónomo Sosígenes. Mudarse a la mansión que tenía César en el monte Janículo, junto al Tíber, la llegada de Cleopatra y su manifiesto romance con el dictador causaron un escándalo en Roma y «suscitaron las más graves palabras de censura»... no porque ella fuera su amante, sino porque era una reina extranjera con una agenda política no totalmente compatible con la de Roma.

El resentimiento crecía mientras César se volvía cada vez más distante, obligando incluso a poderosos cabecillas políticos como Cicerón a esperar largos periodos sólo para hablar con él. En parte era porque estaba absorto con reformas y proyectos de construcción, incluyendo planes para erigir una biblioteca en Roma más grande que la de Alejandría. Pero muchos interpretaron su actitud como arrogancia y deseo de recibir trato de rey, cosa que ya era en todos los aspectos menos nominalmente, aunque él, con toda prudencia, rechazó el título real, sabiendo que heriría los sentimientos republicanos de una ciudad en la que ser rey todavía estaba castigado con la pena de muerte. En una famosa escena en la que estaba ligeramente implicado el nuevo calendario juliano, Marco Antonio, su leal seguidor y lugarteniente, puso una corona de oro en la cabeza de César. Como el dictador la rechazara y ordenara enviarla al templo de Júpiter, Antonio ordenó que aquella negativa de César se registrara en el calendario oficial romano.

La indignación de los enemigos de César creció durante las primeras semanas del segundo año juliano (44 a.C.), mientras preparaba una campaña militar en Partia que tenía que empezar el 18 de marzo. Pensaba ir al Senado poco antes de su partida. Al sentirse indispuesto el 15 de marzo, llegó tarde a la curia en una litera. Por el camino se cruzó con un augur llamado Spurinna, que al parecer le había advertido ya que tuviese cuidado con los idus de marzo. César, riéndose, dijo al sacerdote que los idus habían llegado y no había pasado nada. Spurinna contestó que el día no había terminado aún.

César, que había despachado a su guardaespaldas, entró para tomar asiento. Tras avanzar entre los senadores, se sentó en su trono dorado y vio acercarse a un grupo de legisladores. Uno, Tilio Címber, le pidió que apoyara una petición. Como se negara, Címber cogió al dictador y le rasgó la toga desde el cuello. Al ver esta señal, varios hombres atacaron. César desenvainó el puñal y consiguió detener a sus asaltantes al principio. Pero había demasiados; 23 dagas lo apuñalaron y cayó al suelo. Desangrándose y agonizando ante los atónitos senadores de Roma, aquel hombre que pensaba que podía gobernar el tiempo se echó la toga sobre la cabeza y murió.

4

Una cruz dorada de fuego

Por decisión unánime de todos, se ha decidido que la santísima festividad de la Pascua de Resurrección se celebre en todas partes el mismo día.

CONSTANTINO EL GRANDE, 325 D.C.

Tres siglos y medio después de la muerte de César, el emperador Constantino estaba en un risco que daba al Tíber. Al arrodillarse para rezar, miró al cielo y vio una cruz llameante por encima del sol. La cruz tenía escritas unas palabras griegas: *Toúto níka* (vence con esto), aunque es más conocida la versión latina, *in hoc signo vinces* (con este signo vencerás). Aquella noche, Constantino I, llamado el Grande por la Iglesia, soñó que oía una voz mientras dormía en medio de su ejército acampado al norte de Roma. La voz le aseguraba la victoria en la batalla que se libraría al día siguiente si en su bandera ponía la cruz cristiana y las dos primeras letras del nombre de Cristo en griego, la O y la X. Este monograma se llama crismón y la bandera que ostenta la cruz y el monograma se denomina lábaro.

Al amanecer del 27 de octubre del 312 d.C., Constantino dio orden de pintar la cruz y el crismón, y atacó a su principal rival en Saxa Rubra, que en latín significa «piedras rojas». Tras burlar brillantemente a las fuerzas de Magencio, que había gobernado Italia como coemperador, Constantino empujó a las tropas enemigas hacia las aguas, cerca del puente Milvio. Previamente Magencio había destruido aquel antiguo paso de piedra, para impedir que sus enemigos lo cruzaran. Lo que ocurrió fue más bien lo contrario y Magencio se ahogó con miles de legionarios suyos, dejando el camino de Roma despejado para el vencedor de 39 años de edad y sus legiones armadas con el lábaro.

Tanto si creemos o no en las visiones de Constantino (incluso el cronista oficial que dio cuenta de los hechos expresó sus dudas), su victoria en el puente Milvio fue un triunfo personal aplastante y un momento decisivo para Europa precisamente porque atribuía el mérito al dios cristiano. Occidente nunca volvería a ser el mismo. Ni tampoco la forma de pensar de la gente a propósito del tiempo y el calendario.

Revolucionar el viejo orden era exactamente lo que se proponía Constantino con su cháchara sobre cruces de fuego y un nuevo dios poderoso, aunque su adopción del cristianismo fue motivada tanto por la política como por la fe. Todo formaba parte de una gran estrategia para forjar un nuevo orden en el Imperio: un orden político, espiritual, militar y económico.

El Imperio lo necesitaba con desesperación. Arrasado y ensangrentado por casi un siglo de guerra civil, magnicidios, crisis económica y enemigos presionando por todas partes, el Imperio romano del 312 habría sido irreconocible para Julio César. La misma Roma y sus viejas instituciones del templo y el Senado habían sido eclipsadas hacía mucho por una maciza burocracia de funcionarios civiles, gobernadores provinciales y oficiales del ejército encabezados por un solo hombre: el emperador. Sistema centralizado y creado originalmente por Augusto, había funcionado bien durante la edad dorada de Roma, los siglos I y II, cuando ocupaban el trono gobernantes poderosos y relativamente instruidos como Trajano, Adriano y los Antoninos. Sin embargo, hacia el año 300, este viejo orden estaba a punto de venirse abajo, los emperadores gobernaban al arbitrio de las legiones y el Imperio estaba debilitado por el estancamiento, ya que había dejado de expandirse militar y económicamente y no hacía más que afrontar guerras ruinosas fuera y dentro de sus fronteras.

Un signo alarmante de la decadencia interna fue el brusco declive de la ciencia y las artes mientras el Imperio desviaba sus recursos económicos hacia las empresas militares y los ciudadanos se preocupaban menos por la duración del año y por la poesía que por defender sus casas y poblados. Hacia el año 260, una epidemia aceleró la ruina, dejando varias provincias sin gente. Aquella misma década, las ciudades del Imperio empezaron a desmantelar monumentos de piedra y anfiteatros para levantar murallas contra los invasores. El emperador Aureliano, temiendo un ataque contra Roma en 270-275, convenció al Senado de que costeara una nueva muralla que rodeara la ciudad.

Hasta que el predecesor de Constantino, Diocleciano, empezó a restaurar el orden en el 280, parecía que el Imperio se iba a desmembrar. En el 250, los marcomanos cruzaron el Danubio y avanzaron por el norte de Italia. Mientras tanto, los godos invadieron Macedonia y luego se aliaron con las hordas escitas para invadir Asia Menor y saquear las costas del mar Negro. En el 260, el emperador Valeriano fue capturado por un resucitado Imperio persa, cuyos ejércitos devastaron Asia Menor antes de ser vencidos. En el año 267 una flota goda de quinientos barcos de guerra salió del mar Negro y atacó la costa griega, saqueando Atenas, Argos, Corinto, Esparta y Tebas antes de que el emperador Claudio II los derrotara en una batalla que habría dejado sin defensas a Grecia e Italia si hubiera perdido. Todas estas circunstancias habían dejado el Imperio ingobernable para cualquiera, salvo para un dirigente realmente excepcional.

Constantino era ese hombre. Con un reinado que duró treinta y un años cuando muchos de sus inmediatos predecesores habían sobrevivido a lo sumo unos meses, el último de los grandes emperadores de Roma se esforzó con tenacidad por reestructurar y rejuvenecer el Imperio, y así contribuyó a detener la caída de Occidente durante otro siglo y medio y la de Oriente durante más de mil años.

Nacido en Naissus (hoy Nish, Servia) aquel hombre de mejillas redondas y frente cuadrada llegaba a ser cruel y no dudaba en llevar la guerra al Imperio para satisfacer sus ambiciones. Pero también reparó las vías imperiales de comunicación y estableció un sistema de mensajeros, renovó el sistema jurídico, construyó basílicas, acueductos, monumentos e iglesias, y sobre todo mantuvo la paz. También procuró transformar la estructura del poder imperial, completando la transición comenzada por Aureliano y Diocleciano hacia una monarquía al estilo oriental en la que los reyes gobernaban, no en nombre del Senado y el pueblo de Roma, ni siquiera en virtud del ejército, sino como todopoderosos déspotas que aseguraban ser monarcas por la gracia de los dioses (o de Dios).

Aureliano (gobernó del 270 al 275) había emprendido esta transformación fundando una teocracia solar monoteísta durante el año 270, precursora del cristianismo. Construyó en Roma un resplandeciente templo consagrado al sol y proclamó que el dios del sol y no el Senado lo había hecho emperador. Esta transformación quedó interrumpida al morir asesinado. Diocleciano (gobernó del 284 al 305) continuó esta tendencia oriental abrazando también el culto del sol y dividiendo el Imperio en dos zonas, Oriente y Occi-

dente, con el principal centro de poder en Oriente. Cambió
la toga púrpura tradicional del emperador por suntuosas
vestimentas de seda, cinturones y calzado con joyas incrustadas; y por primera vez desde los antiguos tiempos
de los reyes latinos, el jefe del Estado de Roma llevó una corona. Constantino completaría esta orientalización eligiendo
Bizancio para establecer la nueva capital, que fue rebauti-
zada con el nombre de Constantinopla. Estratégicamente
situada cerca de las más ricas provincias del Imperio, estaba igualmente cerca de ambas fronteras, la oriental y la
occidental.

Constantino también adoptaría una de las principales
religiones orientales, subvirtiendo 350 años de gobierno laico (simbolizado por el calendario juliano) en un movimiento
que pronto fusionaría el poder político y militar de un imperio todavía poderoso con lo que sería una religión estatal
aún más poderosa.

Al principio no estaba totalmente claro *qué* religión.
Durante aquella problemática época, los romanos abrazaron varias religiones populares, muchas de Oriente, desde
una facción seudorreligiosa del neoplatonismo hasta el cristianismo, pasando por el culto del sol. Muy consciente de
esta diversidad, el siempre práctico Constantino parecía
deseoso de abrazar casi cualquier religión que sirviera a sus
necesidades políticas, a pesar de su anecdotario sobre el
dios cristiano y la cruz dorada de fuego en el puente Milvio.
Incluso parece que al principio atribuyó a más de un dios su
victoria sobre Magencio.

Para complacer a los paganos de Roma, levantó el arco
de Constantino, que dedicaba su triunfo a las viejas deida-
des romanas; en la actualidad continúa siendo uno de los
arcos de triunfo más imponentes y mejor conservados de la
Roma de nuestros días. Constantino también coqueteó con
el culto popular al dios solar Mitra en la época de la batalla, ya que sus adeptos también consideraban sagrado un
símbolo parecido a la cruz. Lo cierto es que esta doble publi-
cidad habría complacido por igual al gran número de mitraistas y cristianos que había en su ejército.

Sólo después de varios años empezó a ganar el cristianismo, quizá porque los cristianos ofrecían una base más
efectiva para el poder o porque Constantino encontraba los
dogmas y la estructura de la Iglesia cristiana más fáciles de
combinar y fundir con la estructura imperial ya existente.
Otra razón, más simple, podría haber tenido que ver con la
madre de Constantino, Elena (248-328; antigua mesonera y
cristiana durante mucho tiempo), que fue amante (y posi-

blemente la primera esposa) del padre de Constantino. Mujer formidable que rara vez abandonaba a su hijo, Elena abogó por la causa del dios cristiano y recibió generosas sumas de su hijo para construir docenas de iglesias desde Judea hasta las Galias, incluyendo la iglesia de la Natividad de Belén y la del Santo Sepulcro de Jerusalén, que todavía se conservan. Constantino no acabó de comprometerse totalmente con la nueva religión estatal hasta el 337, cuando fue bautizado en su lecho de muerte.

Fueran cuales fueren las creencias personales de Constantino, su fusión de Iglesia y Estado dio por finalizado lo que en esencia había sido un experimento comenzado por César y por Augusto para separar la religión del Estado... y la religión del tiempo. Su impacto transformaría profundamente Europa durante los siglos siguientes, afectando a todos los aspectos de la vida, incluyendo la forma en que la gente contaba la sucesión de los días.

Inevitablemente, el nuevo orden de Constantino, como el de César tres siglos y medio antes, acabó dejando su huella en el calendario, en este caso creando un sistema nuevo de medir el tiempo, inspirado en la religión. Lo hizo dejando intacto el calendario juliano básico de 365 días y cuarto y doce meses, aunque hizo tres cambios importantes dentro de esta estructura: la introducción del domingo como día santo en una semana de nuevo cuño que tenía siete días; el reconocimiento oficial, en fechas fijas, de fiestas cristianas como la Navidad; y la introducción de la Pascua de Resurrección, que no es en una fecha fija, ya que está vinculada al calendario lunar judío que estaba en uso cuando Cristo fue crucificado. La existencia de estas dos clases de días santos, la de los fijos y la de los flotantes, es el origen de las expresiones cristianas «fiesta fija» (o «inmoble») y «fiesta movible».

El primer movimiento del emperador para reordenar el calendario llegó en un edicto publicado en el 321, nueve años después de la batalla del puente Milvio, cuando se estableció el domingo como primer día de una semana de siete, una unidad de tiempo desconocida en el calendario original romano de calendas, nonas e idus.[6] Según el edicto de Constantino, a todos los ciudadanos que no fueran agricultores se les ordenaba abstenerse de trabajar durante el *dies Solis*, el día del Sol. También ordenó que los tribunales

---

6. Los romanos tenían un ciclo informal de días de mercado cada ocho días.

suspendieran sus sesiones y que los jefes del ejército restringieran los ejercicios militares para que los soldados pudieran adorar al dios en el que creyeran.

La elección constantiniana del domingo no estuvo exenta de polémica. Rechazaba descaradamente la institución del sábado, observada tradicionalmente por los judíos y los paganos romanos, que en el antiguo Imperio habían establecido aquel día como jornada de descanso y piedad religiosa.

También había sido el sábado el día elegido en otra época por muchos cristianos, ya que casi todos los primeros creyentes eran judíos que se sentían obligados a mantener su tradicional festividad aquel séptimo día de la semana judía. Pero como Jesús fue crucificado el *sexto* día de la semana judía y, según la Biblia, resucitó de entre los muertos el primer día de la semana siguiente (domingo), algunos dirigentes cristianos de la Antigüedad decidieron cambiar la fiesta del sábado al domingo y señalar este día todas las semanas con un servicio especial con participación de la Eucaristía.

Pero las viejas costumbres no mueren con facilidad. Todavía a fines del siglo II había prelados cristianos que se quejaban de los cristianos que continuaban celebrando el sábado. Un obispo condenó en una carta esta práctica, tachándola de supersticiosa y aseverando que «el espectáculo que organizan los días de ayuno [judíos] y de luna nueva» era «ridículo» y no merecía consideración alguna.

Cuando Constantino publicó su edicto, ya hacía tiempo que los cristianos habían resuelto el litigio del domingo contra el sábado, con victoria del primero. Sin embargo, el emperador no se ciñó a una línea de pensamiento puramente cristiana con su nueva ley. Al colocar la festividad sabática en el día solar del ciclo de siete días de planetas-dioses paganos, el emperador también quiso complacer a los mitraistas y otros adoradores del Sol. La designación oficial de este día en el código jurídico romano como *dies Solis* puede que no gustara a la nueva jerarquía de obispos, sacerdotes y juristas cristianos, aunque algunos trataron de justificar la decisión del emperador insistiendo en que Cristo, al igual que el Sol, era la luz del mundo.

En cuanto a la nueva semana constantiniana de siete días, ya había ganado uso y popularidad entre los romanos debido a su significado astrológico: siete por los planetas (incluyendo la luna y el Sol) que entonces se conocían; cada uno «gobernaba» un día de la semana. Además, el sistema de siete días ya era antiguo en la época de Constantino. Al parecer había surgido en Babilonia alredor del año 700 a.C., cuando los astrólogos asignaron los planetas-dioses a los días de la semana, nombres que los romanos reemplazaron por sus propios planetas-dioses. Por ejemplo, el día de Nabu, dios babilonio de los escribas, se convirtió en latín en el día de Mercurio, dios romano de las comunicaciones... y hoy día sobrevive como *mercredi* en francés, *miércoles* en español y así sucesivamente en el espectro de las lenguas románicas (véase el gráfico de más abajo).

Planetas	Dioses	Nombres actuales			
	Romanos	Castellano	Francés	Inglés	Italiano
Sol	Sol	domingo	dimanche	sunday	domenica
Luna	Luna	lunes	lundi	monday	lunedì
Marte	Marte	martes	mardi	tuesday	martedì
Mercurio	Mercurio	miércoles	mercredi	wednesday	mercoledì
Júpiter	Júpiter	jueves	jeudi	thursday	giovedì
Venus	Venus	viernes	vendredi	friday	venerdì
Saturno	Saturno	sábado	samedi	saturday	sabato

Aunque los días «laborables» coinciden en los idiomas romances con los nombres de los dioses romanos, el día domingo procede en estas lenguas de la expresión latina *dies dominicus*, es decir, «día del Señor»; y el sábado tampoco viene de Saturno en estos idiomas, sino de distintas adaptaciones latinas y griegas del *sabath* hebreo. En cambio, en inglés, el domingo es el día del sol y el nombre del sábado procede de Saturno.

La astrología tuvo tanta influencia en el mundo antiguo que el 7 se convirtió en una especie de número místico. Esto se hizo evidente no sólo en la semana de siete días sino también en las llamadas siete edades del hombre. El astrónomo Tolomeo, entre otros, creía que estas edades estaban ligadas a los siete planetas y sus órbitas, con el centro en la Tierra. Según su cosmología, la infancia está gobernada por la luna, la niñez por Mercurio, la adolescencia por Venus, la juventud por el Sol, la madurez por Marte, la vejez por Júpiter y la senectud por Saturno. Los planetas y el número siete también estaban asociados con augurios buenos y malos que afectaban a los vientos, la lluvia, la buena navegación, las buenas cosechas, apuestas en las carreras de carros, guerras y nacimientos.

Recientemente, los cronobiólogos han descubierto que el ciclo de siete días, como el ciclo del sueño del día y la noche, también podría tener precedentes biológicos. Dicen que ciertos biorritmos del cuerpo humano funcionan en ciclos de siete días, incluyendo variaciones en los latidos del corazón, presión arterial y reacciones a las infecciones. La probabilidad del rechazo de un órgano trasplantado parece agudizarse con intervalos de siete días. Otros organismos, incluida las bacterias, comparten estos biorritmos básicos. Posiblemente este débil tictac de la biología sea una razón por la que los mesopotámicos, los romanos y otras culturas, desde los incas del Perú hasta los bantúes del centro y el sur de África, hayan organizado sus actividades alrededor de una semana de cinco a diez días.

La astrología también fue responsable de otra curiosidad en nuestro calendario semanal: el orden de los días. Damos por sentado el orden de lunes, martes, miércoles, y así sucesivamente, pero de hecho no se corresponde con el antiguo entendimiento del sistema solar, que pone a Saturno como el más lejano de la Tierra, seguido en orden descendente por Júpiter, Marte, el Sol, Venus, Mercurio y la Luna. La discrepancia entre este orden y el de nuestra semana viene de otra invención de Mesopotamia: la división de los días en 24 unidades iguales de tiempo. Se desconoce la razón de este esquema. Como he dicho más arriba, debía de guardar alguna relación con dividir el día en dos periodos de 12 horas para corresponderse con los 12 signos del zodiaco. Otra razón puede haber sido el hecho de que el 24 funcionaba en el sistema numérico de los mesopotámicos, basado en el 6. Veinticuatro es divisible por 6; del mismo modo, los 360 grados del círculo babilónico son divisibles por 24.

El orden de los nombres de los días viene de la designación, por parte de los antiguos astrólogos mesopotámicos, de un planeta-dios para presidir las horas del día, dispuestas de acuerdo con su correcto orden cosmológico. Por ejemplo, Saturno gobernaba la primera hora del sábado, seguido por Júpiter en la segunda hora, luego por Marte, el Sol, Venus, Mercurio y la Luna. En la octava hora, el ciclo comenzaba de nuevo con Saturno y la progresión se repetía hasta la vigésimo cuarta hora del día, que caía en Marte.

Los antiguos utilizaban una herramienta muy sencilla para seguir la pista de los nombres correctos de las horas y los días en relación con las divinidades planetarias. Utilizaban una figura de siete lados, con los vértices rotulados con el nombre de un planeta en el orden adecuado. Los arqueólogos descubrieron una de estas ruedas dibujada en una pared cuando excavaban en Pompeya. Era algo parecido a esto:

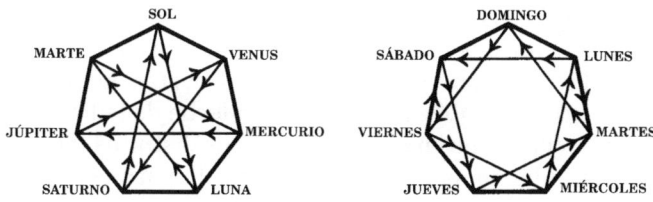

Después del edicto constantiniano sobre el domingo, tuvo que transcurrir un par de generaciones para que la semana de siete días se difundiera por todo el Imperio. El sistema de 24 horas tardó más tiempo, pues tuvo que esperar a la Edad Media, hasta la invención del reloj mecánico por monjes deseosos de observar con exactitud las horas canónicas. Antes se fijaba el paso del tiempo utilizando las estrellas de noche y observando el sol de día o escuchando las campanas y otras formas públicas de anunciar la hora. Por ejemplo, los militares romanos tenían voceadores que observaban la marcha del sol y anunciaban el cambio de guardia en la tercera hora de la mañana (*tertia hora*), la sexta del medio día (*sexta hora*) y la novena de la tarde (*nona hora*). En cambio, los sajones de Britania dividían sus jornadas según las diferentes mareas: «marea de la mañana» (*morningtide*), «marea del mediodía» (*noontide*) y «marea del atardecer» (*eveningtide*). La palabra «hora», a su vez, procede del latín y el griego, donde significa periodo, rato.

El segundo cambio importante introducido por Constantino en el calendario fue para celebrar la Pascua de Resurrección, un asunto no tan fácilmente resuelto como la cuestión del domingo. Día santo por excelencia para los cristianos, la celebración de la Pascua de Resurrección se complica por el hecho de que la resurrección de Cristo sucedió durante la Pascua judía, que se determina en el calendario judío según las fases de la luna. Esto significa que la fecha de la Pascua judía (y de Resurrección) se mueve en el calendario solar, cambiando de año en año. Para los antiguos cristianos era un rompecabezas porque les faltaban los conocimientos astronómicos necesarios para sincronizar con exactitud las fases de la luna y el año solar.

Esta desventaja no hizo desistir a los medidores del tiempo cristiano. Además, incluso mientras la ciencia y el conocimiento de la Antigüedad empezaban a declinar, la cuestión de cuándo celebrar la Pascua de Resurrección fue una de las pocas áreas en que la investigación científica sobreviviría durante la gran oscuridad que se avecinaba. Pero esto todavía pertenecía al futuro. Para Constantino, el asunto consistía no tanto en determinar la fecha de la Pascua de Resurrección como en conseguir que las distintas facciones del cristianismo se pusieran de acuerdo para celebrar la Resurrección el mismo día, incluso en el caso de que, técnicamente, la fecha no fuera exacta. Desde el punto de vista político fue crucial para fundar una religión estatal, con una serie de reglas.

El asunto de la Pascua de Resurrección llegó a su punto culminante en lo que hoy es un tranquilo pueblo turco, famoso por ser un sitio de descanso al lado de un lago para los estresados ciudadanos de la caótica Estambul, que se encuentra a unos 120 kilómetros. Conocido hoy con el nombre de Iznik, este pueblo era hace 1.700 años una próspera ciudad helénica llamada Nicea, que en griego (Nikaia, y se pronuncia «Nikea») significa «victoria». Este nombre atraía a Constantino, que se llamaba a sí mismo «Constantinus Victorus». Un historiador escribe: «La bella ciudad está en un alto, en medio de un terreno boscoso y de muchas flores, con las claras y brillantes aguas del lago Ascanio a sus pies.» Otro refiere: «En primer término estaban los bosques de castaños, de un verde brillante a principios del verano; el nevado Olimpo destacaba a lo lejos, entre las cordilleras.» Aquí fue donde, en el año 325, Constantino convocó el primer gran concilio cristiano, en el que se hizo el primer esfuerzo común para resolver el problema de la Pascua de Resurrección y encontrar una fecha unificada para su celebración.

La elección de Nicea no fue accidental. Situada estratégicamente en Oriente, cerca del nuevo corazón del renovado Imperio de Constantino, la ciudad era fácilmente accesible para los tres centenares de obispos que asistieron y para sus delegaciones. Casi todos llegaron de Oriente, en parte porque el cristianismo había calado poco en Occidente. Silvestre I, el anciano obispo de Roma (en esta época, todos los obispos importantes recibían el título honorífico de «papa») no acudió porque se hallaba muy enfermo, pero envió representantes.

Constantino estaba tan deseoso de organizar aquella reunión que pagó los gastos de los obispos, poniendo a su disposición el sistema imperial de medios de transporte y postas de caminos. En Nicea les pagó la comida y el alojamiento. Las sesiones se celebraron en una gran basílica convertida en iglesia y en la cámara de la audiencia de un palacio imperial, posiblemente situado a orillas de lo que hoy es el lago Iznik.

El concilio empezó a finales de la primavera, probablemente el 20 de mayo, sin Constantino. El emperador llegó un mes después. Las primeras sesiones se celebraron en la iglesia principal de la ciudad, con las puertas abiertas al público laico. Incluso los teólogos paganos participaron en algunos debates. Organizados en pequeños grupos bajo pórticos y en jardines, vestidos con togas y túnicas, discutían sobre la relación entre Dios y Cristo y el significado de ciertos pasajes de los textos sagrados, y de vez en cuando se concedían un respiro para celebrar suntuosos banquetes con vino, carnes, frutas y verduras servidas por criados imperiales.

Para muchos obispos y sacerdotes tuvo que ser un momento culminante, aunque un poco fantástico. Apenas unos años antes muchos habían practicado su fe cristiana en secreto. Algunos habían sido perseguidos con saña. Pablo, obispo de Neocesarea, había perdido el uso de las manos tras ser torturado con hierros candentes. A dos obispos egipcios les faltaba un ojo. Uno, Pafnucio, había quedado además medio tullido. Constantino lo honró personalmente y besó su rostro desfigurado. El historiador Eusebio de Cesarea, un testigo del concilio, nos habla del lujoso banquete celebrado el 25 de julio para conmemorar el vigésimo año imperial de Constantino y del miedo de los obispos cuando pasaban ante los guardias de las salas del banquete y veían «el brillo de las armas» que tan recientemente se habían dirigido contra ellos.

Pero este paso del miedo al banquete no era nada comparado con la súbita transformación constantiniana de una iglesia que durante trescientos años había carecido de autoridad central. Disperso y a veces perseguido por las autoridades, el cristianismo había funcionado no tanto como una sencilla religión unificada cuanto como una colección de sectas que seguían los mismos principios básicos pero diferían en puntos mayores y menores, por ejemplo cuándo celebrar la Pascua de Resurrección. La unidad siempre había sido una meta, aunque muchas congregaciones habían seguido siendo más o menos independientes, con doctrinas y detalles litúrgicos dejados al arbitrio de los ancianos locales y los feligreses. En ciudades lo bastante grandes para designar un obispo, estos prelados habían ejercido alguna autoridad, pero como escribió un historiador al hablar de las iglesias independientes de Alejandría, con sus polémicas y disputas entre sectas y dirigentes religiosos, «no era excepcional poseer una doctrina local propia».

La intención de Constantino era poner un poco de orden en este caos, estableciendo un puñado de reglas uniformes, regidas por una estructura centralizada, encabezada por él mismo como emperador. Para conseguirlo, Constantino instó a los obispos a que resolvieran sus diferencias, las pequeñas y las grandes, y con ellas la más importante de la época, la cuestión de si Dios Padre precedía o no al Hijo, o si ambos habían existido siempre. Un teólogo y predicador alejandrino llamado Arrio había defendido lo primero y esta doctrina la había condenado recientemente su principal rival y detractor, el obispo de Alejandría. Ambos, Arrio y el obispo, habían sido invitados a exponer su caso ante el concilio.

Constantino llegó a Nicea alrededor del 19 de junio del 325, y rápidamente le dieron un grueso legajo de documentos que detallaban los puntos de conflicto, grandes y pequeños, entre los asistentes. Llevó el legajo consigo hasta la sala de audiencias de palacio, donde oficialmente inauguró el concilio vestido con una túnica dorada con joyas, como un rey persa. Sentado en un trono de oro ante los prelados, escuchó discursos de bienvenida antes de levantarse para contestar en latín a la mayoría de obispos de habla griega. A través de un traductor les dio la bienvenida y rápidamente fue al grano, levantando el fajo de papeles como un padre que reprende. Les dijo: «Me siento, oh hermanos de servidumbre, profundamente apenado cada vez que la Iglesia de Dios se enzarza en disputas, un mal peor que la guerra.» Tras ordenar a los obispos que dejaran a un lado las disensiones, cogió el legajo y lo tiró a un brasero. Mientras se quemaba, dijo a los presentes que debían utilizar aquel concilio para establecer una doctrina uniforme que todos quisieran seguir, un imperativo que se convirtió en la fuerza que estaría tras la Iglesia católica (*katholikós* en griego significa «universal») durante los siglos siguientes y que afectaría profundamente a todos los aspectos de la vida, incluyendo las posturas ante la medición del tiempo.

• • •

No han llegado hasta nosotros los detalles sobre el debate de la Pascua de Resurrección, aunque las polémicas que desembocaron en el Concilio de Nicea son bien conocidas. Durante casi tres siglos este tema había frustrado a los seguidores de Cristo, que estaban deseando celebrar propiamente el acontecimiento fundamental de su religión.

El problema surgió porque a ningún testigo de la muerte de Cristo y su resurrección se le había ocurrido anotar la fecha. Peor aún, los Evangelios que cuentan la vida de Cristo ofrecían informaciones contradictorias con vagas referencias a la cronología de estos sucesos. Todos estaban de acuerdo en que Cristo había resucitado el primer día de la semana judía, un domingo. Pero ¿qué domingo? Tres evangelistas, Mateo, Marcos y Lucas, sugerían el domingo posterior a la Pascua, en el mes de nisán. El Evangelio de Juan, sin embargo, señala otro día de nisán, una discrepancia incrementada por las particularidades del calendario lunar judío durante los años que siguieron a la crucifixión de Cristo.

La vaguedad se produjo porque los primeros cristianos se preocupaban poco o nada por las fechas, por la comprensible razón de que los seguidores de Jesús creían fervientemente en el retorno inminente de su Salvador. Para ellos el tiempo era irrelevante, un punto subrayado por el apóstol Pablo, que no fechó las epístolas que escribió y que hoy figuran en el Nuevo Testamento. Explica el porqué en una carta dirigida a los cristianos de la iglesia de Galacia (la Epístola a los Gálatas), en la cual censura a los que prestan atención a los «días, meses, estaciones y años», por estar más interesados por la astrología y los asuntos terrenales que por Dios. En otra, Pablo exhorta a los cristianos de Colosas (la Epístola a los Colosenses) a no juzgar a los demás por cuestiones de comida o bebida, «o a propósito de fiestas, de novilunios o de sábados. Todo esto es sombra de lo verdadero».

Como Jesús no volvió inmediatamente, los cristianos se dieron cuenta de que necesitaban algún sistema para organizar el tiempo. Hacia el siglo II empezaron a trazar programas sobre las prácticas religiosas y calendarios rudimentarios de días sagrados y otras fiestas. También empezaron a razonar sobre fechas, sobre si adorar a Dios en sábado o en domingo, y sobre la conveniencia de trazar una cronología de los sucesos de la vida de Jesús. Esta preocupación fue adquiriendo importancia creciente para una religión basada en sucesos reales tal como se cuentan en la

Biblia, que refiere que Cristo vivió en una época real: nació, fue criado por María y José, fue bautizado, se convirtió
en maestro, fue juzgado y ejecutado, y salió de la tumba
tres días después. Estos acontecimientos son los cimientos
de los Evangelios y del mismo cristianismo, hacen de éste
una religión de historia y calendario, lo cual fue una poderosa y crítica realidad para los primeros seguidores incluso
mientras contendían con otro principio básico de su religión: la doctrina de la vida eterna y un Dios que existe *fuera*
del tiempo.

Esta discrepancia entre el Cristo que existe más allá
del tiempo y el Cristo histórico se convirtió en una temprana fuente de tensión en el cristianismo. Más tarde se convirtió en uno de los grandes rompecabezas teológicos de
la Edad Media, cuando el Cristo intemporal del dogma y el
misticismo se impuso a todo lo demás. A pesar de todo, la
idea de empirismo y de medición del tiempo nunca murió
por completo, en parte debido a la necesidad de la Iglesia de
saber lo suficiente del mundo temporal para asignar una fecha adecuada a la Pascua de Resurrección.

En la época de Nicea, los cristianos se habían puesto
más o menos de acuerdo sobre las fechas del nacimiento de
Cristo y otros sucesos clave. Se trataba de días especiales
para señalar el martirio de los santos, de fechas significativas para recordar en tiempo real importantes episodios del
calendario cristiano y para promover una alternativa a las
fiestas paganas. El primer martirio conocido que se con-
memoró parece haber sucedido en el siglo II, cuando se
condenó a la hoguera al obispo de Esmirna «el segundo día
de principios del mes de jántico,[7] la víspera de 7 calendas de
marzo, en un gran día sabático, en la hora octava. Fue
arrestado por Herodes, cuando Felipe de Tralles era sumo
sacerdote, y Estacio Cuadrado procónsul, durante el interminable reinado de Nuestro Señor Jesucristo». Según un
testigo, los huesos del obispo fueron retirados y enterrados en un lugar «donde el Señor nos permitirá [...] reunir-
nos y celebrar su martirio [su "nacimiento"] para conmemorar a los héroes que ya han desaparecido y para entrenar y
preparar a los héroes por venir».

En cuanto a la Pascua de Resurrección, muchos cristianos estaban de acuerdo en el año 325 en que antes debería celebrarse un ayuno y en que el día sagrado debería
tener alguna relación con la luna llena del mes judío de nisán. Más allá de esto, iglesias y sectas particulares disen-

---

7. Mes de un calendario griego.

tían en lo de celebrar la Resurrección siempre en domingo o en consonancia con la fecha aproximada de nisán en que Cristo resucitó de entre los muertos, fecha que cambiaba según las oscilaciones del calendario lunar judío. Hacia el siglo III se añadió a la confusión un creciente antisemitismo entre los cristianos gentiles, cada vez más reacios a depender de los sacerdotes judíos que decidían cuándo comenzaba el mes de nisán. Así que surgió una tercera opción: vincular la resurrección de Cristo con el año solar y con el calendario juliano, utilizando el equinoccio de primavera como fecha astronómica fija para determinar la Resurrección. Decidida esta fecha, podría idearse una fórmula para correlacionar el equinoccio con las fases de la luna y el ciclo semanal de domingos.

Ninguno de los cánones conservados del concilio menciona el problema de la Resurrección directamente, aunque las reglas que surgieron de Nicea son bien conocidas entre los cristianos: que la Resurrección se celebraría el primer domingo posterior a la primera luna llena después del equinoccio, pero que nunca debería caer al principio de la Pascua judía. El parecer de los obispos reunidos quedó consignado por el mismo Constantino en una carta dirigida a los obispos y otros dirigentes eclesiásticos que no asistieron al concilio. «Por decisión unánime —escribió el emperador— se ha decidido que la santísima festividad de la Pascua de Resurrección debería celebrarse en todas partes el mismo día.» En la misma carta, Constantino señala que el concilio se oponía a la práctica de seguir el calendario judío para determinar la Resurrección. «No deberíamos tener nada en común con los judíos, porque el Salvador nos ha enseñado otro camino.»

Pero la solución del concilio distó de ser perfecta. Primero, codificaba una fiesta que cambiaba de día cada año, una idea confusa para el cristiano medio o el pagano recién convertido, acostumbrados a que las fiestas anuales cayeran en el mismo día. Otro problema radicaba en que la solución nicena de la Resurrección necesitaba algo imposible entonces: la determinación de antemano de una fecha dada, lo cual suponía un conocimiento exacto de los movimientos del Sol, la Tierra y la Luna. Los científicos antiguos podían calcular sólo una fecha aproximada y esta impotencia obsesionaría a los medidores del tiempo durante siglos mientras proponían, inútilmente, distintas fechas auténticas para la Resurrección. A falta de una ciencia mejor, muchas iglesias fijaron arbitrariamente el equinoccio vernal en 21 de marzo.

Otro defecto de la solución nicena fue la incapacidad de los obispos y los medidores del tiempo para corregir el punto débil del calendario juliano: el error anual de 11 minutos. Esto significaba que una Resurrección vinculada a un equinoccio de primavera fijo tiraría del resto del calendario, atrasándose un día entero en la verdadera órbita de la Tierra cada 128 años aproximadamente. En el 325, el calendario juliano ya se había atrasado tres días en relación con el año 45 a.C., cuando César introdujo su reforma; aquel año, el equinoccio vernal había caído en 25 de marzo. En la época de Bacon, el verdadero equinoccio había descendido al 14 de marzo, aunque la iglesia seguía con la práctica nicena de determinar rígidamente la Pascua de Resurrección en conformidad con el equinoccio de 21 de marzo, arbitrariamente establecido en la época del concilio.

Sobre el otro gran tema de Nicea, la naturaleza de Cristo, el concilio discutió acaloradamente durante aquel verano y al final, el 25 de julio, hizo pública la profesión de fe (el «credo») nicena, que declaraba que el arrianismo era una herejía, y que afirmaba que Cristo y Dios venían de una única sustancia y que ambos habían existido siempre. Pero mucho más importante que la naturaleza de Cristo o la fecha de la Resurrección fue la codificación de la fusión constantiniana de Iglesia y Estado, un provechoso movimiento político que iba a vincular inexorablemente a la Iglesia con el poder secular, la riqueza y el absolutismo durante muchos siglos, primero como un apéndice de la Roma imperial y más tarde como entidad independiente que sacaba su omnipresente influencia de su propia jerarquía de estilo imperial y de su poder sobre los territorios cristianos.

Constantino clausuró el concilio advirtiendo a los obispos todavía sectarios que mantuvieran la unidad a toda costa y que utilizaran su nuevo poder con cuidado. «Sed como los médicos prudentes —dijo— que tratan diferentes casos con discernimiento y son todos para todos.» Ninguno de los reunidos en aquel caluroso día mediterráneo, mientras se atracaba con la comida y el vino del emperador, estaba en situación de saber lo proféticas que serían las últimas palabras de Constantino, que aquella recién legislada religión se convertiría en verdad en «todo para todos» en cada reino, pues llegó a sustituir a la misma Roma en su papel de guía de la vida y alma de millones de personas y de incontables generaciones futuras.

5

El tiempo se detiene

*Que prueben mientras puedan el sabor de la eterni-
dad, sus pensamientos todavía giran y se revuelven
en el flujo y reflujo de las cosas del tiempo pasado y
futuro. Si su intelecto pudiera atraparse y detenerse,
estarían inmóviles un rato y, en ese breve momento,
divisarían el esplendor de la eternidad, que está detenida por siempre.*

AGUSTÍN DE HIPONA, hacia el 400

Menos de un siglo después de que Constantino celebrara el
feliz resultado de su concilio niceno, un soldado de la in-
fantería romana estaba de guardia en la orilla de un río
nevado de Maguncia, en lo que hoy es Alemania. Tiritando
bajo el peto y los correajes militares, aquel anónimo soldado observaba el congelado Rin y la orilla opuesta, en la
que ardían cientos de hogueras atendidas por una vasta y
creciente horda de bárbaros germánicos. Aquel solitario
soldado podía ser un romano, o más probablemente un
germano romanizado, reclutado por el zozobrante Imperio
para defender la frontera norte. Fuera cual fuere su nacio-
nalidad, mientras daba puntapiés en el suelo para calentarse durante aquel frío día de diciembre del año 406, es
casi seguro que no pensaba que la vida de Roma estaba
pendiente de un hilo. Ni siquiera cuando levantó la vista, y
vio horrorizado que las masas del otro lado del río avanzaban hacia él, fue capaz de imaginar que era el principio del
fin de la Antigüedad de Occidente y, para los europeos, el final del tiempo conocido.

El centinela dio la alarma y su legión corrió al encuentro de los bárbaros, una coalición de tatuados, andrajosos y
peludos germanos de tribus conocidas con el nombre de
alanos, suevos y vándalos. Pero la guarnición romana estaba fatalmente agotada. Casi todos los hombres habían sido
llamados de la frontera del Rin para organizar un desesperado contraataque contra otro ejército de bárbaros, los ostrogodos, que estaban invadiendo los Balcanes. Llevarse
a las legiones del Rin fue un movimiento calculado por los

militares romanos, que estaban convencidos de que los germanos no atacarían durante el invierno. Pero nadie había contado con que el Rin se congelaría, un suceso bastante raro. Tampoco el emperador y sus generales podían haber sabido que los germanos estaban huyendo de la salvaje invasión de los hunos.

Carentes de recursos para detenerlos, Roma vio con impotencia que las hordas de Maguncia y otras olas de invasores se infiltraban por las fronteras que habían resistido durante cuatrocientos años y arrasaban las indefensas ciudades. Britania cayó en el 410, cuando su guarnición romana partió para defender las Galias y no volver jamás. Poco después, las mismas Galias empezaron a ceder; Hispania también caía lentamente, y parte de los Balcanes. Un ejército visigodo llegó a las puertas de la misma Roma en el 410, derribó sus murallas y saqueó lo que durante siglos había sido una de las mayores potencias de la historia de la Tierra.

Inevitablemente, el caos general afectó a la concepción popular del tiempo y el calendario cuando los inamovibles esquemas de la vida romana empezaron a tambalearse. El calendario de César seguiría siendo oficial en Occidente mucho tiempo después de la caída del Imperio, aunque cada vez más gente pensaba que organizar listas de días, meses y años era irrelevante. Había preocupaciones más urgentes, como encontrar comida e impedir los saqueos de los bárbaros (del latín *barbarus* y del griego *bárbaros*, donde significaba «extranjero»).

Pero el caos no fue el único resultado de la caída del Imperio. Tampoco se vinieron abajo todas las instituciones de Roma. De hecho, una creció en medio del desorden y la decadencia: la Iglesia católica. Originalmente ideada por Constantino como un vehículo para realzar el poder político de Roma, la Iglesia terminó sustituyéndolo, reteniendo su poder e influencia en el terreno eclesiástico, particularmente mientras los bárbaros abandonaban sus dioses paganos y abrazaban una Iglesia que exigía (y conseguía) una alianza mucho más sólida que la que el mismo poder imperial había conocido. Fue así porque la iglesia reivindicaba su derecho a tener jurisdicción, no sobre tierras y ejércitos, sino sobre almas, y esta autoridad se extendería durante los siglos siguientes prácticamente por todos los aspectos de la vida cristiana.

Esto llevó a un nuevo orden social en Europa, incluyendo un nuevo concepto del tiempo, lo que los teólogos cristianos llaman tiempo sagrado. Ni cíclico ni lineal, sino una especie de antitiempo que los cristianos equiparan con Dios, que es perfecto, eterno e intemporal.

La idea de tiempo sagrado no era nueva ni mucho menos. De una forma u otra había existido desde que las religiones desarrollaron conceptos de eternidad y vida después de la vida, creencias fundamentales para los antiguos egipcios, los judíos y otras culturas. El tiempo sagrado había formado parte del cristianismo desde el principio, aunque casi igual que en nuestros días, los cristianos romanos habían tendido a mantener el tiempo de Dios en el plano religioso mientras continuaban funcionando en la vida cotidiana con el tiempo real, con el paso de las horas, los días, los meses y los años. Pero mientras el poder político de Roma retrocedía y la Iglesia se levantaba de sus cenizas, lo sagrado pronto venció a lo profano.

El hombre que mejor articuló este nuevo orden fue Agustín de Hipona (354-430), el célebre obispo y teólogo que escribió dos de los libros cristianos de más influencia, aparte de la Biblia: las *Confesiones* y *La ciudad de Dios*. En ambas obras Agustín se dedica a explicar el «tiempo sagrado» y por qué él creía que era más «real» que el tiempo seglar, que es transitorio.

La larga vida de Agustín abarca los años en que Roma pasaba de un todavía formidable Imperio bajo los inmediatos sucesores de Constantino al abismo de la decadencia final. Tenía cincuenta y dos años en el 406, cuando las hordas de Maguncia cruzaron la frontera y vivió para ver el desmembramiento de las Galias, Hispania y el norte de África. Además, el telón de fondo del lento colapso del Imperio obviamente influyó en el pensamiento filosófico de Agustín, que propugnaba una segura y perfecta «ciudad de Dios» por encima de la decadente «ciudad del hombre».

Nacido diecisiete años después de la muerte de Constantino, Agustín creció en la pequeña ciudad de Tagaste, a 60 kilómetros de la costa de lo que hoy es Argelia. En una meteórica carrera como filósofo y profesor de retórica, salió de su pequeña ciudad para ir a Cartago, luego a Roma y finalmente, a los treinta años, a la corte imperial de Milán, en aquella época capital efectiva del Imperio de Occidente. Esto fue durante el reinado de Teodosio I (muerto en el 395), el último emperador poderoso que reinaría en todo el territorio romano. En su palacio, el joven Agustín fue profesor de retórica de la corte, una posición codiciada que habría podido llevarlo a ser un alto funcionario, al poder y a la riqueza.

Pero Agustín era un joven problemático. Viviendo una vida que en las *Confesiones* describe como de desenfreno y vacío moral, probó y rechazó algunas religiones populares de la época. Más tarde, en el 386, a la edad de treinta y un años, estaba solo en un jardín de Milán cuando cuenta que oyó la voz de un niño, aunque ningún niño había por allí. *Tolle, lege*, dijo el niño, «toma y lee»; Agustín abrió la Biblia y en ella leyó que se entregara a Cristo. Lo hizo, dimitiendo de su puesto en la corte imperial y volviendo al norte de África para ser obispo de la pequeña ciudad portuaria de Hipona, en la actual Argelia, cerca de la frontera con Túnez.

Conocido como el último gran intelectual de la época clásica, Agustín creó una estructura filosófica que ligaba su nueva religión con uno de los gigantes del mundo antiguo, Platón, equiparando las ideas del ateniense sobre el creador y primer motor con el Dios cristiano, y la idea platónica de un universo perfecto, que existía más alla de nuestro mundo defectuoso, con el concepto cristiano de paraíso. Agustín copió de Platón la concepción del tiempo como ser en movimiento. Esto quería decir que era un atributo imperfecto de un mundo imperfecto, ya que el reino del primer motor es un lugar de perfección que por naturaleza es intemporal e inmutable. No tenía principio ni fin, ni movimiento hacia atrás o adelante y por lo tanto no tenía tiempo que medir. Dicho en términos cristianos, este ideal es lo que entendía Agustín por tiempo sagrado.

«El mundo no se creó en el tiempo —declara en *La ciudad de Dios*— sino con el tiempo.» Esto significa que el Creador puso en movimiento el concepto del tiempo percibido por los humanos, pero que él mismo existe fuera del tiempo, idea que Agustín dice que en última instancia es asunto de fe. «Seguidlo —afirma— olvidando lo que hay detrás, no malgastado ni disperso en cosas que están por llegar y cosas que pasarán [...] y contemplar Tu placer, que ni es ni futuro ni pasado.»

Un análisis de la ontología agustiniana puede parecer un poco abstracta para un libro sobre cuadraditos que desfilan en el calendario, pero representaba una poderosa corriente que se estaba formando en Europa y en la Iglesia, que durante siglos miraría con recelo a cualquiera que tratara de profundizar demasiado en el asunto del tiempo. Agustín entendió la necesidad de un calendario sencillo que diera cuenta de las festividades, los días de la ley y los nacimientos. No se opuso a una discusión filosófica sobre la naturaleza del tiempo. A lo que se negó fue a exagerar a la hora de cuantificar el pasado, particularmente en temas como la creación, algo que consideraba una pérdida de tiempo para quienes buscaban la perfección de Dios. Aún era más crítico con quienes trataban de predecir el futuro, que en su mente era exclusivo de Dios. Esto incluía a los astrónomos y matemáticos que utilizaban los planetas y otras claves de la naturaleza para predecir el futuro posterior a la última cosecha o a la llegada del invierno y la primavera. «En el Evangelio no leemos que el Señor dijera: "Os envío el Espíritu Santo para que os enseñe el curso del sol y de la luna"», escribió Agustín en una carta de 404. «Quería hacer cristianos, no matemáticos.»

Sin embargo, Agustín no tuvo la última palabra en el enfoque del pasado y del futuro, ni del tiempo en cuanto tal. Además, su misticismo y confianza en la fe seguiría chocando contra quienes querían categorizar y medir el pasado (sobre todo el pasado cristiano) y contra quienes querían planear o predecir el futuro de una manera sistemática y científica. Fue la tensión entres estos dos ideales, lo sagrado y lo profano, lo que dominaría en Europa durante el siguiente milenio, aunque una parte fue claramente victoriosa, incluso mientras el colapso cultural y político de Roma se confabulaba con la filosofía agustiniana del antitiempo hasta el punto de hacer casi desaparecer todo interés científico por el calendario o por hacerlo más preciso.

Sin embargo, como veremos, la luz de la curiosidad científica no se extinguió totalmente en ningún momento. Incluso en los más oscuros días que siguieron a la caída de Roma, hubo una serie de monjes y pensadores aislados que, mientras pudieron, siguieron haciéndose preguntas e indagando sobre la naturaleza y la ciencia, y sobre las posibles formas de medir mejor lo que Agustín había dicho que era inmensurable: el tiempo.

El propio Agustín admitió que medir el tiempo podía tolerarse en un terreno en que lo sagrado y lo profano no podían separarse: calcular y predecir la fecha de la Resurrección. Esto sólo podía determinarlo alguien que supiera astronomía y matemáticas, y así fue como el cálculo del día de la Resurrección se convirtió en la delgada hebra a la que la ciencia se asiría en los siglos siguientes. Era una paradoja, ya que los cristianos que condenaban la ciencia como intrusión blasfema en los dominios de Dios tuvieron que apoyarse en la ciencia para dar una fecha al suceso más místico de su panteón de milagros y manifestaciones del otro mundo: la resurrección de Cristo.

La historia de la ciencia medieval habría sido muy diferente si los obispos de Nicea hubieran decidido dar una fecha fija cualquiera para la Resurrección en el calendario solar. Pero no lo hicieron. Por el contrario, después de Nicea, los cristianos desarrollaron lo que acabó siendo una compleja ecuación para determinar el día auténtico, obligando a los medidores del tiempo a volver a algo de lo que César había prescindido siglos antes: la dependencia de la luna. Casi por casualidad se encontraron con el viejo problema de interrelacionar las fases de la luna y la órbita de la Tierra, el mismo problema que había atormentado a los constructores de calendarios, desde China y Babilonia hasta la Roma republicana, cuando habían querido fundir el año lunar de 354 días con un año solar aproximado de 365 días y cuarto.

Esta relación lunisolar es un problema astronómico peliagudo, incluso en la actualidad, ya de que debe contrarrestar una complicada serie de tirones y tracciones gravitatorios del Sol, la luna y otros cuerpos celestes, la lenta degradación de las órbitas de la Tierra y la luna con el paso del tiempo, la forma ligeramente elíptica de la luna y la Tierra, y la rotación de la Tierra sobre su eje, factores todos que los medidores del tiempo de la época de Nicea no conocían cuando desarrollaron su fórmula base para la Resurrección. A continuación vemos un algoritmo de 14 pasos desarrollado por astrónomos católicos de época moderna, que factoriza algunas variables para llegar a una fecha pascual casi exacta, *casi* porque siempre hay fluctuaciones de minutos en los movimientos de la Tierra, la Luna, los planetas y las estrellas que impiden una medición absolutamente exacta.

a	=año%19
b	=año/100
c	=año%100
d	=b/4
e	=b%4
f	=(b + 8)/25
g	=(b - f + 1)/3
h	=(19 * a + b - d - g + 15)%30
i	=c/4
k	=c%4
l	=(32 + 2 * e + 2*i - h - k)%7
m	=(a + 11 * h + 22*l)/451
mes pascual	=(h + 1-7 * m + 114/31 [3 = marzo, 4 = abril]
p	=(h + 1 - 7 * m + 114)%31
Día	=p + 1 (día del mes pascual)
/	=división que omite el residuo
%	=división que guarda sólo el residuo
*	=multiplicación

Por lo que sabemos, los obispos de Nicea no nombraron oficialmente a nadie ni designaron ningún lugar para hacer la determinación oficial de la Pascua de Resurrección, aunque la tarea recayó naturalmente en los astrónomos alejandrinos. Incluso antes del gran concilio, los obispos de Alejandría habían enviado cartas a otras iglesias anunciando la fecha en la que deberían celebrar la festividad de la Resurrección. Conocemos pocos detalles sobre estos tempranos cálculos, aunque los alejandrinos, antes y después de Nicea, al parecer utilizaron el viejo ciclo de 19 años de meses lunares (el ciclo metónico) para unir la luna con el año solar.

También parece que los alejandrinos fueron quienes establecieron que el día del equinoccio de primavera era el 21 de marzo, un cambio desde los días de César, en que el equinoccio se había fijado el 25 de marzo. Este cambio puede que fuera un intento de contrarrestar el desajuste del calendario juliano respecto del año solar auténtico, aunque el desajuste real que se había producido entre la reforma de César (45 a.C.) y el Concilio de Nicea (325) se acercaba más a tres días que a cuatro.

Se sabe que por lo menos dos astrónomos crearon tablas cronológicas que predecían la Pascua de Resurrección de años futuros. Ambos eran además obispos de Alejandría, Teófilo (obispo del 385 al 412), cuyas tablas cubrían los cien años que iban del 380 al 480, y su sobrino Cirilo, que sucedió a su tío e ideó una tabla de noventa y cinco años que iba del 437 al 531. Ambas tablas eran razonablemente exactas, aunque su ciclo metónico tenía un pequeño defecto, que 235 meses lunares sinódicos no encajaban del todo en 19 años julianos: les sobraba un día. En noventa y cinco años (cinco ciclos de 19 años) el exceso de un día se convirtió en un error de cinco al ajustar las fases de la luna al calendario juliano, un problema que los primeros medidores del tiempo intentaron solucionar intercalando un día cada ciclo de 19 años.

Hubo un problema más serio para los calculadores posnicenos de la Resurreción, pero fue político antes que científico. No todas las ciudades disponían de los métodos alejandrinos para fechar la Resurrección, a pesar de que el concilio había indicado que el asunto debía resolverse por igual para todos los cristianos.

La diferencia más pronunciada era entre las Iglesias de Oriente, que seguían a Alejandría, y las Iglesias de Occidente, que miraban a Roma, una escisión que fue mucho más allá de los contenciosos de la Resurrección y el calenda-

rio mientras el mundo romano se dividía lentamente a lo
largo de una fractura entre Oriente y Occidente, entre el
griego y el latín, entre lo helenístico y lo romano. Las diferencias sobre la Resurrección entre Roma y Alejandría eran
pequeñas pero importantes, sobre todo porque anunciaban
la escisión a largo plazo entre las iglesias griega y latina,
que en nuestros días siguen celebrando la Pascua de Resurrección en fechas diferentes.

La primera disputa por la Resurrección entre Oriente y
Occidente estuvo relacionada con la fecha del equinoccio.
Los egipcios seguían usando el 21 de marzo. Roma, sin embargo, utilizaba la fecha original de César: el 25 de marzo.
El otro problema se refería a los métodos para conjugar el
año solar con las fases de la luna. Los romanos utilizaban un
sistema desarrollado a mediados del siglo III, basado en
un ciclo de 84 años de meses lunares dividido en años, cuyo
margen de error era inferior a día y medio. Esto difería del
ciclo alejandrino de 19 años, que era más exacto y a la vez
más fácil de tener ajustado adecuadamente.

El resultado de estas sutiles diferencias era insignifi-
cante en la mayoría de los años, ya que ambos métodos daban la misma fecha para la Resurrección. En unos cuantos
años, sin embargo, el asunto se disparaba. Por ejemplo, en
el 387 Agustín comentó irritado en una carta que los alejandrinos estaban celebrando la Resurrección el 25 de abril y
los romanos el 18 del mismo mes. Y lo que era aún peor, las
Iglesias arrianas de las Galias (que seguían medrando a pesar de la condena nicena de la doctrina de su fundador) tenían una *tercera* fecha. Utilizando otra fórmula, aquel año
celebraron la Resurrección el 21 de marzo.

Las discrepancias de detalle en el cálculo de la Resurrección fueron una de las razones por las que Agustín se
impacientaba a veces con los matemáticos y otros que parecían obsesionados por los números y con medir el tiempo.
El obispo de Hipona tenía poca paciencia para estas minu-
cias mundanas mientras se dedicaba a completar el proceso
puesto en movimiento por Constantino y los obispos nice-
nos para someter el tiempo a Dios, y por extensión a la Iglesia. Los cristianos llevaban mucho tiempo pensando de
esta manera, pero antes de Agustín nadie supo exponerlo
ni elevar la cuestión del tiempo de Dios del lenguaje sencillo y la lógica simple de los apóstoles al reino de la gran filosofía de tradición antigua, una legitimación intelectual de
la que la iglesia había carecido hasta entonces.

• • •

Mientras las hordas de bárbaros avanzaban por las Galias e Hispania en los años que siguieron a la invasión de Maguncia del 406, las tribus se extendieron saqueando por todas direcciones. Un ejército de vándalos recorrió todo el camino desde su tierra de origen, en la moderna Hungría, hasta el estrecho de Gibraltar, que cruzaron en el 429, cuando empezaron a aterrorizar las provincias de Mauritania y Numidia, llegando finalmente a Hipona, la ciudad de Agustín, en el 430.

El anciano obispo, con setenta y cinco años por entonces, se unió al esfuerzo colectivo de organizar las defensas de la ciudad y cuidar de los miles de refugiados de otras ciudades romanas que se habían concentrado dentro de las murallas de Hipona. A mediados del verano Hipona estaba totalmente rodeada por los bárbaros, que tuvieron la ciudad sitiada durante catorce meses. Dentro de las murallas crecía el hambre mientras los vándalos aislaban la ciudad por tierra y por mar. Entonces fueron víctimas de una enfermedad que se extendió rápidamente entre la multitud que vivía en aquellas condiciones improvisadas e insalubres. Afectado por la fiebre, incluso Agustín tuvo que guardar cama en el mes de agosto. Murió poco después, varios meses antes de que los invasores conquistaran la ciudad, que Roma se vio obligada a ceder a los vándalos, junto con Cartago ocho años más tarde, en un gambito desesperado para calmar a aquellos bárbaros antes de que ocuparan otras provincias africanas clave que suministraban cereales a Italia.

Los vándalos, que arrasaban alegremente mientras pasaban por las destruidas ciudades del África romana, formaron un deprimente paisaje de fondo en la muerte de Agustín. Porque al morir él, el viejo mundo de César, Augusto y Constantino también moría, así como el tiempo tal como se había conocido en los tiempos antiguos.

Pero el tiempo no se detuvo completamente, en todo caso todavía no, a pesar de la muerte definitiva del Imperio romano de Occidente, acaecida en el 476 con la ejecución del último emperador, Rómulo Augústulo, cuarenta y seis años después del fallecimiento de Agustín de Hipona. No obstante, incluso mientras los invasores de Roma luchaban por sus despojos, una breve e inverosímil ventana se abría en Italia a fines del siglo V: un momento de paz y estabilidad política que permitió a tres notables eruditos romanos brillar en lo que realmente fue el canto de cisne del mundo antiguo.

Cada uno a su manera influyó en el tiempo, en el calendario y en la concepción de ambos durante las épocas oscuras que estaban aproximándose rápidamente. Dos eran hijos de antiguas familias patricias de Roma, jóvenes intelectuales que tuvieron una trayectoria meteórica como eruditos y políticos por designación superior. El otro era un monje y teólogo escita del que se sabe muy poco.

En la época en que estos tres jóvenes vivían en Roma, a caballo entre los siglos V y VI, la ciudad había vuelto a cambiar de manos. Apenas unos años antes, en el 493, el general germano Odoacro, que destituyó a Rómulo Augústulo, había sido expulsado y ejecutado por los ostrogodos. Mientras tanto, las Galias se habían fragmentado en territorios inestables disputados por señores germanos de la guerra que capitaneaban ejércitos de burgundios, francos, alamanes, godos y suessiones. En Britania, los ejércitos de pictos, anglos y sajones luchaban entre sí mientras unos pocos enclaves de romanobritanos supervivientes resistían como podían y eran empujados hacia el oeste, hacia el interior de lo que hoy en día es el país de Gales. Hacia el sur, los visigodos se adueñaron de todo excepto del oeste de Hispania; en África del norte los bereberes y vándalos controlaban toda la costa y el Mediterráneo occidental con una flota construida en Cartago por el rey vándalo Genserico. En Oriente, el viejo Imperio perseveraba, pero a duras penas, consiguiendo un poco de espacio para respirar a principios del siglo VI cuando los persas, que estuvieron a punto de aplastarlo, tuvieron que interrumpir sus conquistas para expulsar a los hunos que asolaban sus fronteras septentrional y oriental.

La misma Roma era una ciudad en ruinas, saqueada varias veces durante el siglo anterior. Los grandes edificios, casas y monumentos habían sido básicamente despojados de metales preciosos. Basílicas, baños públicos y el laberinto de palacios del monte Palatino todavía se utilizaban, aunque agonizaban mientras una mermada administración forcejeaba por mantener lo que podía. Las estatuas estaban hechas añicos en las calles vacías y barrios enteros quedaron destruidos al abandonar mucha gente la ciudad. En los mercados faltaban el grano y los productos suministrados durante siglos por colonias ya perdidas. Rodeados de continuas amenazas, los romanos se habían acostumbrado a quitar el mármol de las fachadas y a desmantelar las piedras de los edificios para utilizarlas en nuevas construcciones o para levantar defensas. Sólo las basílicas y templos que habían pasado a manos de la Iglesia quedaron más o menos intactos, aunque casi ningún prelado se preocupaba por el arte y la arquitectura de los paganos. Aún pueden verse en las columnas de algunos templos convertidos en iglesias las muescas dejadas por las cadenas que los cristianos ponían a su alrededor para derribar aquellas viejas estructuras paganas, aunque no llegaban ni a moverlas porque habían sido muy bien construidas.

La catástrofe pareció inevitable en Italia, lo mismo que en cualquier otra parte del antiguo imperio, hasta la llegada de un inesperado salvador bajo la forma del rey Teodorico, cuyo poderoso ejército ostrogodo entró barriendo por el este y tomó parte de Italia y parte de lo que hoy son Francia, Austria y los países balcánicos. Caudillo inusualmente ilustrado e inteligente estratega, Teodorico gobernó Italia durante 33 años y consiguió la estabilidad combinando un ejército poderoso con la restauración de la vieja estructura civil del Imperio. Gran admirador de la cultura romana, Teodorico, gobernando desde Ravena, capital de los últimos emperadores de Occidente, se puso a remozar hasta donde pudo las maltrechas ciudades de Italia. En Roma reconstruyó palacios, reparó caminos y reabrió acueductos destruidos por los bárbaros. Fue durante este breve momento de renacimiento romano cuando nuestros tres jóvenes se dedicaron a la política y a los cometidos intelectuales, casi como si el viejo imperio no hubiera muerto.

El más famoso de los tres es Anicio Manlio Torcuato Severino Boecio, nacido en Roma en el año 480, en el seno de una antigua familia noble. Entre sus antepasados había numerosos cónsules y senadores, dos emperadores y un papa. Quedó huérfano muy joven y fue criado por otra antigua familia noble cuyo cabeza era Quinto Símaco, cónsul en el 485 y más tarde prefecto de Roma bajo Teodorico. Hacia el 510, Boecio, con treinta años a la sazón, se había distinguido ya como intelectual y político y Teodorico lo hizo cónsul y le encargó varias misiones políticas delicadas, entre ellas la entrega de un reloj de agua y otro de sol, símbolos del saber y de la cultura romanos, al rey de los burgundios. Poco después, Teodorico le elevó al cargo de *magister officiorum*, maestro de oficios, una especie de jefe de la administración civil y de los funcionarios de palacio. En el 522, Boecio fue honrado de nuevo cuando sus dos hijos fueron hechos cónsules, un nombramiento que sancionaron tanto Teodorico como el emperador de Constantinopla, que conservaba la autoridad titular sobre tales cargos.

Pero el verdadero amor de Boecio era la sabiduría. Era su *summum vitae solamen*, su máximo solaz en la vida. Cuando encontraba tiempo, se embarcaba en proyectos intelectuales, traduciendo al latín, como dice Gibbon, «la geometría de Euclides... la mecánica de Arquímedes, la astronomía de Tolomeo, la teología de Platón y la lógica de Aristóteles». Gracias a sus traducciones, muchas de estas obras sobrevivieron durante la Edad Media. Boecio también escribió páginas de teología y un tratado de matemáticas: un compendio del conocimiento de los números que se convirtió en manual de los estudiosos medievales y que fue utilizado por los medidores del tiempo, entre otros, que le debieron una sustanciosa lista de conceptos matemáticos, como los números enteros, las ecuaciones y los quebrados.

Pero el trabajo más importante (y obsesionante) de Boecio fue su delgada *Consolación de la filosofía*, escrita en el invierno de 524-525, mientras estaba preso por orden de Teodorico en la torre de una fortaleza de Pavía, donde se le torturaba diariamente. No está claro por qué arrestó el rey a su brillante *magister officiorum*, aunque los historiadores creen que el rey sospechaba que Boecio conspiraba con el emperador de Constantinopla, posiblemente por cuestiones religiosas. Como Teodorico y sus ostrogodos eran arrianos, las tensiones a veces se disparaban, sobre todo cuando los prelados de Constantinopla y Roma resolvieron una serie de largas disputas, poco antes de que Boecio fuera encarcelado. Este acercamiento entre el difunto Occidente y las todavía vigorosas alas orientales del viejo Imperio sin duda inquietó a Teodorico, mientras los bizantinos resucitaban militarmente con su nuevo emperador, Justiniano (483-565), que invadiría Italia y derrotaría a los ostrogodos pocos años después.

Por la razón que fuese, el cruel encierro de Boecio pone una trágica pero poética coda al mundo antiguo, que es asimismo una despedida de la antigua forma de ver el tiempo. Se puede percibir la angustia de aquel hombre, cuyo propio encierro es una metáfora del fin del conocimiento mientras el tiempo frena su marcha y el mundo se oscurece:

> *Cuando con mucho cuidado*
> *se sigue lo terrenal,*
> *queda el juicio ofuscado,*
> *queda el seso embarazado*
> *sin su lumbre natural;*
> *si no, ved a Severino,*
> *varón letrado y prudente,*

cómo está fuera de tino,
ya perdido su camino,
engañado falsamente.
Éste estaba acostumbrado,
con la lumbre natural,
subir al cielo estrellado
y tener muy bien notado
todo el curso celestial.
Sabía cómo la mar
se mueve con cierto viento,
cómo anda sin cesar,
dónde sale y va a parar
el esferal movimiento.
Tenía muy en la mano
mil razones muy sabrosas:
por qué es templado el verano,
alegre, fresco, lozano,
lleno de flores y rosas;
por qué el otoño madura
la fertilidad terrena.
¡Oh, qué gran desventura!,
ya mira la tierra oscura
atado con gran cadena.
(Trad. de Alberto de Aguayo, s. XVI)

En su *Consolación*, Boecio encuentra consuelo en su intelecto, en luchar por la verdad mediante la filosofía y a través de Dios. Además, su espíritu, claramente reñido con el antiintelectualismo extendido entonces por Europa, consolaría también a los monjes y pensadores solitarios que quedarían para cuidar del débil rayo de luz que constituiría la sabiduría durante los largos y oscuros siglos por venir.

Cuando llegaron las tinieblas, recayó en el segundo de los tres hombres de aquel extraño mundo goticorromano la misión de plasmar los ideales de Boecio. Flavio Magno Aurelio Casiodoro había nacido alrededor del 490 en el seno de otra familia patricia con influencia en Roma. Hijo de un prefecto pretoriano de Roma bajo Teodorico, Casiodoro fue ayudante de su padre al final de su adolescencia o al poco de cumplir los veinte años, mientras se dedicaba a los mismos objetivos intelectuales que su amigo Boecio. Y como su amigo, Casiodoro, ya en la juventud, llamó la atención del rey ostrogodo, que rápidamente lo ascendió en el escalafón de la administración imperial. En el 523 lo nombró sustituto de Boecio en el empleo de *magister officiorum* de Ravena, incluso mientras su amigo sufría torturas en la cárcel y escribía su conmovedora *Consolación*. Parece que Casiodoro no hizo nada por ayudarlo, o no pudo hacerlo. La correspondencia oficial que ha sobrevivido, escrita en su mayor parte por Casiodoro, no menciona las tribulaciones de Boecio.

Al parecer, Casiodoro era menos peligroso para Teodorico que Boecio. No sólo sobrevivió a la cólera del rey, sino que también vivió hasta mucho después de desaparecido su reinado. Murió décadas más tarde, mucho después de que los godos fueran expulsados de Italia por Justiniano, el emperador bizantino que intentó (en vano) revitalizar el Imperio de Occidente. Mientras los godos reinaban en Italia, Casiodoro fue alto funcionario de Teodorico y sus sucesores, entre los que se contaba una hija llamada Amalasunta, que gobernó ocho años como regente de su hijo. Durante quince años estuvo detrás de incontables proyectos tendentes a reavivar y reparar las destruidas ciudades del pasado romano, redactando edictos en nombre del rey que incluían órdenes de restaurar y conservar monumentos, una labor cada vez más desesperada después de la muerte de Teodorico. «No dejéis que esas imágenes se destruyan —suplicaba en un edicto, refiriéndose al deterioro de ciertos elefantes de bronce de la Vía Sacra de Roma—, pues es gloria y honor de Roma albergar los frutos de la destreza de los artesanos de todo el mundo.» También publicó varias obras, entre ellas una historia de los godos y doce volúmenes de su correspondencia oficial como *magister officiorum*, epístolas de alto contenido literario que tratan sobre diversos temas científicos, incluyendo explicaciones sobre los meses del año.

Poco después de la invasión de Ravena por Justiniano, en el 540, que brevemente volvió a conectar algunas partes del viejo Imperio Oriental con el Occidental, Casiodoro viajó a Constantinopla y entró en contacto con la vida intelectual de la capital bizantina. Estuvo década y media en lo que entonces era una encrucijada entre la cultura y el saber de la Antigüedad y el cristianismo, volviendo a Italia en el 554. Lo que encontró fue escalofriante, la patria destruida tras las convulsivas guerras entre los godos y los bizantinos. Grandes extensiones de tierra sin cultivar. La misma ciudad de Roma prácticamente en ruinas. Justiniano había derrotado a los godos, pero el precio había sido la destrucción de Italia. Por otro lado, los mismos bizantinos habían quedado tan debilitados que gran parte del territorio duramente ganado no tardarían en perderlo ante los longobardos, otra tribu germana que presionaba en la frontera norte de Italia.

Era un momento crítico para Casiodoro y muchos otros eruditos romanos y nobles que se enfrentaban al innegable final del viejo mundo. Sólo podían pensar en una cosa: abandonar las murallas en ruinas y las calles devastadas de Roma y otras ciudades, y retirarse a sus fincas del campo, que las familias poderosas, durante los años de inseguridad, habían fortificado con parapetos y defensas que servirían de modelo para los castillos medievales. Pero cuando Casiodoro se unió a aquel éxodo hacia el campo, se llevó su sed de conocimientos, convirtiendo la finca de su familia, cerca de la punta de la bota de Italia, en una combinación de escuela y retiro religioso, un monasterio para eruditos, un lugar de sabiduría en el que se mezclaban la retórica, las matemáticas, el cálculo del tiempo y otros elementos de cualquier curso clásico con los estudios religiosos. De esta manera, Casiodoro volvió la espalda al mundo exterior al que tanto tiempo había servido, retirándose intelectual y físicamente para dedicarse a cultivar el espíritu y la fe cristiana.

El lugar era muy diferente de la mayoría de monasterios y comunidades de monjes que entonces se formaron en Italia y en toda Europa, muchos de las cuales evitaban manifiestamente cualquier conocimiento que no fuera directamente aplicable a su fe, o adoptaban una posición según la cual todo conocimiento útil ya estaba escrito, así que no tenía sentido buscar más. Casiodoro abrazó tanto el conocimiento antiguo como el cristiano, insistiendo en que el monasterio debía ser un lugar de culto y tenía que conservar un espíritu de sabiduría... lo cual de algún modo suponía un desesperado esfuerzo por salvar los manuscritos de las bibliotecas y escuelas de las ciudades saqueadas y abandonadas.

A los sesenta años, cuando ya era monje a jornada completa, Casiodoro dedicó lo que le quedaba de su larga vida a construir un monasterio. Reunió escritos antiguos que algunos dicen que se contaban por miles, y escribió sobre una extensa gama de temas, incluyendo una defensa de la ciencia del viejo mundo que refleja la devoción de Boecio por la filosofía. Al hacerlo, contribuyó a conservar los rudimentos del cálculo del tiempo durante la época oscura que seguiría provocando, ocho siglos después, la ruidosa reafirmación baconiana de la fe de Casiodoro en la verdad de la ciencia como una expresión de la creación de Dios. Alrededor del año 550, Casiodoro escribió una defensa de las matemáti-

cas y de su capital importancia para la astronomía y el
cálculo del tiempo:

> *Nos es dado vivir la mayor parte guiados por esta*
> *disciplina [las matemáticas]. Si con ella estudia-*
> *mos las horas, calculamos el curso de la luna y me-*
> *dimos el tiempo transcurrido en el ciclo del año, lo*
> *sabremos todo mediante números y evitaremos con-*
> *fusiones. Extírpese el cómputo del mundo y todo*
> *quedará sumido en la ignorancia. Es imposible di-*
> *ferenciar de otros seres vivos a quien no sepa lo que*
> *es contar.*

Pero Casiodoro no era exactamente un seglar. En otros
escritos sobre aritmética, astronomía y la ciencia de calcular
el tiempo (que él llamaba cómputo) hacía una importante
distinción entre *medida* del tiempo y *cálculo* del tiempo.
Lo primero, dice, es simplemente hacer observaciones de los
cuerpos celestes y anotar números, y utilizar aparatos mecánicos como los relojes, para cuya construcción se requiere
habilidad técnica pero ningún mérito intelectual. Calcular
el tiempo, en cambio, es puramente intelectual, dice Casiodoro: admite los milagros divinos de los números y la utilidad de éstos para calcular el tiempo, que para un creyente
es fundamental para planificar cuándo y cómo adorar a
Dios, siendo el cálculo más importante el de la fecha de la
Pascua de Resurrección.

Esto no significaba que Casiodoro no aprobara la astronomía ni los relojes. Años antes, un Casiodoro más laico había escrito a su amigo Boecio que el *horologium* (una combinación de reloj de sol y de agua) era el mayor logro de la
civilización y que los bárbaros lo contemplaban con asom-
bro. Todavía lo creía al final de su vida, cuando dijo a sus
monjes:

> *No os queremos dejar en la ignorancia sobre la me-*
> *dida de las horas; han sido inventadas, como sa-*
> *béis, para máximo provecho de la humanidad. Por*
> *esta razón he hecho que os hagan dos relojes, uno*
> *de sol, alimentado por la luz solar, y otro de agua*
> *que da las horas constantemente, de día y de noche.*

Pero Casiodoro no enseñó a sus discípulos a construir
aquellos mecanismos, pues creía que los monjes debían
meditar la teoría y los cálculos y no perder el tiempo como
mecánicos de pueblo que trastean con aparatos. Con este

espíritu, el viejo Casiodoro y sus seguidores utilizaron su ciencia del cómputo para crear calendario diarios, semanales y mensuales de días santos y festividades y obligaciones monásticas. También escribieron el primer manual que explicaba cómo calcular la Pascua de Resurrección, empezando por el año 562; era una serie de instrucciones que se utilizaron ampliamente en la Edad Media, aunque no exactamente como Casiodoro quería. Ciertamente, pese a ser un hombre empeñado en conservar el conocimiento e inspirar un pensamiento, el manual, más que enseñar el proceso que había detrás de los cálculos, sólo dio a las generaciones de monjes posteriores un repertorio de recetas preparadas para determinar fechas. Además, los relojes de agua de Casiodoro se estropearon rápidamente después de la muerte del maestro, ya que nadie supo arreglarlos.

Pero era un signo de aquellos tumultuosos tiempos, cuando los monjes parecían construir monasterios en todas las montañas de Italia, que cuando un profesor monástico era condenado, otro era condonado. Así que mientras los relojes de Casiodoro se detenían en el sur de Italia, otra destacada figura monástica que no estaba relacionada con nuestros tres jóvenes de Roma, el abad Benito de Nursia, pueblo de la región italiana de la Umbría, enseñaba a sus monjes a hacer relojes y a utilizarlos para contar las horas, algo que nadie había hecho antes de una manera tan sistemática ni oficial.

Benito era un monje típico; creía que los fieles debían reunirse en el más allá y que el tiempo del hombre en la tierra era efímero. Pero también poseía una obsesión ascética, y seguía reglas para reforzar la fe, lo que lo llevó a abrazar los relojes como instrumentos que podían ser útiles al hombre en el servicio a Dios. Alrededor del 540, el año en que Ravena fue invadida por Justiniano y Casiodoro viajó a Constantinopla, Benito escribió una guía sobre lo que él consideraba que era el auténtico culto; esta guía se conoció después, y se conoce hasta el presente, con el nombre de Regla de San Benito. Comprendía una tabla de horas, cuidadosamente medidas a lo largo del día, con una estricta lista de obligaciones, oraciones, comidas y ceremonias.

Antes de la Regla, el abad del monasterio era el que decidía las faenas y obligaciones de su compenetrada comunidad. Pero Benito, inspirado por la voluntad de crear reglas uniformes para la Iglesia universal, se negó a dejar estas asignaciones al arbitrio de los abades. Para asegurarse de que un monje de Nápoles decía el mismo salmo a la misma

hora que otro de Provenza, ordenó que las horas se observa-
sen exacta y objetivamente utilizando los mejores relojes
entonces disponibles: el reloj de sol y el de agua, y más tarde
un «reloj de candela», consistente en una vela graduada.

La Regla de San Benito empezó con el calendario cristiano tal como era entonces, con sus días santos, días sagrados asociados a la vida de Cristo, celebraciones y festividades. Luego asignó tareas y obligaciones a prácticamente
todos los días del año, utilizando como inspiración la costumbre militar romana de dividir informalmente el día en
horas, con relojes que diariamente rotaban en las horas ter-
cia, sexta y nona (mañana, mediodía y tarde). Benito ordenó que estos tres puntos clave se anunciaran cada día en
el monasterio. También señaló horas canónicas que no tenían que ser anunciadas: amanecer (*matutina* o maitines),
salida del sol (*prima hora* u hora prima), ocaso (*vespera* o
vísperas) y la llegada de la oscuridad completa por la noche
(*completorium* o completas). Hizo una lista de ciertos salmos
que debían leerse cada día y al principio de las siete horas
nombradas para que todo el mundo pudiera saber la hora
correcta y cuándo comenzaba. Fijó horas concretas para
levantarse, comer, trabajar y descansar, y las movió de
acuerdo con las estaciones. Por ejemplo:

*Desde el primero de noviembre hasta Pascua, la
hora de levantarse será la octava de la noche, según
el cómputo habitual. Desde Pascua hasta las calendas de octubre, al salir del oficio de prima trabaja-
rán por la mañana en lo que sea necesario hasta la
hora cuarta. Desde la hora cuarta hasta el oficio de
sexta se dedicarán a la lectura. Después de sexta, al
levantarse de la mesa, descansarán en sus lechos
con un silencio absoluto. [...] Nona se celebrará,
mediada la hora octava, para que vuelvan a trabajar hasta vísperas en lo que sea menester.*

El sistema de Benito hizo que los monjes cristianos, durante siglos, vivieran bajo el calendario civil de Roma y según la jornada militar romana, en un régimen mucho más
estricto que el de los magistrados y generales del antiguo
imperio. Pero la idea no tenía que ver con el poder temporal
ni con el orden político, sino que era una prueba de autodo-
minio y de fe, y una manera de que los monjes llenaran sus
jornadas con trabajos manuales que mantuvieran su mente
en contacto directo con los asuntos espirituales. «La ociosi-
dad es enemiga del alma», escribió Benito.

La regla del abad de Nursia finalmente se extendió a los monasterios de Europa, convirtiéndose en un símbolo de fe para los devotos de una Edad Media que, de otra manera, se habría encogido de hombros ante el tiempo. El sistema benedictino, que separaba a los monjes del resto de la sociedad, también engendró en los laicos la sensación de que seguir un programa estricto de faenas de acuerdo con el reloj era una importante parte de la devoción religiosa. Finalmente, el sentido del tiempo benedictino se introdujo en la vida y el lenguaje diarios. La palabra *siesta*, por ejemplo, viene del momento que el abad escogía para descansar después de la comida del mediodía y que era la hora sexta. Los devotos católicos todavía rezan los maitines a primera hora de la mañana y las vísperas por la tarde. Algunos historiadores creen que el capitalismo moderno, con su utilización del tiempo como unidad económica (para pagos, contratos e intereses), surgió en parte de la obsesión benedictina por medir el tiempo.

Cuando Casiodoro todavía era joven conoció al tercer personaje de nuestro trío romano, un abad llamado Dionisio el Exiguo (c. 500-560). De origen armenio o escita (pueblo bárbaro al que un siglo antes los hunos habían expulsado de su patria caucasiana), se conoce poco de Dionisio aparte de su trabajo con el calendario y de una de las primeras colecciones de leyes oficiales católicas, llamadas cánones. Conoció a Boecio y a Casiodoro, pero probablemente era más viejo. Ya anciano, Casiodoro lo recuerda cariñosamente como erudito brillante con una gran fluidez para traducir del griego y del latín. También matemático y astrónomo destacado, en el 525 (el año en que Boecio fue ejecutado) el papa Juan I (m. 526) le pidió que calculara la fecha de la Pascua de Resurrección para el año siguiente. La operación formaba parte del esfuerzo de la Iglesia romana por independizarse de su hermana y colega de Oriente, que durante mucho tiempo había tratado la ciencia de determinar la Resurrección como un misterioso secreto faraónico, un misterio entendido sólo por los empapados en la tradición de Aristarco y Claudio Tolomeo. Dionisio lo cambió todo de un plumazo, terminando con la larga hegemonía de Alejandría mediante la adopción de sus propios métodos y fórmulas, y liberando por fin a Roma de los señores del tiempo de esta antigua ciudad de observadores de estrellas.

Dionisio se cuidó, al redactar su obra, de que sus términos fueran aceptables por los espiritualistas de la época, insistiendo en explicaciones sobre que el santo día de la Pascua de Resurrección debía calcularse «no tanto mediante la sabiduría mundana como por inspiración del Espíritu Santo». Luego rápidamente volvió a la astronomía y a las matemáticas para hacer sus cálculos, adoptando lo que en aquella época era el método más exacto, el ciclo de 19 años lunares. Básicamente actualizó la tabla calculada por Cirilo, obispo de Alejandría, alargándola para otros 95 años, del 532 al 627.

No necesitamos profundizar en las complejidades numéricas de estas tablas olvidadas hace mucho, aunque una breve ojeada ayudará a explicar lo que un hombre como Dionisio sabía y con qué trabajaba mientras se esforzaba para dar sentido a su calendario cristiano romano. Por ejemplo, en la tabla de abajo hay cuatro años en el primer ciclo dionisiano de 19 años:[8]

Año	532	533	534	535
Indicción (I)	10	11	12	13
Fase lunar (II)	0	11	22	3
Día de la semana del 24 de marzo (III)	4	5	6	7
Año del ciclo lunar de 19 años (IV)	17	18	19	1
Primer día de la Pascua judía (V)	Nonas de abril	8 calendas de abril	Idus de abril	4 nonas de abril
Domingo de Resurrección	3 idus de abril (11 abril)	6 calendas de abril (26 marzo)	16 calendas de mayo (16 abril)	6 idus de abril (8 abril)

A continuación hay explicaciones de todas las líneas encabezadas por un numeral romano:

I: Este número no tiene nada que ver con el cómputo de la Resurrección. Se refiere a un sistema de datación de documentos en ciclos de 15 años llamados indicciones, un esti-

---

8. Dionisio utiliza el antiguo sistema romano de calendas, idus y nonas que perduraría durante toda la Edad Media.

lo de fechar utilizado ampliamente para documentos fiscales y legales (a menudo en vinculación con la fecha del mandato de un cónsul o un emperador) que Dionisio incluyó como un guía útil del año para quienes utilizaran la tabla.

II: Para calcular la auténtica Pascua de Resurrección, los astrónomos comenzaron por anotar la «edad» (o fase) de la luna durante un año en una fecha dada del calendario solar. Dionisio la fijó arbitrariamente en el 22 de marzo, el día posterior al equinoccio oficial de primavera, tal como se había determinado en el concilio de Nicea. Por ejemplo, el 22 de marzo del 532, la edad de la luna era de 0 días, esto es, luna nueva. Este número de la edad se denomina epacta. Como los años lunares van 11 días por delante del año solar, la edad de la luna en cualquier fecha dada del calendario juliano siempre tendrá 11 días más al año siguiente. Así, en el 533 la epacta de la luna no equivalía a 0, sino a 11.

Un año después, en el 534, la epacta se movía otros 11 días, sumando un total de 22 días de movimiento desde 532. Pero como la luna se mueve en un ciclo de 29 días y medio (redondeado en 30 por Dionisio), el año siguiente, 535, tenía una epacta de 3, resultado obtenido al sumar 22 + 11 = 33 - el mes de 30 días = 3. Y así sucesivamente, añadiendo 11 a cada año, en un ciclo de 30 días.

La epacta es importante porque en el ciclo lunar de 19 años este número siempre será el mismo cada año del ciclo. (Véase el número del año en la progresión de 19 años.) Esta fórmula permitía a cualquiera, incluso con un conocimiento rudimentario de los números, calcular la Pascua de Resurrección, aunque los calculadores del tiempo posteriores se darían cuenta de que la luna no encajaba exactamente en este ciclo, ya que el mes lunar dura en realidad menos de 30 días. Utilizar epactas o no utilizarlas fue motivo de encendidos debates durante las deliberaciones que condujeron a la reforma gregoriana de 1582.

III: Es el día de la semana en que caía el 24 de marzo y que era utilizado para determinar qué día del mes sería el domingo siguiente al equinoccio.

IV: El año del ciclo de 19 años lunares.

V: Es el principio de la Pascua judía, que corresponde al 14 de nisán en el calendario judío, una fecha que los medidores del tiempo cristianos tenían que eludir por orden de los obispos de Nicea, que dictaron que la Pascua de Resurrección nunca podía caer el día que comenzaba la Pascua judía. Si los cálculos de la Pascua de Resurrección indicaban la fecha del 14 de nisán, la celebración se cambiaba al siguiente domingo.

VI: El día correcto en que caía el Domingo de Resurrección cada año, según la fórmula en uso en la época del Concilio de Nicea del 325. Esta fórmula hacía que la Resurrección cayera en el primer domingo posterior a la primera luna llena después del equinoccio de primavera.

Dionisio, como otros computistas pascuales anteriores y contemporáneos, aportó varias ecuaciones que probaban matemáticamente la interconexión de estas fechas.[9] Dichas ecuaciones eran aplicables a la seria labor eclesiástica en cuestión, pero también parecían, por su elegancia, el producto de una mente que disfrutaba con la precisión y la exactitud de las ecuaciones por sí mismas, a pesar de su devota cháchara sobre «el concepto cristiano del tiempo».

La contribución de Dionisio a nuestro calendario fue mucho más allá de la prosaica labor de calcular otros 95 años de Resurrecciones. Cuando publicó sus tablas, incluyó una modificación que apenas fue advertida en su momento pero que luego afectó a todo el mundo cristiano medieval: es el sistema de fechar conocido como *anno Domini* (a.D.), «en el año del Señor».

En una carta al obispo Petronio, Dionisio se quejaba de que las primeras tablas pascuales utilizaban un calendario seguido ampliamente en aquella época, que comenzaba el año 1 en el 284 d.C., el año en que el emperador Diocleciano había subido al trono. Con este sistema, el año en que Dionisio escribió su carta (que para nosotros sería el 531 a.D., o d.C., que es exactamente lo mismo) fue designado 247 *anni Diocletiani*, literalmente, 247 años (después) de Diocleciano. Pero Diocleciano había sido un conocido perseguidor de cristianos, advertía Dionisio, que explica a continua-

---

9. Un fallo del sistema de Dionisio fue la imposibilidad de adaptar matemáticamente la semana de siete días, domingo incluido, a un periodo de 95 años de ciclos de 19 años. Obviamente, 95 no es divisible por siete, lo que quería decir que la tabla todavía no era totalmente exacta como herramienta predictiva. Un matemático de Aquitania llamado Victorio ideó una solución a este problema en el año 457 aduciendo que la Pascua de Resurrección se repetía cada 532 años, ya que 532 era divisible por 19 y por 7. Al parecer, Dionisio no se enteró del descubrimiento de Victorio.

ción a Petronio que él «prefería contar los años desde la encarnación de Nuestro Señor, para así hacer el fundamento de nuestra esperanza más conocido y la causa de la redención del hombre más preclara». Dionisio calculó que Cristo había nacido exactamente 531 años antes, lo que se convirtió en *su* año base, el año 1 del Señor. (Dionisio no designó un año 0 porque la idea de cero todavía no se había inventado.) No se sabe de dónde sacó el abad esta fecha del nacimiento de Cristo. Tampoco está claro si su plan era una idea original u otra ya utilizada informalmente. Fuera cual fuese la fuente, Dionisio fue el primero en utilizar el sistema «a.D.» cuando escribió en sus tablas pascuales *anni Domini nostri Jesu Christi* 532-627.

Por desgracia, es casi seguro que Dionisio dio unas fechas erróneas. El momento exacto del nacimiento de Cristo no se conoce y es motivo de grandes polémicas incluso en la actualidad, dada la vaga y contradictoria información disponible sobre los primeros días de la vida de Cristo. El Evangelio de Mateo asegura que había nacido en la época de Herodes el Grande, que murió en el año 4 a.C. Esto significa que el nacimiento tuvo que ocurrir antes de esta fecha. Otros evangelios y fuentes históricas sugieren fechas que van desde 6 o 7 a.C. hasta 7 d.C., aunque muchos historiadores se inclinan por 4 o 5 a.C. Esto significa que el año 1996 o 1997 fue probablemente el auténtico año 2000 en el calendario a.D., si en las cuentas se prescinde del año 0.

En todo caso, transcurrió algún tiempo hasta que cuajó el *annus Domini* de Dionisio. Algunos cristianos se resistían porque preferían el *annus Diocletiani*, también llamado «Era de los Mártires», un periodo venerado a pesar de asociarse a un emperador anticristiano. (Los cristianos coptos de Egipto todavía utilizan los *anni Diocletiani*; para ellos, nuestro año 2000 d.C. es su año 1716 de la «Era de los Mártires».)

El primero que utilizó el sistema «a.D.» en una obra publicada fue Casiodoro, el amigo de Dionisio, cuando él y sus monjes escribieron en el 562 su manual para determinar el cómputo pascual. Otros italianos fueron aceptando gradualmente el sistema a.D. durante las décadas siguientes, seguidos muy lentamente por otras regiones de la Cristiandad.

Los primeros misioneros católicos introdujeron el sistema en Britania, donde los nuevos convertidos sajones publicaron en el siglo VII edictos fechados *anno Domini*. Apareció por primera vez en las Galias durante el siglo VIII, pero no fue de uso general en Europa hasta el siglo X. En algunas provincias remotas el sistema «a.D.» no fue adoptado hasta 1300. En la península Ibérica se estuvo utilizando un cómputo propio, la Era Hispánica, durante más de diez siglos. La Era Hispánica comenzaba en el 38 a.c., parece que su uso se generalizó hacia el siglo III y fue adoptado por los reyes godos; en Cataluña dejó de emplearse en 1180, cuando el Concilio de Tarragona impuso la obligación de utilizar los años de la era cristiana; en Castilla, Aragón y Valencia la Era Hispánica estuvo vigente hasta la segunda mitad del siglo XIV.

Los cristianos no utilizaron el reverso del *annus Domini*, la expresión «antes de Cristo» (a.c.), hasta 1627, cuando el astrónomo francés Denis Petau, al parecer, fue el primero que añadió «a.c.» a unas fechas mientras enseñaba en el Collège de Clermont de París.

Poco después de que el viejo Casiodoro publicara en el 562 su manual sobre el cómputo, el emperador de Oriente, Justiniano, murió sin haber satisfecho su ambición de restablecer el Imperio Occidental. Sus esfuerzos resultaron al final desastrosos para Occidente, ya que él y sus sucesores inmediatos acabaron desparramados y dispersos, y fueron incapaces de detener las nuevas oleadas de longobardos, bávaros, sajones y otras tribus germanas. Aún peor, estos oscuros invasores estaban mucho menos romanizados que los germanos que Justiniano había destruido, los bárbaros que habían estado durante mucho tiempo asociados con Roma en la frontera del viejo Imperio. Procedentes del corazón de Europa Central, los recién llegados eran mucho más destructivos y expeditivos por sus saqueos y porque fundaban gobiernos de estilo tribal. Los bizantinos siguieron teniendo un pie en Ravena y otros puntos de Italia durante varias décadas, y su presencia se dejó sentir allí durante siglos. Pero a raíz de la guerra de Justiniano, gran parte de Occidente volvió a caer casi en la anarquía, sin más resto de autoridad central que la Iglesia.

La ejecución de Boecio en 524 había señalado la inestabilidad de una época que tenía poco interés por los asuntos intelectuales. Pero la muerte de Casiodoro, alrededor del 580, presumiblemente en paz y tras las tapias de su monasterio, simbolizó el último suspiro de un mundo ordenado donde el tiempo había tenido importancia y los calendarios perfilaban la vida, el trabajo y la religiosidad de las personas. Con Occidente convertido en un gran páramo, política e intelectualmente, los hombres tenían poca necesidad de calendarios civiles formales, y muchos volvieron a una edad semianalfabeta en que los agricultores, los pescadores y los comerciantes medían el tiempo como lo hacían los griegos en la época de Hesíodo, en amplios ciclos en que los sucesos eran precipitados por el florecimiento de una planta o por las bandadas de pájaros que iban hacia el norte o hacia el sur. Para gran parte de la población analfabeta de Roma, esta había sido siempre la forma de medir el tiempo. Pero ahora, tal como Boecio se lamentaba en su *Consolación*, toda la cultura parecía deslizarse hacia un abismo:

> *[...] y cuanto más acercando*
> *se va al sol, menos aparece,*
> *porque siempre va dejando*
> *la luz, y se va ocultando,*
> *y en el fin desaparece.*
> (Trad. de A. de Aguayo, s. XVI)

Al final, el tiempo había llegado a detenerse por completo. O al menos eso parecía, aunque unos pocos monjes y estudiosos mantendrían durante los siglos siguientes el mecanismo del calendario en marcha, a pesar de que casi no se notaría. Además, la historia del calendario se trasladó entonces a una de las más grandes lumbreras medievales, un hombre que vivió, no en Roma ni en otro antiguo centro de la cultura, sino en una isla cubierta de nubes y situada en el límite del mundo conocido.

6

Los monjes sueñan mientras cuentan con los dedos

Dicen que la confusión era tal en aquellos tiempos
que la Pascua de Resurrección llegaba a celebrarse
dos veces en un año.

BEDA, 731 D.C.

Al pie de una vieja y nudosa encina del suroeste de Inglaterra, el primer arzobispo de Canterbury celebró una reunión poco antes del año 600, aproximadamente una década después de la muerte de Casiodoro, para dirimir una disputa local sobre la Pascua de Resurrección.

El arzobispo, un griego llamado Agustín, estaba intentando convencer a una delegación de los celtas de la parte occidental de la isla de que abandonaran su sistema de calcular la Pascua de Resurrección, que difería del sistema de San Pedro. Aislados desde que la última legión imperial abandonara la isla allá en el año 410, aquellos celtas habían sido cristianizados al final de la era romana y al final se habían sentido abandonados por el Imperio y por la Iglesia de Roma. Desde entonces, las oleadas invasoras de anglos y sajones habían empujado a los antiguos britanos a lo que actualmente es Gales, donde se habían unido a otros celtas cristianos de Irlanda para formar una Iglesia independiente, con sus propias ideas sobre el cómputo pascual.

Agustín, enviado a Britania por el Papa para evangelizar a los sajones y romanizar a los celtas, insistió en que Dios estaba de su lado. Para demostrarlo, hizo un milagro al pie de la vieja encina: devolver la vista a un ciego.

Los celtas quedaron impresionados pero no convencidos. «A lo cual Agustín [...] dicen que respondió con una amenaza que además era una profecía —escribe el monje británico Beda (672-735) al contar la historia un siglo más tarde—, que auguraba a los britanos que su intransigencia causaría un día su destrucción.»

Efectivamente, escribió Beda, pocos años después, un rey sajón muy bruto y que se llamaba Ethelfrith (m. 616) «armó un gran ejército e hizo una gran carnicería entre los britanos sin fe». Entre los muertos había mil doscientos monjes desarmados que cayeron cerca de su monasterio de Bangor, al sur del moderno Liverpool. Que Ethelfrith fuera un carnicero deseoso de expandir su pequeño reino a costa de los celtas y que fuera además un pagano al que no le preocupaba en absoluto la Pascua de Resurrección, le traía sin cuidado a Beda y a otros cristianos partidarios de Roma en aquel sombrío y desconocido rincón de Europa. Para ellos, la matanza fue el cumplimiento de la profecía de Agustín contra aquellos «britanos sin fe que, por rechazar la oferta de la salvación eterna, merecían el castigo de la destrucción temporal».

¿Y cuál era la diferencia entre las fechas en que las dos Iglesias celebraban la Pascua de Resurrección?

Un día.

Bueno, los celtas habían fechado la crucifixión de Cristo en jueves y no en viernes. Esto significaba que su Pascua de Resurreción tenía que caer (de acuerdo con el calendario judío) entre el 14 de nisán y el 20, mientras que Roma decía que la fecha tenía que caer entre el 15 de nisán y el 21, una diferencia tan pequeña que cuesta imaginar a nadie disputando hasta el punto de derramar sangre. Sobre todo por el hecho de que el mismo Beda, uno de los más brillantes medidores del tiempo de la Edad Media, sabía algo que casi nadie más sabía en aquella época oscura: que la fecha oficial que Roma daba a la Pascua de Resurrección estaba equivocada, porque el calendario juliano en el que se basaba contenía un error.

Beda tenía casi sesenta años en 731, cuando publicó su versión de la profecía y la matanza en su *Historia ecclesiastica gentis anglorum* (Historia de la Iglesia de los anglos). Monje, profesor y director del coro de los monasterios de Wearmouth y Jarrow, vivió muy lejos de los centros de la cultura y el saber de la época, lo que hizo que sus conquistas fueran mucho más sorprendentes. Porque sin siquiera dejar la vecindad de sus monasterios, Beda escribió unos sesenta libros sobre temas que iban desde comentarios de la Biblia a trabajos de geografía, historia, matemáticas y el calendario. Escribió cartas detalladas describiendo la idea de año bisiesto, sus cálculos sobre el supuesto movimiento del sol alrededor de la Tierra, y sus medidas de los equinoccios. Incluso ideó la palabra latina *calculator* para describir al computista, y más tarde la expresión *catholicus calculator*.

«Nací en las tierras de este monasterio», escribió Beda en su *Historia*. «He pasado toda mi vida en este monasterio y me he dedicado por completo al estudio de las Escrituras. Y mientras he observado la disciplina regular y cantado los oficios del coro diariamente en la iglesia, mi placer mayor siempre ha estado en el estudio, la enseñanza y la escritura.» Entregado al abad del monasterio por su familia presuntamente aristocrática a la edad de siete años, lo educaron los monjes, fue diácono a los diecinueve años y ordenado sacerdote a los treinta, todo esto en Wearmouth y Jarrow.

Construido a finales del siglo VII, Wearmouth había sido fundado poco después del nacimiento de Beda, en la costa inglesa del mar del Norte, una zona de colinas bajas, cerros de piedra caliza, y ciudades y murallas romanas destruidas. Los monjes construyeron un monasterio parecido nueve o diez años después en Jarrow, unos kilómetros más allá, en las llanuras cenagosas donde se juntan los ríos Don y Tyne. Ambos comenzaron como estructuras sajonas de madera y paja hasta que uno de los patrocinadores del proyecto, un monje de alta cuna llamado Benedicto Biscop (c. 628-690), decidió que los edificios tenían que parecerse a las iglesias de piedra que había visto durante sus viajes por las Galias. Con la destruida muralla de Adriano y una vieja fortificación romana que había cerca, había piedra aprovechable de sobra, aunque Benedicto Biscop tuvo que conseguir trabajadores expertos en las Galias, porque Britania carecía de maestros constructores y picapedreros. También llevó a través del Canal cristaleros que hicieran ventanas y receptáculos de vidrio.

Benedicto llenó sus edificios con un rico surtido de vasos importados para el altar, pinturas y tallas; y con una biblioteca. Tras cinco viajes a Roma, Benedicto llevó «una ingente cantidad de libros», incluyendo calendarios, entre los cuales casi seguro que estaban las tablas y cálculos de Dionisio el Exiguo, y los últimos martirologios (listas de días santos y otras fechas sagradas). El contenido exacto de la biblioteca de Benedicto no se conoce, aunque al parecer contenía una copia de una Biblia utilizada e ilustrada por Casiodoro, conocida como *Codex grandior*, así como trabajos teológicos, una introducción a la filosofía y las matemáticas griegas, y las enciclopedias de Casiodoro del saber antiguo.

Era una biblioteca impresionante para la época, aunque a lo sumo contenía unos cuatrocientas o quinientas obras. Compárese esto con los dos o tres mil volúmenes a los que Casiodoro tenía acceso siglo y medio antes, y eso que la biblioteca de Casiodoro era mucho más reducida que las vastas colecciones de la Antigüedad, sin descontar la biblioteca de Alejandría y sus cuatrocientos mil manuscritos. Imagínese lo que significaría esto para las investigaciones del astrónomo del siglo II Claudio Tolomeo, que, en comparación con Beda, disponía de una montaña de información. Trabajando seiscientos años después en su fría celda del monasterio de Jarrow, Beda tenía que arreglárselas con unos cuantos rollos guardados en cajas de madera para evitar que se pudriesen con la habitual humedad de Northumbria.

Además, Beda y sus paisanos sólo eran ligeramente conscientes de lo que ocurría más allá de las frías y turbulentas aguas del *Mare Germanicum*, conocido actualmente como mar del Norte. Probablemente costó varios años, por ejemplo, que los northumbrios averiguaran que la Madre Iglesia romana había roto por fin su alianza oficial con Constantinopla, que había reclamado las antiguas provincias imperiales de Occidente como heredera de Roma, una reclamación que cada vez era menos realista, tras el fracasado intento de Justiniano de reconquistar Occidente. La ruptura se produjo en parte a causa de otro cataclismo que tuvo lugar lejos de las Islas Británicas: la repentina aparición del Islam a mediados del siglo VII, lo que finalmente obligó a los bizantinos a retirar sus legiones del centro de Italia. Siguiendo las enseñanzas de Mahoma, que había fundado la primera mezquita en Medina en el año 622 (año 1 del calendario islámico), los ejércitos del Islam habían barrido y ocupado Arabia, Mesopotamia, Persia y Egipto hacia el 651, África del Norte hacia el 702, y España y parte de Asia Menor hacia el 711, cuando Beda tenía alrededor de treinta y ocho años. Por entonces, los atónitos bizantinos habían perdido casi todo el Imperio, y tuvieron suerte por conservar un reducto en el oeste de Asia Menor, en la costa de Grecia y en Sicilia.

Mientras tanto, la política de Occidente seguía confusa, con tribus errantes batallando, venciendo y mordiendo el polvo. Los longobardos reinaban de momento en el norte de Italia. Al este del Danubio vivían eslavos paganos, que gradualmente fueron dominando gran parte de las antiguas provincias de Roma en el norte de Grecia y en los Balcanes. Más cerca de Britania, los francos se habían apoderado desde hacía más de un siglo de lo que actualmente son Francia y Alemania; en el 732, un año después de que Beda publicara su *Historia*, los reyes merovingios rechazaron definitivamente a los invasores musulmanes de España cuando intentaban introducirse en el sur de Francia.

En la lejana Britania esto era a lo sumo un lejano rumor, aunque es probable que el mismo Beda se sintiera mucho más aislado intelectual que geográficamente. Además, vivió en un tiempo en que incluso los monjes tenían un conocimiento básico, incompleto y superficial de muchas cosas, bien porque les faltasen manuscritos y profesores, bien porque no tuvieran necesidad de un saber que consideraban profano. Muchos aspiraban a seguir los consejos de Casiodoro y deseaban aprender, aunque a lo más que llegaron fue a adquirir una indigesta mezcolanza de conceptos básicos. En Francia, un clérigo se quejaba de que muchos monjes y hombres de Iglesia fueran totalmente analfabetos. En Jarrow, el mismo Beda tuvo que traducir el padrenuestro a la lengua vernácula para que sus hermanos entendieran las palabras latinas que pronunciaban al rezar.

En muchos lugares, la erudición se redujo a aprender de memoria unos cuantos temas clave y dedicar el resto de la vida a copiar antiguos manuscritos, que muchos monjes contemplaban con respeto y pavor como despojos de un glorioso pasado, pero que pocos entendían. Unos cuantos monjes perdieron la vista garabateando en la semioscuridad de sus celdas de piedra, ya que las velas no estaban permitidas por miedo a que el fuego acabara con los antiguos pergaminos. «Quien no labra la tierra con el arado —aconsejaba a sus hermanos un monje del siglo VI—, tiene que escribir pergaminos con sus dedos.» Hubo muchos monjes que no se limitaban a escribir, sino que adornaban los manuscritos con una caligrafía y unas ilustraciones sorprendentemente bellas: brillantes letras doradas y flores y vides pintadas; imágenes magistrales de ángeles alados, de feroces demonios, de santos torturados y de Cristo sentado en su trono del cielo. Muchas de las más brillantes ilustraciones aparecen en calendarios medievales, los cuales, de manera típica, listan las fechas y días santos mes por mes y están lujosamente ilustrados con escenas de labriegos amontonando paja en junio, nobles cazando y bebiendo vino en agosto, y campesinos reunidos al lado de la chimenea mientras la nieve cubre el exterior en febrero.

Si pocos de estos monjes pensaban profundamente en el conocimiento en estos adorables libros, aún eran menos los que tenían interpretaciones propias sobre la medición del tiempo o cualquier otra cosa del ámbito científico. Esto hace que un auténtico sabio como Beda fuese de lo más raro. De hecho, el único medidor del tiempo verdaderamente notable de aquella oscura época del principio de la Edad Media fue Isidoro de Sevilla (560-636), un eclesiástico romano y erudito que vivía en otro extremo del antiguo Imperio, la España visigoda. El arzobispo de Sevilla, Isidoro, es conocido por haber erradicado el arrianismo entre los visigodos y haber compilado las *Etimologías*, una gran enciclopedia en la línea de Casiodoro, una *summa* del conocimiento universal del momento. Conservando multitud de fragmentos de trabajos clásicos que de otra manera se habrían perdido, describió los fundamentos de la astronomía general y las matemáticas, incluyendo una sección sobre el cómputo pascual que sería utilizado por Beda y otros medidores del tiempo durante los siglos siguientes.

Aun así, la obra de Isidoro sigue la tendencia contemporánea de tomar la imitación y la repetición del pensamiento del pasado por el saber auténtico. Poco de sus enciclopédicas *Etimologías* es original y en parte es un libro mal escrito. Isidoro imita el consejo de Casiodoro de aprender y entender astronomía y matemáticas, pero presenta pocos análisis propios. «Extírpese el cómputo del mundo —escribió, repitiendo una frase de Casiodoro— y todo será ignorancia ciega [...]. Si quitas el número de los objetos, entonces todo se vendrá abajo.»

Esto estimuló a varios monjes medievales a abrazar la ciencia del cómputo, aunque al mismo tiempo Isidoro, como Casiodoro, instruía a sus hermanos para que pensaran en los instrumentos de medir el tiempo como en simples herramientas, como una llave o una cadena... un consejo que consolidó la tendencia medieval a confiar en ecuaciones ya establecidas y en reglas que requerían poca imaginación o creatividad, un proceso que perpetuó la simplificación dominante de la opinión agustiniana de que entender el tiempo más allá de un sencillo calendario y poner fecha a la Pascua de Resurrección era mejor dejárselo a Dios.

Durante este periodo, gran parte de Europa todavía seguía el calendario básico de Julio César, aunque los paganos de más allá de los reinos cristianos seguían utilizando sus propios calendarios antiguos. En el norte, los sajones (los que no habían emigrado a Britania) y otras antiguas tribus germanas utilizaban un calendario lunisolar que empezaba con los doce meses lunares, a los que se añadía un mes

cuando hacía falta para coincidir con el año solar. Este calendario empezaba el 25 de diciembre, poco después del
solsticio de invierno. Entre los nombres de los meses estaban el tercero, Solmonath, mes de regalar pasteles; Blod-
monath, mes de los sacrificios; y Eosturmonath, llamado
así por Eostre, la diosa de la primavera y el crepúsculo.

Parece que los eslavos que dominaban el este de Europa en la época de Beda usaban un calendario únicamente
lunar. El Islam, simbolizado por el cuarto creciente, también hacía caso omiso del sol y todavía lo hace en su calendario religioso, que se separa del año solar a un ritmo de
once días al año. En Extremo Oriente, los chinos gobernados por los Tang (una de las más ricas y estables dinastías
de la historia de China, entonces en la cumbre de su poder
e influencia) seguían utilizando un calendario parecido a
los desarrollados en Babilonia y Grecia mil años antes.
Estaba basado en un año lunar y se le añadían meses en
siete ocasiones en un ciclo de 19 años. Los chinos identifica-
ban cada mes por su nombre, pero utilizaban símbolos zodiacales para poner a los años de un ciclo de doce años el
nombre de animales que conocerá cualquiera que haya co-
mido en un restaurante chino, en una mesa cubierta con un
mantel impreso con el año de la rata, el búfalo, el tigre, la
liebre, el dragón, la serpiente, el caballo, la cabra, el mono,
el gallo, el perro o el cerdo. El año gregoriano 2000, por
ejemplo, es el año del dragón. El año de la muerte de Beda,
735, fue el año del cerdo.

Desde el punto de vista de un astrónomo Tang del año 735,
habría sido ridículo imaginar que el calendario de Beda se
convertiría más tarde en universal. Sin embargo, mientras
los invasores de todas partes conquistaban territorios que
habían sido cristianos hasta entonces, se estaban plantan-
do las semillas para expandir otra vez el cristianismo y, por
defecto, el calendario juliano. El cristianismo había sido
siempre una religión proselitista que había tomado literalmente las palabras de Cristo «Toma tu cruz y sígueme».
Como el Islam, ofrecía un poderoso y coherente manojo de
ideales y deberes religiosos que tenían un gran atractivo
para la población con inclinaciones religiosas. También al
igual que el Islam, había fusionado sus doctrinas y su fe con
el aparato del poder político, primero bajo la égida de Roma
y, más recientemente, bajo la protección de reyes bárbaros
convertidos al cristianismo. Esto hizo que la expansión del
cristianismo fuera menos una decisión individual que una

estrategia ideológica de los reyes, los nobles y, a través de
ellos, de pueblos enteros.

Cuando Beda era joven, la conversión de los bárbaros y
las conquistas del Islam habían precipitado una modificación radical en la geografía del cristianismo, que si había
sido hasta entonces una religión del Mediterráneo y el Próximo Oriente, pasó a ser una religión europea. El momento
más crítico estuvo entre los años 496 y 506, cuando el rey
franco Clodoveo accedió a ser bautizado en Reims por un
obispo católico. Político astuto, Clodoveo se convirtió para
conseguir el apoyo de los católicos galorromanos en su
triunfal campaña contra los godos arrianos en lo que hoy es
Francia central y septentrional. Las victorias de Clodoveo
pusieron en movimiento un reino que más tarde se dividi-
ría en Francia y Alemania, naciones que durante siglos estarían muy relacionadas con la Iglesia de Roma. Los católicos hicieron posteriores incursiones contra otras tribus
germanas, aunque los cristianos de la época de Beda no tenían un solo objetivo ni una intención única. Los godos, los
burgundios y los alamanes seguían profesando el arrianismo, que no era más que una entre las muchas corrientes
que se apartaban de la doctrina oficial romana. Los arrianos, por ejemplo, continuaban celebrando la Pascua de Resurrección de acuerdo con sus propios cálculos de las fechas, lo mismo que un puñado de celtas emparentados con
los que habían caído durante la matanza de Ethelfrith, un
siglo antes.

Seguimos sabiendo muy poco sobre la expansión cristiana por tierras germánicas. Hay detalles registrados, cuando los hay, en cartas desperdigadas de obispos y papas, y de
cronistas locales de los francos y otros cuya gramática y dominio del estilo literario eran deficientes y sus datos confusos o
sospechosos. Inglaterra es una excepción a causa de Beda.
Pero su *Historia* es importante, más allá de las anécdotas
que cuenta, porque Beda utilizó el plan de Dionisio el Exiguo del *annus Domini* para fechar los sucesos de su cronología, y era la primera vez que se hacía esto en una historia
tan destacada y ampliamente leída. También estaba de
acuerdo con la datación dionisiana del nacimiento de Cristo, reforzando el año 1 designado por el monje escita y que
todavía utilizamos en nuestros días. Antes de Beda, los historiadores había fechado los sucesos utilizando los reinados de reyes y emperadores. O, como el antiguo historiador
griego Herodoto, se habían limitado a encadenar anécdotas
en orden vagamente cronológico, sin precisar exactamente
cuándo se produjeron.

La historia de Beda comienza con unas breves viñetas que describen la isla y los habitantes originales de Britania, su conquista, gobierno y abandono por Roma, su invasión por los sajones y anglos en grandes barcos, y los dos siglos de caos que siguieron mientras los germanos luchaban entre ellos y contra la vieja población britanorromana. Beda entra de lleno en materia cuando Roma, en la época del arzobispo Agustín de Canterbury, vuelve a fijarse en Britania con ojos de conquistadora, pero ya no militar sino espiritual. De cualquier modo, parecía el siguiente paso lógico para expandir el área de influencia cristiana una vez que las Galias estuvieron aseguradas dentro de la esfera católica. Sin embargo, Beda insiste en que el Papa que envió a Agustín a Britania en el año 596, el papa Gregorio I (540-604), estaba inspirado no tanto por la estrategia como por la compasión. Beda lo explica en su *Historia*:

Cuéntase que un día ciertos comerciantes que habían llegado a Roma exponían sus mercancías en la plaza del mercado. Entre la multitud que se empujaba para comprar estaba Gregorio, que vio, entre las demás mercancías, a unos muchachos que estaban en venta. Tenían la piel blanca, los rasgos delicados y el pelo muy hermoso. Mientras los miraba con curiosidad e interés, preguntó de qué tierra y de qué parte del mundo eran. «Son de la isla de Britania —le respondieron—, donde todos tienen el mismo aspecto.» Gregorio preguntó entonces si aquellos isleños eran ya cristianos o si todavía eran infieles ignorantes. «Son paganos», le dijeron. «¡Ay! —exclamó Gregorio con un suspiro que le brotó del corazón—, qué triste es que una gente de aspecto tan lozano esté todavía a merced del autor de las tinieblas y que unos cuerpos tan hermosos escondan un espíritu vacío de gracia divina. ¿Y cómo se llama esta raza?» «Se llaman anglos o ánglicos», le respondieron. «Es justo que así sea —repuso Gregorio—, pues tienen rostro angélico y pasarían por parientes de los ángeles del cielo. ¿Y cómo se llama la provincia de donde proceden?» «Deira», le dijeron. «Excelente —comentó Gregorio—, pues es como si hubieran sido rescatados de la ira. ¿Y cómo se llama su rey?» «Ale», le respondieron. «En tal caso, es justo que en aquella tierra resuene en alabanza de Dios la palabra aleluya.»

Le moviera el interés por los esclavos o por hacer política, el caso es que el papa Gregorio, en el 596, había enviado a Agustín, un monje griego y antiguo compañero de celda de Gregorio, para evangelizar a los lejanos britanos. Dice mucho del estado de los caminos de Europa (y de la inmensa distancia que había hasta Britania en la mentalidad de aquellos romanos) que cuando Agustín y su séquito de cuarenta monjes «hubieron recorrido un breve tramo del viaje, se asustaron y empezaron a pensar en dar media vuelta. Porque les aterraba la idea de ir a una nación bárbara, feroz y pagana, de la que incluso ignoraban la lengua». Los monjes se asustaron tanto que propusieron que Agustín volviera a Roma «para que humildemente solicitara del Santo Padre que anulara aquel viaje tan peligroso, difícil e incierto». Gregorio comprendió su resistencia, pero les ordenó continuar. Esta respuesta de Gregorio llegó en una carta que expone el sistema de datación que se utilizaba entonces y que todavía no había incorporado el nuevo concepto de *annus Domini* de Dionisio el Exiguo. Tras exhortar a los monjes a continuar hacia Britania y decirles «Dios os guarde, queridos hijos», Gregorio apuntó el día que escribió la carta:

Dada en veintitrés de julio del año decimocuarto del reinado del piadosísimo Mauricio Tiberio Augusto, y el decimotercero de su consulado, indicción decimocuarta.

El emperador mencionado es Mauricio de Constantinopla, al que los romanos de esta época todavía veían nominalmente como el gobernante titular de Occidente; la «indicción», como ya se dijo más arriba, es el año del ciclo de quince años que había sido usado desde los tiempos de Diocleciano para fechar los asuntos finacieros y jurídicos de Roma.

En los tiempos del Imperio, viajar de Roma a Britania, por el norte de Italia y Francia, costaba varios días, dado que la tierra estaba colonizada y las carreteras eran buenas. En el año 596, el mismo viaje costaba semanas y lo que se atravesaba era un territorio medio salvaje y sólo habitado por ladrones y merodeadores. Tras cruzar el canal de la Mancha en barco, Agustín llegó a Ebbsfllet, en la isla de Thanet, donde el rey germano de Kent, Ethelberto, se reunió con él al aire libre. Ethelberto estaba casado con una princesa cristiana de la casa real franca, pero seguía siendo pagano. Eligió el aire libre, dice Beda, porque «creía en una antigua superstición, que si ellos [Agustín y sus monjes] fueran practicantes de artes mágicas, podrían engañarle mejor y apoderarse de él» si se reunían en un espacio cerrado. Tras llegar con todo el aparato y llevando una cruz de plata y una imagen de Cristo, Agustín y sus sacerdotes causaron una impresión favorable al rey. Incluso les dio una vieja basílica de su capital, Canterbury, que mucho antes había sido iglesia cristiana, bajo los britanorromanos; este movimiento, según Beda, preparó a Ethelberto el camino de la conversión, que sucedió en el 601, cuando Agustín fue consagrado arzobispo de Canterbury.

Con la conversión de los sajones volvió a introducirse en Britania el calendario de Julio César, con algunas modificaciones genuinamente anglosajonas. Por ejemplo, la sustitución de los dioses romanos (Sol, Luna, Marte, Júpiter, etc.) por los germanos (Woden o Wotan, Thor, Freya...) para designar los días de la semana y la utilización de la diosa Eostre para nombrar la Pascua de Resurrección, que en inglés se dice *Easter*. En esto se seguía una ya larga tradición de la Iglesia, consistente en absorber costumbres paganas y convertirlas en ceremonias y creencias locales. Esta política fue explicada por el papa Gregorio en otra carta en la que dice a Agustín que no toque los templos paganos sajones:

> *Los ídolos han de destruirse, pero los templos han de rociarse con agua bendita, hay que construir altares en ellos y que depositar reliquias allí [...]. Así esperamos que el pueblo, al ver que no se han destruido sus templos, abandone su error y acabe conociendo y adorando al verdadero Dios. Y puesto que los nativos tienen por costumbre sacrificar muchos bueyes a los demonios, pongamos otra solemnidad en su lugar, por ejemplo un día de dedicación o las festividades de los santos mártires se hayan depositado allí [...]. Pues no hace falta decir que es imposible borrar de golpe todos los errores de los espíritus obstinados [...].*
> *Dada en diecisiete de junio del año decimonono del reinado del piadosísimo Señor y Emperador Mauricio Tiberio Augusto, y decimoctavo de su consulado, indicción cuarta.*

Gregorio no detalla los días de la semana ni el nombre que daban los sajones a la Pascua de Resurrección. Pero no hay que pensar mucho para suponer que el «día de Tiw», el «día de Woden», el «día de Tor» y el «día de Freya» (futuros *tuesday, wednesday, thursday* y *friday*) empezaron, lo mismo que la palabra *Easter*, a utilizarse en la primitiva Inglaterra cristiana como parte de un esfuerzo por ganarse el «espíritu obstinado» de los anglos y sajones.

Cuando Agustín llegó a Britania, en el 597, era, en el mejor de los casos, sólo vagamente consciente de que ya había cristianos en la isla, los celtas con los que pronto se reuniría al pie de la vieja encina. Además, aquellos celtas y britano-rromanos puede que perdieran terreno frente a los germanos, pero lo habían ganado para su Iglesia celta mientras predicaban en Irlanda, Escocia y el norte de Inglaterra, ganando almas entre los paganos (que adoptaban el sistema celta de fechar la Pascua de Resurrección) mientras Agustín aparecía por el sur y empezaba a evangelizar en nombre de la Iglesia romana.

Las dos facciones construyeron grandes monasterios y compitieron por el mayor número de conversos, transformando Northumbria en un campo de batalla espiritual durante la época del rey Oswiu (612-670), que abrazó la fe de los celtas y luego se casó con la princesa Eanfled de Kent, una católica que salió de Canterbury con su obispo y sus propios sacerdotes. Esto supuso la introducción en la corte real de dos sistemas de datación de la Pascua. No obstante, tuvo poca importancia para la mayoría de los años, ya que los cálculos celtas y católicos apenas diferían. Pero de vez en cuando (como en el año 664) las fechas eran claramente distintas. «Dicen que la confusión era tal en aquellos tiempos —escribe Beda—, que la Pascua de Resurreción llegaba a celebrarse dos veces en un año, de tal manera que cuando el rey terminaba la Cuaresma y celebraba ya el Domingo de Resurrección, la reina y sus ayudantes todavía iban por el Domingo de Ramos.» Para los cristianos era horrible: la pareja real, que representaba la ley y la verdad para sus súbditos, celebraba en fechas distintas el día más santo del reino. Para la gente de la época, la discrepancia iba más allá de una discusión religiosa. Minaba el orden del Estado (tal como existía éste en aquellos tiempos todavía lóbregos) y de un universo que en teoría tenía que dar soluciones absolutas de un Dios infalible.

En teoría. En la realidad, las fechas de la Resurrección del rey y la reina se toleraron durante varios años, hasta que el hijo de Oswiu, educado por católicos, convenció a su padre de que había que hacer algo si querían que el país tuviera los jefes de la Iglesia unificada que pedían aquellos tiempos. Así que en 664 los defensores de ambas tradiciones se reunieron para decidir el asunto en el monasterio de Streanaeshalch, en Whitby, a unos 60 kilómetros al norte de York. Beda nos dice que fue un encuentro cordial, aunque en ocasiones crispado, una especie de versión provinciana del concilio de Nicea del 325, en que la facciones rivales se reunieron para banquetear y debatir con libertad ante un soberano que al final tomaría una decisión que afectaría al futuro de la semana santa.

Un obispo irlandés llamado Colman defendió la posición de los celtas, invocando la autoridad del apóstol Juan para apoyar las fechas de su Iglesia. Por parte romana, un abad llamado Wilfrido citó la autoridad de Nicea y otros concilios, añadiendo que «un puñado de hombres de un rincón de una lejana isla no deberían prevalecer sobre la Iglesia Universal de Cristo en todo el mundo». ¿Iban aquellos isleños legañosos —preguntaba Wilfrido— a quedarse atrás y al margen del curso principal de la cultura europea? ¿O iban a integrarse en la misma poderosa Iglesia defendida por los francos y otros grandes pueblos?

El rey Oswiu no era tonto. Creía en las enseñanzas irlandesas con las que había crecido, pero también entendió que tenía poco sentido seguir obstinándose contra Roma y el resto de la Europa católica. Así que finalmente decidió abolir el sistema celta y adoptar el romano, diciendo que le había convencido el argumento de Wilfrido de que el Papa, como sucesor de san Pedro, tenía autoridad para decidir sobre los dogmas de la Iglesia. Wilfrido citó las palabras de Cristo «Tú eres Pedro y sobre esta piedra edificaré mi Iglesia». Más concretamente y en honor de los partidarios de la interpretación literal de la Biblia, Wilfrido comentó que Cristo había dicho que daba a Pedro «las llaves del reino de los cielos». Oswiu respondió preguntando al obispo celta si Cristo realmente había dicho aquellas palabras. El obispo Colman respondió que sí y que los celtas no tenían la autoridad que se había concedido a los fundadores de su Iglesia. Beda, que era católico, nos dice lo que dijo después el rey:

> «En ese caso digo que Pedro es el guardián de las puertas del cielo y que no lo negaré. Obedeceré todas sus órdenes hasta donde lo permitan mi entendimiento y mis fuerzas; si no lo hago así, cuando me presente ante las puertas del cielo, que no se me abran por haberse ido el guardián de las llaves.»

Cuando el rey hubo hablado, todos los presentes, de alta y baja condición, expresaron su conformidad y, abandonando sus imperfectas costumbres, corrieron a adoptar las que sabían ya que eran mejores.

Esto no era del todo cierto. Varios irlandeses recalcitrantes volvieron a su desolado monasterio de la isla escocesa de Iona y siguieron saltándose las reglas de Roma. Entre ellos estaba el obispo Colman, que se retiró primero a Iona y luego al oeste de Irlanda con treinta monjes, para no tener que aceptar el cálculo pascual de la Iglesia romana. Todavía en 687, un cuarto de siglo después de lo de Whitby, el obispo Cuthbert, educado en Irlanda, aconsejó a los obstinados celtas que siguieran las costumbres de Roma. Dijo a sus discípulos que «no tuvieran trato con quienes se habían apartado de la unidad de la Iglesia por no celebrar la Pascua de Resurrección cuando es de rigor o por llevar una vida de maldad».

Poco después del sínodo, el papa envió a Teodoro de Tarso, natural de Asia Menor, para que se hiciera cargo del arzobispado de Canterbury. Su nombre había estado al final de la corta lista; al parecer, fue seleccionado porque otros rechazaron el puesto. Bajo Teodoro, Benedicto Biscop fundó los monasterios de Jarrow y Wearmouth. Teodoro también supervisó la integración religiosa de los celtas y católicos que daría lugar a la época de Beda, que gozó de alguna estabilidad en la Britania anglosajona. Duró hasta el siglo IX, cuando el primer gran barco vikingo apareció en las playas de Northumbria.

Beda en su *Historia* es claramente partidario del método católico de fechar la Pascua de Resurrección. Pero no se quedó ahí. Como profesor y practicante del cómputo, intentó probar que la Iglesia estaba en lo cierto, más allá de cualquier duda, en cuanto a la verdadera Pascua. Este esfuerzo empezó modestamente en el 703, cuando tenía unos treinta años de edad. Escribió una breve obra sobre la medición del tiempo, el *Liber de temporibus*, para sus estudiantes: una mezcla de cómo hacerlo, de análisis y de refutación de la posición ante la Pascua de los celtas cristianos. En su obra, el joven Beda ratificaba además el sistema dionisiano de los ciclos de 19 años para determinar la Pascua de Resurrección y su utilización del *annus Domini*. Este espaldarazo introdujo estos sistemas en la opinión dominante en la Edad Media, que leyó y reverenció ampliamente a Beda durante

varios siglos. En el 725 escribió una versión más larga del
Liber de temporibus a petición de sus alumnos, titulado *De
temporum ratione*, un volumen que ha sido encontrado en
cerca de cien bibliotecas y colecciones de manuscritos medievales de toda Europa, lo que confirma su fama. No hay
ninguna obra científica comparable sobre el tiempo y el calendario en el mundo latino de aquella època, hasta la era
de Roger Bacon, casi cinco siglos después.

    De temporum ratione y el otro libelo son en parte una
compilación de ideas conocidas y en parte ideas originales.
Beda empezó por una suposición que habría inquietado a
Agustín: que el universo tal y como fue creado por Dios era
un lugar de orden en el que todos los fenómenos podían
ser explicados razonalmente y lógicamente, incluso aunque
muchos de ellos estuvieran más allá de la comprensión humana. Siguiendo a los antiguos, dice que este universo está
formado por tierra, aire, fuego y agua, y que la tierra está en
el centro, rodeada, como enseñaba la teología cristiana
en aquel periodo, por siete cielos: aire, éter, Olimpo, espacio
ígneo, firmamento, el cielo de los ángeles y el cielo de Dios.
(De aquí es de donde sale la expresión «séptimo cielo», que
describe algo realmente maravilloso.) Proporciona los rudimentos necesarios para contar hasta un millón utilizando
los dedos (el único instrumento para contar disponible para
Beda) y para dominar los numerales romanos y griegos.
También explica las divisiones del tiempo tal como entonces existían, siguiendo la lista de Isidoro de Sevilla, desde
la unidad más pequeña hasta la mayor: momentos, horas,
días, meses, años, siglos y edades.

    Beda habla también de la idea cristiana tradicional de
que la tierra había pasado por seis edades desde la Creación. Las cinco primeras, decía, estaban determinadas por
la Creación, el Diluvio, Abraham, David y la cautividad de
los judíos en Babilonia. La edad sexta y actual empezó con
el nacimiento de Cristo. Esta idea de un «calendario» de seis
edades viene de las palabras del apóstol Pedro, que dice en
la Biblia que «un día es para el Señor mil años y mil años un
día». En la Edad Media, los cronógrafos cristianos interpre-
taban que aquello quería decir que cada edad de la Tierra
duraba aproximadamente mil años. Probablemente no era
ésta la intención de Pedro, ya que en este pasaje parece
querer decir que el tiempo no tiene importancia para Dios,
porque es omnipotente e intemporal. A pesar de todo, los
cronógrafos occidentales antes y después de Beda utilizaban este pasaje para fechar el principio del mundo en unos
cinco mil años antes del nacimiento de Cristo.

Beda, sin embargo, estudió el problema y salió con su propia forma de fechar las cinco edades, basándose en una cuidadosa lectura de los textos del Antiguo Testamento, traducidos directamente del hebreo al latín en lugar de fiarse de las traducciones de tercera o cuarta mano, del hebreo al griego y del griego al latín. Llegó así a la conclusión de que la duración del mundo desde la Creación hasta el nacimiento de Jesús era de 3.952 años. En cuanto a la duración de la edad sexta, tras la cual se suponía que el mismo Cristo iba a inaugurar la edad definitiva, la del cielo en la tierra, Beda se ciñó al consejo de Agustín de Hipona de no predecir el futuro.

Por increíble que parezca, la medición que hizo Beda de las cinco primeras edades de la Tierra lo pusieron ante una acusación de herejía, porque sus cálculos chocaban con los de otros venerados cronógrafos, entre ellos Isidoro de Sevilla. En una fiesta sajona celebrada en Jarrow, cuando ya se había consumido una gran cantidad de alcohol, alguien repitió las acusaciones a gritos. Las alegaciones enfurecieron a Beda, que hizo pública una carta de defensa, en la que daba a entender que sus acusadores eran unos necios ignorantes. Al parecer, la acusación no prosperó.

En las secciones de *De temporum ratione* sobre la pascua de Resurrección, Beda calculó el día santo hasta el año 1063 utilizando el sistema de cálculo básico de Dionisio el Exiguo, con un cambio. En lugar de calcular las fechas en periodos arbitrarios de 95 años, Beda utilizó un ciclo de 532 años, en el que la fecha de la pascua de Resurrección se repetía, basado en multiplicar el ciclo lunisolar de 19 años por cuatro (para dar cuenta del año bisiesto) y a continuación por siete (lo que dura una semana de domingo a domingo). Por lo menos un matemático anterior había tropezado con este ciclo, pero Beda fue el primero en utilizarlo sistemáticamente.

Pero Beda no se contentó con registrar categorías y hacer cálculos, como otros computistas antes y después de él. Volviendo a la observación empírica, diseñó un complicado reloj de sol que comprobaba todos los días para seguir el rastro de los equinoccios. Beda esperaba que esto le daría una estimación objetiva de la auténtica Pascua de Resurrección. En el 730 quiso probar a un amigo que el equinoccio no caía en 25 de marzo, como algunos insistían. Beda lo confirmó con su reloj de sol y mantuvo la medición diaria de las sombras arrojadas para demostrar que el otro equinoccio caía en 19 de septiembre, 182 días después. Sus observaciones prosiguieron durante seis meses más y así descubrió que el equinoccio de primavera del año 731 no caía exactamente en la misma raya (*horologii linea*) de su reloj de sol, como antes, lo que insinuaba que el sistema del año bisiesto de 365 días y cuarto no era totalmente exacto. Fue un extraordinario descubrimiento para un hombre que utilizaba un reloj de sol en la Inglaterra de la época oscura. Es una lástima que no tuviera conocimiento de un aparato de medir más exacto, como el reloj de agua. Tal como estaban las cosas, Beda no tenía manera de dividir el año solar en unidades más pequeñas que las fracciones más básicas, lo que significaba que no tenía forma de cuantificar su descubrimiento. Además, se equivocó con el equinoccio de primavera, ya que hacia el 731 el error en el calendario juliano había hecho que se desviase más de seis días desde la reforma del año 44 a.C. Esto situó el equinoccio, durante el experimento de Beda, en 18 o 19 de marzo.

Beda, un estimulante crítico de su propio trabajo, sospechaba que sus cálculos no eran totalmente exactos. Invitó a otros a mejorarlos mientras él mismo seguía trabajando para optimizar sus observaciones. Como el norte de Britania es mucho menos soleado que el Mediterráneo, y las líneas de sombra de los mejores relojes de sol son confusas y aparecen faltas de detalle durante muchos meses del año, Beda buscó formas naturales de medir el tiempo. Descubrió las mareas. Mientras daba largos paseos por la costa arenosa y rocosa de Northumbria, parece que observaba detenida y científicamente el flujo y reflujo del mar, y al final averiguó la manera de servirse de las mareas para medir las fases y la órbita de la luna. Gracias a ellas elaboró una fórmula para descubrir el signo zodiacal por el que pasaba la luna según su fase, lo que le permitió dar con un método mejorado para determinar el tiempo de la luna el primer día de cualquier mes. Este proyecto no tenía mucho que ver con el cómputo pascual, pero resultó útil para los astrólogos, que utilizaban sus ecuaciones zodiacales par predecir el futuro de una manera que habría molestado bastante al pío monje de Jarrow.

Beda se acercó más que la mayoría a la ciencia objetiva, pero siguió limitado por la mentalidad espiritual de su época. No podemos olvidar que Beda era principalmente un religioso dedicado a sus obligaciones canónicas y que gran parte de su obra erudita no fue científica, sino religiosa. También hemos de recordar que Beda contaba con los dedos tanto por gusto como por necesidad, reiterando y poniendo de manifiesto la célebre explicación de que los monjes no tenían que profundizar en los detalles de la creación de Dios. Cuando necesitaba fracciones complejas para calcular el tiempo, Beda se limitaba a redondear las cantidades hacia arriba o hacia abajo, pensando quizá, como Isidoro, que las matemáticas de Dios consistían en números de una sola cifra, esto es, en números que podían contarse con los dedos de una sola mano. Del mismo modo, enseñó que no había necesidad de medir medias horas ni cuartos de hora con relojes de agua; que el «momento oportuno» era ya una unidad lo bastante pequeña. Dijo a sus estudiantes que utilizaran el sistema de veinticuatro horas para fines académicos, pero les advirtió que no tenía aplicación para la vida diaria, sobre todo para el vulgo, que no tenía forma de medir las horas exactamente y al parecer prefería el sistema informal y aproximativo de las «horas» que se calculaban mirando la posición del sol. «No es asunto del hombre saber el orden en que ha puesto Dios los momentos», dijo Beda citando la Biblia.

A pesar de todo, Beda elaboró una inteligente teoría que intentaba explicar las aparentes discrepancias entre tiempo secular y tiempo sagrado. Sugirió que existían tres categorías de tiempo: tiempo determinado por la naturaleza, como el año solar de 365 días y cuarto; tiempo fijado por la costumbre, como los meses de 30 y 31 días que no pertenecían ni al año solar ni a las fases lunares; y tiempo fijado por una autoridad, humana o divina, como las Olimpiadas griegas, que se celebraban cada cuatro años o la fiesta del sábado, que se celebraba cada siete días. A semejanza de Agustín de Hipona, creía que el tiempo de Dios eclipsaba todas las otras formas. Esta jerarquía de verdades sobre el tiempo permitió a Beda abrazar la ciencia por una parte y un mundo de milagros y omnipotencia divina por otra. Además, era un hombre que estudiaba cuidadosamente los relojes de sol, pero también llenaba sus escritos con anécdotas sobre obispos curando a ciegos y profecías sobre monjes que morían de muerte violenta.

Beda terminó su *Historia de la iglesia de los anglos* cuatro años antes de morir (murió en el 735), concluyéndola con una enigmática afirmación. «Lo que resulte de esto, el futuro lo dirá», escribe, con una curiosa mezcla de orgullo e incertidumbre de modernas resonancias y la intuición de que la humanidad todavía tenía mucho que aprender, una idea poco común en su época, en la que mucha gente creía que la humanidad había alcanzado todo el conocimiento posible y que el mundo pronto terminaría. Recordado cariñosamente por sus propios colegas y por las generaciones siguientes, el furtivo acercamiento de Beda al método científico se adelantó en varios siglos a su época, y más tarde sorprendería y daría valor a pensadores orientados hacia la ciencia como Roger Bacon.

Aún más notable fue su apreciación del tiempo como algo real y calculable; algo que podía organizarse en un sistema de épocas, años, meses y días. Para Beda, el tiempo se movía progresivamente por el calendario, una idea que pocas personas de su época compartían, ya que dichas personas vivían de estación en estación y pasaban las horas o sembrando o recitando los salmos de rigor en el momento correspondiente de cada día. Esta fue quizá la mayor hazaña de Beda: que casi en solitario mantuviera el tiempo moviéndose cuando todos los demás lo habían detenido.

7

El reloj de arena de Carlomagno

El tiempo sólo pertenecía a Dios y sólo podía vivirse. Apresarlo, medirlo o sacar provecho de él era un pecado. Apropiarse indebidamente de parte de él era un robo.

JACQUES LE GOFF

En algún momento de principios del siglo IX se dijo que Carlomagno (742-814), el primer titular del Sacro Imperio Romano, había adquirido un reloj de arena tan grande que podía funcionar durante doce horas seguidas sin necesidad de que le dieran la vuelta.[10] No hay detalles registrados sobre el aspecto que tenía aquella máquina de medir el tiempo. Uno imagina equipos de fuertes hombres con vestimentas francas (mallas, túnicas sueltas y bandas de tela alrededor de las piernas) preparados para dar la vuelta a un enorme artilugio de madera pulida y vidrio, lleno de varios cientos de kilos de arena. Mirándolos estaría un emperador cuarentón que por entonces habría heredado o conquistado prácticamente toda la moderna Francia, los Pirineos españoles, Bélgica, los Países Bajos, Alemania, Austria, Luxemburgo, Suiza, Córcega, el norte y el centro de Italia y parte de la República Checa y los Balcanes. En los últimos cuatro siglos no había habido tanto territorio europeo unificado por el gobierno de un solo hombre.

Carlomagno, con barba larga y lacia, barriga prominente y grandes y animados ojos, era un guerrero implacable que pasó gran parte de sus setenta años al frente de incontables campañas. Le encantaba comer ciervo asado en

---

10. Las fuentes son poco claras acerca de la existencia real de este reloj de arena. Casi ninguna lo menciona y algunos expertos sostienen que el reloj de arena no se inventó hasta mucho después, en el siglo XIII o XIV. Otros dicen que los relojes de arena ya existían en el siglo II a.C.

espetón, haciendo caso omiso de las advertencias de su médico, de que era perjudicial para su salud. Por la noche oía a los relatores de historias explicar leyendas francas y extractos de la *Ciudad de Dios* de Agustín. También le fascinaban las máquinas de medir el tiempo. Además de su reloj de arena de doce horas, en el 807 recibió un famoso regalo del sultán Harún al-Rashid (766-809), quinto califa de la dinastía abasí y jefe del mundo islámico.

Más conocido por los occidentales eurocéntricos como el sultán de *Las mil y una noches*, el reinado de al-Rashid en Bagdad es conocido como la edad de oro del arte y la ciencia en el mundo árabe, un periodo durante el cual los conquistadores que habían surgido de Arabia siglo y medio antes estaban instalándose e integrando bajo su dominio las culturas islámica, helenística, persa e india. Produjeron un florecimiento del saber con el que Carlomagno sólo podía soñar en su castillo de madera y piedra de Aquisgrán, la capital de su reino, que estaba entonces rodeada de densos bosques.

Respondiendo a una embajada enviada por Carlomagno, el califa envió a Aquisgrán varios regalos: un elefante, una lujosa tienda persa, túnicas de seda, perfumes, ungüentos... y un complicado reloj. Estaba hecho de bronce, «un maravilloso artilugio mecánico en que el curso de las doce horas se movía de acuerdo con un reloj de agua, con sendas bolitas de bronce que caían con la hora y al caer hacían sonar un platillo que había debajo. En este reloj también había doce caballeros que al final de cada hora salían de doce ventanas, cerrándolas a continuación con sus movimientos».

Para Carlomagno, tal maquinaria representaba sabiduría y progreso, más o menos como un Modelo T o una antigua máquina de escribir Remington fueron antaño símbolo de la modernidad en las ciudades de provincias de Estados Unidos. Pero el regalo de al-Rashid también debió de poner de manifiesto el retraso de los europeos. No tenían nada que se pareciese a un aparato tan maravilloso como el reloj del califa, una situación que Carlomagno, según dicen, entendió y deploró. Además, este notable soldado dedicó una considerable energía durante sus 47 años de reinado a fomentar el saber y el respeto por las conquistas intelectuales, notablemente ausentes desde el desmembramiento de Roma, cuatro siglos antes. En apoyo de la erudición literaria, la arquitectura y el arte, Carlomagno publicó decretos exigiendo a todos los sacerdotes que aprendieran bien los conocimientos básicos. «Que quienes puedan enseñar, enseñen», ordenó en el año 789.

También se preocupó porque sus súbditos aprendieran y enseñaran cómputo, después de oír que unos cuantos obispos o sacerdotes entendían de matemáticas y medición del tiempo lo suficiente para hacer cálculos solventes de las fiestas de Pascua, o para mantener el calendario cristiano. «Que los ministros del altar de Dios [...] reúnan y estén en contacto con niños [...] que pueda haber escuelas para niños que no saben leer», ordenaba Carlomagno en su edicto del 789. «Que aprendan salmos, notas musicales, cánticos, cómputo y gramática, en todos los monasterios y casas episcopales.»

Siguiendo la iniciativa de César y Constantino, que transformaron el calendario como parte de grandes programas destinados a inaugurar una nueva era política y religiosa, Carlomagno también intentó reformar el calendario de su época. Más importante aún fue que él y sus amanuenses incorporaron a la maquinaria civil de su imperio el sistema de datación del *annus domini* que habían fomentado Dionisio y Beda el Venerable. Carlomagno también siguió en muchos de sus decretos la creciente tendencia europea a numerar los días de los meses en orden serial en lugar de utilizar el retorcido sistema romano de calendas, nonas e idus. En la tumba de Carlomagno, situada en el centro de la catedral octogonal que construyó en Aquisgrán, la inscripción dice:

En esta tumba yace el cuerpo de Carlos, emperador magno y ortodoxo, que extendió gloriosamente el reino de los francos y gobernó con prosperidad durante cuarenta y siete años. Murió a los setenta años de edad, en el año del Señor de 814, séptima indicción, vigésimo octavo día de enero.

El emperador también trató de «franquizar» los nombres de los meses, con menos éxito. Propuso nombrar los meses según las estaciones del año, las festividades y las celebraciones sagradas. En el sistema de Carlomagno, enero fue Wintarmanoth, «el mes del frío», y abril se convirtió en Ostarmanoth, «mes de Ostar», nueva referencia a la diosa Eostre u Ostar, que vale tanto como Easter («Pascua» en inglés). Aunque no llegó a cuajar, este calendario tenía más importancia para los francos de finales del siglo VIII y principios del IX que los meses designados por las tribus latinas del Tíber mil quinientos años antes, que bautizaron sus meses lunares según las cabras, los dioses paganos y los números latinos. Los meses de Carlomagno son como sigue:

Meses de Carlomagno	Meses romanos
Wintarmanoth	Enero
Hornung	Febrero
Lentzinmanoth	Marzo
Ostarmanoth	Abril
Winnemanoth	Mayo
Brachmanoth	Junio
Heuvimanoth	Julio
Aranmanoth	Agosto
Witumanoth	Septiembre
Windumemanoth	Octubre
Herbistmanoth	Noviembre
Heilagmanoth	Diciembre

En medio de la oscuridad que amortajaba Europa, esta repentina pasión por la vida intelectual parece un cambio de orientación milagroso. Allí estaba aquel rey bárbaro que, asqueado por la decadencia de la enseñanza, abría las puertas de su corte para que entrara lo que sus propios cronistas describieron como una especie de religión de la sabiduría. En Aquisgrán y otros lugares los estudiosos, artistas y músicos de Carlomagno reunieron manuscritos, publicaron historias y baladas y corrigieron traducciones de la Biblia. Sus arquitectos e ingenieros construyeron en Maguncia un puente de ciento cincuenta metros de longitud sobre el río Rin, y levantaron varias iglesias y palacios, incluyendo la magnífica catedral de Aquisgrán, un clásico del estilo románico-bizantino. Famosa por sus anchos arcos y el interior octogonal, fue adornada por Carlomagno «con oro y plata, con lámparas, y con celosías y puertas de sólido bronce». Había hecho trasladar de Roma y Ravena columnas de mármol para esta estructura.

Los estudiosos atraídos por el mecenazgo de Carlomagno, que incluía generosos emolumentos, llegaban de toda Europa. Del centro de Italia eran el poeta religioso Paulino de Aquilea y el gramático Pedro de Pisa. Del norte de la misma península, el sabio Fardulfo, que había sido capturado como rehén durante la conquista franca del reino de los longobardos; Fardulfo se convirtió más tarde en leal vasallo de Carlomagno y fue nombrado abad de Saint-Denis, en el norte de París. Otros llegaron del suroeste, huyendo de la España ocupada por los musulmanes.

Pero el sabio más importante de todos los que llegaron a Aquisgrán fue Alcuino de York (732-804), adiestrado en Jarrow por los discípulos de Beda. Aclamado por el cronista franco Einhardo como «el estudioso más grande de su época», Alcuino escribió ampliamente sobre temas religiosos, dispuso misas votivas para los días de la semana, corrigió el poco refinado latín de los textos religiosos francos, y regularizó un nuevo alfabeto en letras minúsculas, desconocidas en la antigua Roma (y que son las que el lector está leyendo en este momento). Alcuino fue tutor personal de Carlomagno entre 781 y 796, ya que este caudillo bárbaro y sin estudios se esforzaba como un titán por educarse solo entre batallas y campañas. «El rey dedicaba mucho tiempo y trabajo a estudiar retórica, dialéctica —dice su entusiasta ayudante y cronista Einhardo—, y sobre todo astronomía; aprendió a calcular y utilizó lo aprendido para investigar los movimientos de los cuerpos celestes del modo más curioso y con un criterio inteligente.»

Todo esto suena maravilloso... aunque no era totalmente cierto. Además, el reinado del emperador no fue el gran renacimiento con el que soñó y que algunos historiadores han aclamado. Los medievalistas de hoy insisten en que las hazañas intelectuales de Carlomagno fueron en su mayor parte superficiales, el entretenimiento de un inteligente pero poco refinado caudillo militar que trataba de aprender como un niño precoz admiraría una piedra de colores o se deleitaría en resolver un acertijo o un rompecabezas. El emperador, dicen estos historiadores, construyó bibliotecas y las llenó de manuscritos, pero los trataba como ornamentos atesorados, como ropa fina o especias raras, objetos que determinaban una condición social más que textos para leer y de los que aprender. Desde luego, no fue el único que adoptó esta actitud durante una época en que incluso los monjes que al parecer lo sabían todo se pasaban la vida copiando sin cesar manuscritos que pocos entendían y pocos se molestaban en leer con atención. En cuanto a sus relojes, Carlomagno los consideraba poco más que juguetes, exquisitos pasatiempos que le daban una pátina de alta cultura cuando en realidad sus propios artesanos y estudiosos carecían de conocimientos y habilidad para diseñar y construir nada parecido a la gran clepsidra de Harún al-Rashid.

Carlomagno, al parecer, había reunido a sus estudiosos más o menos de la misma forma. Como bárbaro fascinado por los símbolos de una cultura refinada, no acababa de comprenderlos, pero a pesar de todo esperaba emularlos. Aún peor, muchos de aquellos estudiosos apenas estaba educados. En el 809, dos décadas después de que Carlomagno publicara sus edictos ordenando que los niños recibieran instrucción, esta situación se puso de manifiesto cuando un asunto jurídico reunió en Aquisgrán a los mayores expertos del imperio en cómputo eclesiástico. A aquellos «expertos» se les pidió por orden de Carlomagno que enseñaran cómputo por todo el Imperio, pero es obvio, por las actas del proceso, que tenían poco conocimiento de aquella ciencia. Vestidos con las oscuras y pesadas vestimentas académicas medievales y tocados con sombrero de fieltro, pagados por el emperador, aquellos sabios no comprendían ni siquiera la base de las matemáticas y cálculos de Beda... ni gran cosa de casi nada.

El mismo Carlomagno, educado como soldado en la secular tradición de los jefes y reyes germanos, apenas sabía leer y no sabía escribir a pesar de haber recibido durante años lecciones de Alcuino y Pedro de Pisa; y a pesar de las reiteraciones de Einhardo en el sentido de que el emperador había aprendido astronomía y cálculo del tiempo. «Solía guardar tablillas en la cama, bajo la almohada —refiere Einhardo— para que en las horas libres acostumbrase la mano a formar las letras; sin embargo, como no había empezado el aprendizaje a su debido tiempo, sino siendo ya mayor, sus esfuerzos daban pocos resultados.» Muchos de sus hombres eran totalmente analfabetos. Tampoco muchos de sus amanuenses y estudiosos, salvo Alcuino, sabían escribir un latín decente.

Otra excepción fue el propio Einhardo, que escribió una historia razonablemente clara y notablemente laica de la época de Carlomagno. También parece que fue más consciente de los defectos intelectuales de la corte imperial que otros presuntos estudiosos de su época. «Yo, que soy un bárbaro —nos dice—, y muy poco versado en la lengua romana, parece que soy capaz de escribir donosa y respetablemente en latín.» También se queja de que su historia será ridiculizada tanto por los que se aferran a los escritos de los antiguos y «desprecian todo lo moderno» como por los que desdeñaban todo el conocimiento, incluyendo «las obras maestras de la antigüedad».

En semejante ámbito era casi imposible que la auténtica erudición floreciera. Tampoco era el lugar ni el tiempo adecuados para arreglar el calendario, aunque por entonces se había desviado ya del año solar casi siete días desde la reforma de César.

En el año 800 Carlomagno aceptó de manos del Papa la responsabilidad del Sacro Imperio Romano (que sería Romano

Germánico desde el 962), un suceso que señaló el reconocimiento de la Iglesia de lo que había sido una realidad política en Europa por lo menos desde el principio de las conquistas musulmanas: que San Pedro ya no podía depender ni de los reyes germanos de Italia ni de los bizantinos para proteger el cristianismo en Occidente. Al carecer de ejércitos y de poder político, los papas llevaban mucho tiempo apoyándose en los francos. Carlomagno había cimentado esta relación en el año 774, al vencer a los longobardos, que entonces gobernaban la mitad norte de Italia, poniendo bajo su protección los territorios pontificios, que por entonces todavía eran nominalmente independientes. Esto supuso una medida de seguridad para los prelados de San Pedro, aunque como la política de Roma siguió siendo bastante tumultuosa dieciséis años después de haber echado a los longobardos, Carlomagno volvió a dirigir sus tropas hacia Roma para ayudar a un papa sitiado, no por un ejército, sino por las poderosas facciones de la caótica ciudad. En una elocuente imagen de la fragilidad de la Iglesia como potencia terrenal, el papa León III fue seguido y atacado en la misma Roma en el 799, y según Einhardo, «le infligieron muchas heridas [...] le sacaron los ojos y le cortaron la lengua».

La reacción de Carlomagno fue decisiva. En noviembre del año 800 marchó sobre Roma, restaurando el orden tan rápidamente que un agradecido León propuso una nueva recompensa que acentuó la dependencia de la Iglesia católica de la casa real de los francos: nombrar a Carlomagno emperador de un nuevo y «Sacro» Imperio Romano. Fue un astuto movimiento político del enceguecido y enmudecido León, fusionar el poder seglar de Carlomagno con el formidable poder religioso de la Iglesia, una versión actualizada de la fusión constantiniana de Imperio romano e Iglesia, cinco siglos antes. Dicen que Carlomagno se resistió a ceñir la corona al principio, al parecer por modestia, aunque, al contrario que César cuando Marco Antonio le ofreció el laurel ocho siglos y medio antes, Carlomagno no rechazó el símbolo cuando le fue públicamente ofrecido durante una misa que se celebró en San Pedro el día de Navidad del año 800.

Ni León ni Carlomagno debieron de darse cuenta entonces, pero esta coronación no consistió sólo en vincular a un papa políticamente debilitado con un poderosos protector. También reconoció y reforzó dos grandes cambios en Europa que afectarían profundamente a todos los aspectos de la vida durante varios siglos, entre ellos el calendario y la ciencia del cómputo.

Primero fue la consolidación y la victoria de los católicos, que consiguieron erradicar prácticamente a todas las demás sectas de Occidente, mientras todos los cristianos se sometían a sus dictados para todo, desde fechar la Pascua de Resurrección y castigar las herejías hasta decir cuándo era aceptable tener vida sexual. Lo segundo fue formalizar nuevo orden político y económico de Europa que llamamos feudalismo. Aunque todavía sin forma e incompleto cuando León puso la corona de oro y joyas sobre el largo pelo blanco del rey franco, el esquemático perfil de feudos, ducados, baronías y dominios reales fueron tomando forma en un sistema que dominaría en Europa durante siglos, con la Iglesia como componente integral, tanto como gran propietaria feudal cuanto como legitimizadora de soberanos que colectivamente y en adelante afirmarían que su derecho a gobernar estaba sancionado por Dios.

De esta manera, los príncipes de Europa y el papa estuvieron de acuerdo en un pacto que daba a la Iglesia Católica autoridad sobre todas las materias religiosas (incluyendo muchas científicas), respaldada por el poder de los príncipes y sus ejércitos. Al mismo tiempo, la Iglesia daba a los príncipes un poderoso apoyo religioso para reforzar su autoridad; y un omnipresente código de conducta que consolaría a sus súbditos con su mensaje de esperanza y redención, a la vez que los mantendría bajo un rígido control.

Obviamente, este «pacto» era otro golpe directo contra cualquier conducta científica que pudiera poner en entredicho un dogma que afirmaba conocer la verdad en todos los temas, incluido el tiempo. También significaba que cualquiera que intentara reformar el calendario latino tendría que ir a San Pedro antes que al palacio de los reyes y príncipes... algo que nadie se atrevió a hacer hasta que Roger Bacon lo intentó cuatro siglos y medio después.

Si el titular del Sacro Imperio Romano era analfabeto y trataba el tiempo como un juego y los relojes como juguetes, ¿qué significaba el tiempo para un agricultor de la cuenca del Rin en el año 800? ¿Qué clase de calendario, por ejemplo, utilizaba un tejedor de la Francia central? ¿Y un pescador de la lluviosa costa de la Northumbria de Beda?

Poco se conoce sobre el vulgo durante un periodo en el que incluso las crónicas y los registros oficiales de reyes y nobles son escasos. En un continente de analfabetos que sobrevivían a duras penas, mucha gente debió de pasar la vida cavando campos, esquivando animales salvajes, preocupándose por las cosechas y el clima, enterrando a los muertos, celebrando matrimonios y festividades locales y contando historias alrededor de los fogones durante los largos, fríos e interminables inviernos. Vivían, comían sus magras raciones, criaban niños, reparaban agujeros en las techumbres de paja, trataban de eludir a los ejércitos que aparecían por la zona, echaban una mirada nerviosa al señor o al rey si pasaba por su camino, pagaban los impuestos refunfuñando, iban a misa, seguían las órdenes del capataz del señor, y morían, todo en un continuo ciclo de días y años que para ellos no tenía ni pasado ni futuro discernible.

Muchos europeos vivían en comunidades rurales aisladas, ignorantes del ancho mundo. Por ejemplo, la arqueología revela que muchos britanos vivían en casas de campo o solos o en pequeñas agrupaciones. Estas últimas ni siquiera formaban pueblos; eran más como colonias, con construcciones de tablas o chozas de barro y techo de paja. De hecho había pocos pueblos, o hubo pocos hasta finales de la Edad Media, cuando los grupos de agricultores se unieron para formar villas, y los propietarios y señores locales unieron a sus campesinos en sistemas de estilo comunal para los trabajos agrícolas. Algunos señores estaban empezando a organizar sus grandes propiedades en unidades razonablemente eficientes, unas trabajadas por esclavos y otras por siervos. Pero la transición del caos de la era bárbara al verdadero feudalismo apenas acababa de comenzar.

En el año 800, las catedrales, los castillos y las mansiones administrativas locales para reyes y nobles eran las comunidades mejor organizadas de Europa occidental. Aquí era donde los artesanos, comerciantes, siervos y mendigos se congregaban, aunque en pequeños grupos, ya que había poco trabajo (o pocos cambios) para estas clases. Incluso una «ciudad» como Londres (descrita por Beda como «un emporio de muchas gentes que llegaban por tierra y por mar») era en realidad un poco mayor que un puñado de oscuros edificios romanos de piedra, un pequeño puerto y una comunidad que vendía esclavos y posiblemente algo de lana a cambio de objetos de lujo, metales y una variedad de productos del continente que pocos podían permitirse.

Para nosotros, el mundo del agricultor del Rin y del tejedor de Francia habría sido de polvo, malos olores e individuos de aspecto enfermizo y vestidos con túnica de lana basta, calzas ceñidas y abarcas, o ni siquiera abarcas. Trabajaban de sol a sol en labores manuales agotadoras cuando había que sembrar los cultivos, cuidarlos y recogerlos; fuera de temporada tenían menos que hacer. Por la noche dormían en chozas con techo de paja, en recintos que compartían con los animales, calentados con hogueras y piedras que se ponían al fuego durante los fríos días de invierno.

En la época de Carlomagno y durante la Edad Media, casi la mitad de los niños morían antes de cumplir los cinco años. La esperanza de vida era sólo de treinta y cinco años. Los métodos para trabajar la tierra eran rudos, con azadas de madera, palos y poco conocimiento sobre fertilizantes ni sobre rotación de cultivos. Esto significaba que el hambre era frecuente y a menudo mortal. Incluso en las buenas temporadas, la dieta era pobre: cebada o mijo con algunas verduras hervidas, más un trozo de pan duro y de vez en cuando una rebanada de queso o fruta. Las epidemias se cebaban en distritos y reinos cada pocos años. Se sabe que entre el 540 y el 600, seis epidemias azotaron las principales ciudades del Mediterráneo oriental y occidental, acabando con miles de personas. La más temible fue la viruela, que por lo visto apareció en Europa en el año 451, cuando los soldados de Atila fueron afectados antes de que una coalición de romanos, ostrogodos y los francos vencieran a los hunos en Francia, en la crucial batalla de los Campos Cataláunicos. El folklore ruso también advierte sobre besar a la Virgen de la Peste, y quienes conocían la Biblia vivían atemorizados por el cuarto jinete del Apocalipsis, montado en su «caballo pálido [...] se llamaba Muerte y el Infierno lo seguía».

Ladrones y bandidos campaban a sus anchas allá por el año 800, aunque había poco que robar fuera de las bien guardadas fincas, catedrales y poblados amurallados. Los poemas e historias de esta larga época hablan de un gran temor a los animales salvajes; de oscuros bosques encantados en los que nadie osaba aventurarse; y de animales imaginarios y diablos con ojos feroces y cuernos. La gente tenía los pies en el suelo y era práctica, pero a falta de explicaciones científicas de por qué salía el sol y se ponía, y de muchos otros misterios, era también muy crédula y sensible incluso a los rumores y supersticiones más absurdos. En el 810 se propagó por el Imperio franco el rumor de que un enemigo de Carlomagno estaba envenenando los rebaños con un polvo mágico. Otro rumor decía que «barcos de niebla» maniobrados por «marineros de aire» estaban en camino para saquear la costa. Incluso el sensato Beda describe oficiosamente docenas de milagros que aún pervivían en la memoria de su época, como la curación de un ciego por Agustín de Canterbury, mientras estaba con los herejes celtas al pie de la encina, en la frontera de Kent y Gales.

• • •

Poca gente en este mundo tenía necesidad de calendarios formales. Como los griegos de Hesíodo y las culturas del pastoreo de todo el globo, los europeos de la época de Carlomagno estaban principalmente interesados por ciclos predecibles y por las pistas que proporcionaba la naturaleza. Chaucer, por ejemplo, comienza *Los cuentos de Canterbury* con una guía de las estaciones y cultivos que Hesíodo habría entendido perfectamente:

> *Cuando las lluvias apacibles de abril*
> *han calado la sequía de marzo hasta la raíz,*
> *y bañado todas las venas en el dulce licor*
> *con cuya fuerza se engendra la flor;*
> *cuando el céfiro, con su aliento delicado,*
> *ha hecho brotar en los campos y los prados*
> *los tiernos cultivos, y el sol mañanero*
> *está en medio del camino del Carnero,*
> *y las aves menudas entonan melodías [...]*
> *La gente siente entonces deseos de peregrinar.*

Quien viviese en Inglaterra durante la época de Chaucer habría comprendido enseguida las referencias a abril, época de «lluvias apacibles» y del céfiro de aliento delicado, que es el viento del oeste que sopla después de la «sequía» de marzo. Además, Chaucer considera de vital importancia establecer primero en la mente de su lector la época del año en que «la gente siente deseos de peregrinar», aunque, evidentemente, lo que a él le interesaba no era el año, ni la fecha histórica real, sino que discurría el mes de abril, el comienzo de la primavera.

¿Y por qué iba a interesarle? Estaba escribiendo para un público básicamente agricultor y conectado de cerca con la tierra, para quien el tiempo era más que nada una constante poderosa: una progresión de la juventud y la vejez, nacimiento y muerte, y como siempre, la salida y puesta diarias del sol. Nada simboliza esto mejor que la rueda de la fortuna que giraba perpetuamente, con el destino de cada cual unas veces arriba y otras abajo, en un ciclo interminable. Esta gran rueda de la vida representa la inseguridad de una época en que la muerte y los desastres acechaban por todas partes, y eso explica en gran manera la actitud resignada ante el progreso y el cambio que impregnaba profundamente esta cultura, atrapada en un constreñido, repetitivo y rara vez alterado círculo de tiempo.

Fundidos en este mundo estaban los ciclos y esquemas del tiempo de la Iglesia, cuyo más obvio indicador del tiempo religioso era la observancia semanal del domingo, el día de descanso y de culto que sigue siendo en nuestros días el más constante indicador del tiempo de la vida religiosa de un cristiano. Luego venía la progresión regular de los días de los santos. Estos santos aparecían en dos variedades: los santos mayores y apóstoles, cuyos días estaban señalados por fiestas y ceremonias, y la muchedumbre de santos menores cuyos días estaban señalados por la lectura de su vida en los monasterios y quizá por una plegaria musitada por alguien que buscaba un favor especial relacionado con el culto del santo.

Hacia el año 800, la cantidad de santos con día especial de remembranza y culto era de varios centenares en algunas zonas. Como Roma no formalizaría el proceso de la santificación hasta varios siglos después, los northumbrios de Britania, por ejemplo, eran básicamente libres de tener sus propios santos, lo mismo que los longobardos, los burgundios, los bávaros y los irlandeses. A menudo los convertían en motivo de intenso orgullo local y de identidad, como san Patricio en Irlanda y san Andrés en Escocia.

Con Carlomagno, los días santos se llamaban «natales» (*genethlios* o *natalis* en latín), lo cual entonces significaba simplemente «conmemoración» y viene de la costumbre de la Roma pagana de conmemorar en un día particular a los gobernantes deificados. Normalmente, el día del santo caía en la fecha de su martirio. En el siglo IV empezaron a aparecer catálogos de santos, que describían a menudo con sangrientos detalles su muerte en la hoguera, las amputaciones sufridas, su crucifixión, su mutilación o su ahogamiento; los detalles de lugar y tiempo; y la situación de las reliquias sagradas, un trozo de hueso, un diente o un mechón de pelo. Muchos de estos santos fueron identificados con algún importante atributo. San Nicolás se convirtió en el santo patrón de los niños y las vírgenes; también fue venerado por los marineros. Su día es el 6 de diciembre. El día de santa Ana es el 21 de enero; todavía la veneran muchas mujeres católicas «por su castidad y pureza». Y san Gil, un obispo del siglo VII cuya cojera le hizo ser venerado como santo patrón de todo el que estuviera enfermo o incapacitado, tiene su día el 1 de septiembre.

La gente rezaba a estos y otros santos para tener buenas cosechas, lluvia y niños sanos, casi como los paganos rezaban a dioses concretos a quienes se atribuía poder sobre la agricultura o la fertilidad. Para muchos, estos cultos ofrecían una íntima fe ligada a una persona real cuya vida santa les había dado facultades especiales en el cielo para intervenir directamente en los asuntos de una persona o intercediendo por esa persona ante Dios. De esta forma, el calendario de santos se convirtió en una sucesión de fechas religiosas y festividades.

Los días de los santos mayores fueron tan bien conocidos y ampliamente observados que mucha gente los utilizaba en lugar del modelo juliano de meses y días. Un agricultor diría a sus amigos que había techado su cabaña, no el 21 de marzo, sino el día de san Benito (que, por cierto, se cambió en 1969 al 11 de julio para que no coincidiera con la Cuaresma), y el agricultor recordaría que su segundo hijo había nacido el día de san Agustín y no el 28 de agosto. De igual modo, los viajeros de la Edad Media hablarían de llegar a Roma o a París el día de la Asunción o el de san Esteban, más que en un día numerado del mes. «Cruzamos las barras de Sanlúcar el domingo, la mañana de san Lázaro, con gran fiesta», escribe el cronista de un conquistador del siglo XVI que abandonaba España en un barco que se dirigía a las Américas. El calendario cristiano de días santos y festividades también se usaba para nombrar lugares. La Florida se llamó así porque Juan Ponce de León llegó allí el día de la Pascua Florida (de 1513), que es otro nombre castellano de la Pascua de Resurrección.

Para recordar todos estos santos, los monjes y sacerdotes escribían canciones o poesías con largas listas de nombres y por qué se reverenciaban, y que luego se memorizaban y repetían frecuentemente. Una de las primeras canciones que se conocen es un calendario en verso de santos britanos, el llamado calendario métrico de York. Escrito a finales del siglo VIII, el mismo siglo en que Beda escribió su *Historia*, contiene los nombres de unos 81 santos, muchos tan desconocidos hoy que la única información que se conserva sobre ellos es un par de versos de este calendario. Por ejemplo, ¿quién es san Cleto? ¿Y san Lino? Uno se pregunta si a lo largo de los siglos, mientras el recuerdo y los detalles de estos santos olvidados se desvanecían, los monjes que recitaban sus nombres sabían quiénes eran:

Noviembre brilla al comienzo como una piedra preciosa,
relumbra con la alabanza de Todos los Santos.
Martín de Tours asciende a las estrellas con los idus.
Tecla acabó su vida en quince calendas.
Pero Cecilia murió gloriosamente en diez calendas.

Un método mejor y ciertamente más entretenido de conservar fechas y detalles sobre los santos, que evolucionó hasta convertirse en una nueva forma literaria de la Edad Media, fue el martirologio. Los martirologios eran libros que fechaban días de los santos y describían detalles de su vida. Beda, por ejemplo, escribió un martirologio clásico con 114 registros, investigados con su habitual escrupulosidad. También utiliza nuestro moderno sistema de asignar un número a cada día del mes, más que las calendas e idus utilizados en el contemporáneo «calendario métrico de York», otra indicación de los diversos métodos de datación que se utilizaban entonces. Una típica minibiografía de Beda:

> *23 de noviembre, en Roma, festividad de san Clemente, el obispo que, por orden del emperador Trajano, fue desterrado al Ponto. Mientras estuvo allí, como convirtiera a muchos a la fe mediante milagros y enseñanzas, fue arrojado al mar con un ancla atada al cuello. Pero cuando sus discípulos se pusieron a rezar, el mar retrocedió tres millas, encontraron su cadáver en un sepulcro de piedra, en el interior de un oratorio de mármol, y el ancla estaba allí cerca.*

Escribir y copiar calendarios de vidas de santos se convirtió en una importante actividad de estudiosos y miniaturistas durante la Edad Media. Cada mañana, los monjes leían descripciones de los santos del día. Incluso hoy, un gran departamento del Vaticano se ocupa en seguir el rastro de miles de santos oficialmente reconocidos y de otros miles que se han canonizado o beatificado como paso previo para su posible santificación.

Los días de santos fueron en la Edad Media un método informal de datación que duró siglos, aunque los estudiosos y los reyes preferían sistemas más formales para fechar los edictos y compilar crónicas. En los siglos siguientes a la caída de Roma tendía a ser el modelo romano de calendas, nonas e idus, aunque conforme el imperio se convertía en un lejano recuerdo, los europeos lo sustituyeron por otras alternativas. Como sabemos, Beda y Carlomagno abrazaron nuestro sistema actual de *dies mensis*, en que los días del mes se cuentan en un simple orden numérico del 1 al 30 o al 31. Otros utilizaban otros métodos, incluyendo el llamado boloñés, practicado ampliamente en Italia, que contaba los días desde el primero hasta la mitad del mes y después empezaba a contar hacia atrás desde el último día del mes. Otro método utilizaba versos de un poema en el cual cada sílaba latina representaba un día del mes. Por ejemplo, en uno de estos poemas, el verso de los primeros diecisiete días de enero decía: «*Cisio Janus Epi sibi vendicat Oc Feli Mar An*», donde *Ci* correspondía al 1 de enero, *si* al 2 de enero, y así sucesivamente. La idea era que la gente pudiera memorizar los versos (que solían conmemorar santos locales) para saber el día exacto en el orden debido.

Pero pocos agricultores del Rin o tejedores de Francia se detenían a pensar en tales cosas. Para esta gente, que tenía poco control sobre su entorno o su vida, la sola idea de calcular y medir algo tan inaprehensible y continuo como el tiempo era a la vez blasfema y ridícula. Los pocos datos escritos que hay sobre la mentalidad del vulgo a propósito del tiempo, el calendario y la ciencia en general sugieren que se reían de los monjes, los estudiosos y los astrólogos que andaban por ahí contando con los dedos y observando el cielo. El Molinero de *Los cuentos de Canterbury* de Chaucer ridiculiza a un astrónomo-astrólogo, pero los versos también podrían haberse aplicado a cualquiera con la cabeza en las nubes, por así decirlo:

> *Los hombres no deberían conocer secretos divinos.*
> *¡Sí, bendito sea por siempre el hombre del vulgo*
> *que sólo entiende de su fe!*
> *Así le aconteció a un estudioso de astronomía.*
> *Paseaba por el campo, mirando las estrellas,*
> *para averiguar qué ocurriría.*
> *Hasta que cayó en un pozo de cal.*
> *Esto no lo vio escrito.*

En otras palabras, este estudioso en astronomía no se preocupaba por lo que todo plebeyo cristiano conocía y creía: que «los hombres no deberían conocer los secretos de Dios». Él estudiaba a tontas y a locas la luna y las estrellas, y era tan necio, según el Molinero, que miraba hacia arriba cuando debería mirar hacia abajo... y se cayó en un pozo de cal.

Sin embargo, incluso el cristiano más lerdo tenía presumiblemente al menos un vago conocimiento de los sucesos importantes de la historia cristiana. De hecho, para mucha gente esta cronología era mucho más real que la historia de su propia época: la secuencia de la Creación y

los sucesos del Antiguo Testamento; y los episodios de la
vida de Cristo y de la vida de los santos. Estos acontecimientos tenían que registrarse y fecharse para ser válidos,
y fue esta necesidad lo que motivó que computistas como
Dionisio y Beda elaboraran su método de fechar año por año
en una época en que poca gente se preocupaba por qué
año iba después del sexto o décimo de gobierno de su rey o su
señor local.

Además de los *anni Domini* de Dionisio el Exiguo se
propusieron y utilizaron otros métodos cronológicos. Entre
ellos estaba el viejo sistema romano de las indicciones de
quince años, que había comenzado con el primer año del reinado de Constantino, en el 312. Ya se habló más arriba de la
Era Hispánica que emplearon oficialmente los reyes godos
de la península ibérica y los monarcas cristianos peninsula-
res, posteriores a la invasión musulmana. Pero ningún sistema fue tan popular para constituirse en posible alternativa al «año de Nuestro Señor». Beda, por ejemplo, estudió
meticulosamente lo que consideraba pasajes relevantes de
la Biblia y sin que sepamos cómo dio con un día específico,
en el que según él Dios empezó a formar el cielo, la tierra y el
agua: fue el 18 de marzo de 3952 a.C. Si los europeos hubieran decidido utilizar este cálculo de Beda, entonces nuestro
año 2000 sería el 5951 d.C. (después de la Creación).

¿Y la predicción del futuro? El tiempo cristiano, desde luego, llevaba a alguna parte: a la segunda venida de Cristo y
finalmente a la eternidad, sucesos que se producirían con
la misma linealidad cronológica que los sucesos del pasado. Esto supuso una tentación para los cronólogos medievales, que se esforzaron por fechar no sólo el principio del
mundo, sino también el final. Un siglo antes de Carlomagno, un estudioso de la corte real franca calculó, haciendo sumas arbitrarias, que en el año 727 el mundo tenía 5.928 años. Aplicando esto a la idea de que el mundo
atravesaba seis épocas de 1.000 años cada una, este cómputo afirmaba que el mundo terminaría exactamente al cabo
de 72 años.

Beda, siguiendo el ejemplo de Agustín de Hipona, condenó tales predicciones. Dijo que el futuro pertenecía a
Dios, «que, como Eterno que es, creó el tiempo cuando quiso, conoce el final de los tiempos y pone fin a los procesos
fluctuantes de tiempo cuando desea». Sin embargo, mucha
gente que creía en tales cosas pensaba que, al margen de
la antigüedad de la Tierra, el fin estaba cerca. «El mundo

se hace viejo», escribió Fredegario, un cronista franco del
siglo VII que escribía en un latín corrupto. «Vivimos al final del tiempo.»

Los cronistas medievales estaban constantemente buscando augurios del gran final: epidemias, terremotos, eclipses, batallas y profecías de todas clases. Los místicos buscaban señales de la llegada del Anticristo, y autores como la
teóloga y poetisa Hildegarda de Bingen ofrecían vívidas descripciones de cómo sería su aspecto: «Un animal de cabeza
monstruosa, negro como el carbón, con ojos llameantes, ore-
jas de asno y mandíbulas abiertas y adornadas con garfios
de hierro.»

En medio del pesimismo oficial, ciertas fechas adqui-
rieron significancia al menos durante un tiempo, como la
llegada del año 1000, aunque la mayoría no seguía aún el
sistema del *annus Domini*.[11] Pero donde se seguía, los cristianos no *temían* necesariamente el final. Esperaban pruebas y tribulaciones y un horroroso apocalipsis final, como se
predecía en la Biblia. Pero también esperaban con impa-
ciencia lo que llegaría después de que terminara la época
presente y el calendario se detuviera en serio, cuando Cristo inaugurase una época de felicidad eterna para los elegidos, entre los que todos creían estar.

Entretanto, mientras los cristianos esperaban la gran
confrontación, tenían preocupaciones más inmediatas: vivían, comían, trabajaban, criaban hijos, cantaban, reían,
lloraban y morían como siempre habían hecho, con algún
pensamiento ocasional para el Anticristo o los últimos días
de un calendario del que muchos europeos del medievo
eran, a lo sumo, ligeramente conscientes.

Pero a pesar de la «gran indiferencia hacia el tiempo» que
impregnaba Europa durante el reinado de Carlomagno,
se estaban produciendo cambios reales que siglos después se plasmarían en una revolución de la percepción del
tiempo. Porque, aunque para Carlomagno los relojes eran
curiosidades, su agudo interés por ellos y la idea de decir
la hora causó una duradera impresión en las futuras generaciones. Al mismo tiempo se estaba extendiendo una no-
vedad por Occidente: las campanas, que siempre habían
sido un instrumento musical y ahora se empleaban para señalar las horas y otros momentos del día. La palabra «cam-

---

11. En realidad, el primer milenio se completó el año 1001, ya que en nuestro calendario no hay año cero.

pana» viene del nombre de la región italiana de la Campania, donde se fabricaba un bronce especial. Una leyenda relata que el papa Sabiniano (Papa del 604 al 606) ordenó a las iglesias que señalaran las horas del día tocando las campanas. Probablemente se extendieron primero por los monasterios, donde los monjes utilizaban campanillas para indicar las horas canónicas. Más tarde, las campanas de torre llamarían al pueblo a misa.

Las campanas tuvieron probablemente un impacto mínimo en el individuo medio. Aunque fueron los primeros «relojes» mecánicos que gobernaron la vida diaria en Europa, a menudo funcionaban según el tiempo que medía un reloj de agua o de sol. Imaginemos a un agricultor al que desde siempre le han dicho que trabaje hasta que el sol esté en lo más alto y al que ahora le dicen que tiene que arar una fanega de tierra antes de que el campanario señale el medio día. O pensemos en un reloj que señalase el principio de una misa con una exactitud desconocida en tiempos anteriores, cuando las horas se calculaban por la posición del sol en el cielo. Era una forma completamente distinta de concebir el tiempo.

Carlomagno murió el 28 de enero del 814. Su imperio murió poco después, cuando sus herederos discutieron, se pelearon y dividieron sus dominios entre sí. De este modo desapareció el orden político que Carlomagno había impuesto brevemente. Así mismo desapareció la pasión del emperador por aprender, por los manuscritos y por las maravillosas obras de medir el tiempo, ya que sus inmediatos sucesores no la continuaron. Éstos despidieron a los estudiosos de la corte y cerraron las escuelas infantiles abiertas por el emperador. Sin embargo, la época de Carlomagno encendió una chispa, con Alcuino de York y otros que compilaban enciclopedias y reunían manuscritos. También proveyó de un ejemplo y un contexto para la calidad, el gusto, la cultura humanística y la buena gramática, que pusieron los cimientos para una lenta, lentísima evolución hacia una época en que las fechas y los calendarios importarían a más que unos pocos monjes sentados en los claustros mientras calculaban la edad del mundo y cuándo llegaría el fin.

Pero no fue en Europa donde proseguiría la investigación del tiempo y el calendario, ni en la época de Beda ni en la de Carlomagno. Mientras Europa dormía, se estaban produciendo progresos en Oriente, donde la ciencia no se despreciaba y donde había brillantes pensadores haciendo descubrimientos que siglos más tarde penetrarían por fin en la oscuridad de Occidente para sorprender e inspirar a hombres como Roger Bacon, y comenzar de nuevo el movimiento del tiempo.

8

El extraño viaje de 365,242199

En el 476, lejos en el tiempo y el espacio del oscuro e imponente castillo de Carlomagno en Aquisgrán, más allá de la frontera oriental del Sacro Imperio Romano, más allá de los Balcanes, de los territorios de Bizancio y de la vastedad de Mesopotamia y Persia, un genio hindú nació junto al río Ganges. Mezcla de Claudio Tolomeo, de Pitágoras y de Roger Bacon, Aryabhata perteneció a un notable grupo de estudiosos hindúes y fue la figura central de uno de los viajes más raros que se hayan hecho, gracias a una concurrencia de ideas, a través del tiempo y la geografía.

Esta concurrencia de ideas comienza hace seis mil años, en Mesopotamia y Egipto. Luego se traslada a la antigua Grecia, para saltar a la India durante el gran renacimiento helenístico que acompañó a los ejércitos de Alejandro en el siglo IV a.C. Las ideas rebotan hacia Occidente siglos más tarde, aterrizando en los grandes centros de enseñanza islámicos después de la conquista árabe de Persia y la India. Los árabes, a cambio, llevaron el conocimiento a España, Siria y Sicilia, por donde nuestro hilo conductor se introdujo en Europa, para ser recogido finalmente por los pensadores prerrenacentistas como Bacon.

Durante el viaje, cada cultura que se apropiaba de estas nuevas ideas, añadía significativas contribuciones, y juntas, a través de los siglos, aglutinaron un notable cuerpo de conocimientos sobre matemáticas, astronomía y otros campos de la ciencia y el arte que finalmente permitiría a los computistas de Europa corregir el calendario juliano... y medir el tiempo con una precisión esencial para impulsar la ciencia en el mundo moderno.

El mismo Aryabhata fue una figura clave en una tradición hindú que se remontaba en el pasado hasta el año 1500 a.c., fecha en que los arios de piel clara (antepasados de los que más tarde fundaron la religión hindú) bajaron del noroeste y conquistaron una civilización anterior, Harappa.

Los ariohindúes escribían sobre matemáticas ya en el 800 a.c., mientras sus sacerdotes hacían complejos dibujos para levantar templos y altares, y para dividir tierras... un proceso que llevó al descubrimiento de las normas básicas de la geometría que también parecen haber señalado las primeras etapas de las culturas avanzadas de Egipto, Sumer, China y América Central y del Sur. Los hindúes llamaban *sulvasutra* a su versión de estas matemáticas de inspiración agrícola y edificadora, donde *sulva* era el número de cuerdas utilizadas por los arquitectos para señalar los cimientos de una estructura y *sutra* las normas que regían un ritual o ciencia.

Estos conceptos rudimentarios se escribieron en versículos en lengua sánscrita y fueron decisivos para tener un temprano conocimiento de las formas y sus interrelaciones, sin olvidar alguna que otra versión del teorema de Pitágoras y una primeriza álgebra geométrica.[12] Finalmente orientaron este cuerpo de conocimientos hacia el cielo para medir los planetas y las estrellas, lo que produjo complejos intentos de medir el tiempo, además de predicciones astrológicas del futuro basadas en los movimientos del sol y del zodíaco.

La época de los *sulvasutra* terminó alrededor del año 200 d.C., durante un periodo de inestabilidad política que duró hasta principios del siglo IV, cuando la dinastía Gupta conquistó gran parte del norte de la India y fomentó la época clásica de la India hindú. Ocupando el lugar que habían dejado los *sulvasutra*, los astrónomos gupta del siglo IV y principios del V hicieron grandes avances en matemáticas y astronomía, poniéndolos por escrito en una serie de tex-

---

12. El teorema de Pitágoras es una de las ideas más básicas de las matemáticas. Es vital para que cualquiera que quisiese medir el tiempo utilizando las estrellas o el sol haga observaciones astronómicas básicas. El teorema dice que, en un triángulo rectángulo, el cuadrado de la hipotenusa es igual a la suma del cuadrado de los catetos. Se atribuye al griego Pitágoras (s. VI a.C.), aunque varias culturas lo habían descubierto por su cuenta.

tos conocidos como *siddhanta* o «sistemas» de astronomía.
Escritos en los doscientos años antes de que Aryabhata empezara a trabajar, le proporcionaron el universo de conceptos fundamentales que utilizó para su propia obra, por
ejemplo estimaciones del número pi, normas básicas de trigonometría, el movimiento de los planetas y las estrellas, y
la duración del año.

Aryabhata vivió durante los años finales de la edad de
oro gupta, cuando la India era un centro mundial de bellas
artes, ciencia y literatura. Aprender se consideraba un de-
ber sagrado, y de los hindúes cultos se esperaba que tuvieran no sólo nociones de lectura, escritura y números, sino
que también fueran aficionados a la poesía, la pintura y la
música. Era la época del *Kama sutra*, el texto que trata el
amor como un arte, ofreciendo, además de posturas para co-
pular, una lista de «artes para ser estudiadas con el *Kama
sutra*». Entre ellas estaban el manejo de la espada, la composición de poesía, «hacer música con vasos llenos de agua»,
química, enseñar a los loros a hablar, gramática, tatuajes y
matemáticas.

La India gupta no fue precisamente un paraíso para
todos. Gobernada por un sistema de castas que se cumplía
a rajatabla, los pobres soportaban una vida de miseria ex-
trema muy parecida a la de muchos pueblos indios de la actualidad, que han cambiado poco desde los tiempos de
Aryabhata... grupos apiñados de chozas con techo de paja,
polvorientos mercados llenos de sacos de arroz y pimientos,
hombres inclinados laboriosamente para trabajar en pequeñas parcelas de tierra. Sin embargo, las excavaciones
en los centros gupta dan fe del gran número de comerciantes, artesanos y otros miembros de una gran clase media
que gozó de una prosperidad comparable con la edad de oro
de Roma, que había sido un importantísimo socio comercial de la India gupta hasta su hundimiento. Los arqueólogos que investigan las ruinas gupta han encontrado mone-
das y vidrio de Roma; y en sitios romanos tan alejados de la
península de Bengala como Pompeya se han descubierto
estatuillas, vasijas y espejos hindúes, y bustos de romanos
con corte de pelo hindú.

El lugar donde nació Aryabhata no se conoce. Tampoco
se sabe qué aspecto tenía, aunque él mismo nos dice que vivía en la animada capital imperial de Kusumapura. Hoy la
ciudad es una extensión calurosa y fantasmalmente tran-
quila de palmeras secas, moscas zumbonas y ruinas que se
extiende a lo largo de 18 kilómetros a orillas del Ganges,
cerca de la moderna Patna. Está al nordeste de la India, a

unos 275 kilómetros al norte de Calcuta y a 160 km al sur de la abrupta cordillera del Himalaya. Durante su máximo esplendor, la ciudad se hallaba atestada: mendigos desfigurados por la enfermedad, ricos mercaderes con túnicas blancas, músicos tocando címbalos y flautas, brahmanes vestidos de seda apartando la mirada para evitar el contacto visual con alguien de una casta inferior, y sacerdotes con el pelo teñido de alheña transportando estatuas de dioses y diosas. Inmensos y aireados palacios bordeaban el Ganges, junto con imponentes templos cónicos con multitud de estatuas y ornamentos engastados. Toda la ciudad estaba cubierta por una neblina de incienso, humo y polvo.

Profesor de una escuela cercana a Kusumapura, Aryabatha pasó gran parte de su vida recogiendo y compilando todo lo que se había escrito en la India sobre las estrellas, la geometría, los números y la medición del tiempo en su obra magna, la *Aryabhatiya*, un breve volumen en versos sánscritos. Y aunque sólo tiene 123 estrofas, contiene una enorme cantidad de información y se convirtió en un manual de conceptos matemáticos y astronómicos que se transmitieron y comentaron durante siglos. Esta obra es valiosísima por un lado y por el otro no, una contradicción que impulsó a un famoso matemático árabe, Ibn Ahmad al-Biruní (973-1048), a comentar que las matemáticas de la India ofrecían dos clases de joyas: guijarros comunes y piedras preciosas.

Aryabatha comienza su poema con una invocación a Brahma, «que es causalmente uno, como creador del universo». Luego divide su trabajo en tres partes: matemáticas (*ganita*), medición del tiempo (*kalakriya*) y esfera (*gola*). En la sección sobre cronometría, Aryabhata describe el calendario hindú, incluyendo medidas de los meses, las semanas y el año, y diversos espacios de tiempo relativos a la mitología védica a lo largo de millones de años. En la sección sobre astronomía, estima la duración del año solar en 365,3586805 días, unas dos horas, 47 minutos y 44 segundos más que el año real en la época de Aryabhata, que era de 365,244583 días.[13] También da el diámetro de la tierra casi exacto, 13.305 km, pero está muy equivocado en su estimación de la órbita del sol, la luna y los planetas. Aryabhata, al igual que los antiguos astrónomos griegos, sabía

---

13. Como el año trópico se reduce a ritmo constante, el año en la época de Aryabhata era ligeramente más corto que nuestro año actual, que consta de 365,242199 días. La diferencia entre entonces y ahora es de unos siete segundos.

que la tierra era una esfera que giraba sobre su eje, y entendía los eclipses lunares como la sombra de la tierra proyectándose sobre la luna.

En su sección sobre matemáticas, Aryabhata da fórmulas para distintas áreas de un triángulo que son correctas, y distintas áreas para una esfera y una pirámide que no lo son. Calcula que pi es igual a 3,1416, otro acierto que está tan próximo al valor dado por Claudio Tolomeo unos trescientos años antes que es posible que Aryabhata fuera influenciado por el gran astrónomo de Alejandría. Aryabhata escribió una famosa estrofa dando el valor de pi en versos sánscritos:

Suma 4 y 100, multiplícalo por 8, y súmales 62.000.
El resultado viene a ser la circunferencia de un círculo cuyo diámetro es 20.000.

Por desgracia, Aryabhata no explica cómo llega a sus fórmulas y cálculos. Tampoco da pruebas de lo que termina siendo un catálogo de normas arbitrarias. Creo que la intención de la *Aryabhatiya* fue más ser un suplemento o sumario para gente ya familiarizada con los conceptos que una enciclopedia general de teoría de las matemáticas. Puede que escribiera detalles en algún trabajo hoy perdido, o como ejercicios para sus alumnos.

A Aryabhata también se le atribuye una obra titulada *Jandajadyaka*, que significa «comida de caramelo» posiblemente por el placer que produce leerla. Pero el original se ha perdido. Sólo existe una versión densamente editada y anotada, reescrita por otro renombrado matemático indio, Brahmagupta (598-665).

Hace mucho que se discute de dónde procedían las ideas de Arayabhata y el corpus contenido en los *sulvasutra* y *siddhanta*. Los historiadores hindúes han repetido durante mucho tiempo que brotó en estado puro, fruto del genio indígena, y cuyos orígenes posiblemente se remontaban al amanecer de la civilización que apareció en el río Indo alrededor de 2500 a.C. Fue entonces cuando la antigua cultura harappa comenzó a florecer en ciudades de adobe que hoy están prácticamente en ruinas, haciendo muy difícil aprender algo de ellas. Sin embargo, los arqueólogos han desenterrado pruebas (dibujos de edificios e instrumentos de medir) que sugieren que los enigmáticos harappa dominaban los principios fundamentales de las matemáticas. Posiblemente éstos pasaron a los ariohindúes, que bajaron del norte para conquistar a los harappa y apoderarse de gran parte del norte de la India, aunque la historia de este periodo es tan oscura que no se puede establecer ningún vínculo concreto.

Una influencia más definida llegó de Grecia después del 326 a.C., cuando Alejandro conquistó el noroeste de la India. Tras él llegaron las ideas de Pitágoras, Metón, Eudoxo y el preceptor de Alejandro, Aristóteles. Los ejércitos del conquistador, por su parte, se llevaron el conocimiento científico de otras culturas absorbidas por su breve imperio, como Egipto y Mesopotamia. La hegemonía griega en el noroeste de la India sólo duró unos años, cayendo poco después de la muerte de Alejandro, acaecida en el 323 a.C. Pero el conocimiento y la cultura de Grecia se quedaron, ya que los mercaderes griegos establecieron enclaves prósperos en la India y abrieron lucrativas rutas comerciales hacia Occidente que perduraron durante las épocas helenística y romana.

Esto dio a los hindúes la oportunidad de absorber las ideas griegas sobre teoría planetaria y geometría. Un *siddhanta*, el Paulisha Siddhanta, podría haberse llamado así por un astrólogo menor de Alejandría, Paulo Alejandro (s. IV d.C.). Ciertamente este trabajo contiene sorprendentes similitudes con la trigonometría y astronomía de Claudio Tolomeo, en las que Paulos basó su obra, por ejemplo, un valor de pi casi idéntico al identificado más tarde por Aryabhata.

Los chinos puede que fueran otra influencia. Mantenían unas relaciones comerciales con la India lo bastante vigorosas para que las dos culturas intercambiaran estilos de indumentaria y de arquitectura e incluso de palabras. Esto fue particularmente cierto cuando el budismo se extendió por el Reino Medio a finales de la dinastía Han y durante el periodo del 220 al 589, conocido como de las Seis Dinastías. No hay pruebas directas de que hubiera intercambio de ideas matemáticas entre China y la India, aunque la vida del gran matemático chino Tsu Ch'ung Chi (430-501; que calculó la estimación más aproximada de pi en el mundo hasta el Renacimiento europeo) coincide con la de Aryabhata, que escribió su *Aryabhatiyia* dos años antes de la muerte de Tsu. Tsu también midió el tiempo de los solsticios, basándose en la obra de otro brillante astrónomo chino y astrólogo de la corte, Zhang Heng (78-139), que corrigió el calendario lunar chino en el año 123 d.C. para ajustarlo a las estaciones. Tsu también propuso reformar el calendario lunar chino en el 463, pero al parecer se rechazó su propuesta.

• • •

Por lo visto, en la India no hubo ninguna influencia más significativa para nuestro calendario (ni para las matemáticas y ecuaciones necesarias para establecerlo) que la de otra cuna de la civilización: el valle del Tigris y el Éufrates, en Mesopotamia. O eso parece, a pesar del aspecto que presentan los indicios de las conexiones directas entre la India y Mesopotamia para asuntos de matemáticas y calendarios. Por ejemplo, no hay manuscritos que cuenten la historia de ningún estudioso indio visitando el antiguo Sumer en tal o cual año. Sin embargo, muchos conceptos matemáticos y astronómicos de la India védica parecen sorprendentemente similares a otros usados en el Próximo Oriente, como las normas *sulvasutra* para la construcción con tríadas pitagóricas (que aparecen en Babilonia antes que en la India). Otros conceptos compartidos incluyen ideas sobre fracciones, álgebra, área de polígonos y geometría aplicada, que aparece primero en Mesopotamia y más tarde en los *sulvasutra* y los *siddhanta*.

Parece inconcebible que los antiguos matemáticos y medidores del tiempo de Ur y Harappa, y más tarde de Babilonia y la India védica, no se conocieran entre sí durante los varios siglos de comercio que hubo entre la región Tigris-Éufrates y la India. Seguramente algunos hindúes entenderían un poco de cuneiforme, la escritura que estuvo vigente en Mesopotamia durante cuatro mil años, quizá después de mucho ver a los mercaderes babilonios garabateando figuras en una tablilla de cera en la costa del Sind, o al capitán de cualquier barco mesopotámico calculando la paga de sus porteadores en Gujarat.

Fuera cual fuese el contacto que hubiera, parece probable que, en el curso de los milenios, los mesopotámicos propagaron la idea que llevó a uno de los mayores descubrimientos matemáticos de la historia: el sistema de colocar los números que los matemáticos llaman «notación de posición», utilizado en la actualidad prácticamente por todo el mundo. Entre muchas otras cosas, hizo posible un calendario más seguro y unas matemáticas superiores.

En la notación de posición, los números se ponen en una serie por la que cada número vale por sí mismo multiplicado por un número base que aumenta según la potencia de la base en cada lugar. Por ejemplo, en nuestro sistema de base 10, el número 365, que son más o menos los días del año, viene de una serie de diez símbolos, 1, 2, 3, 4, 5, 6, 7, 8, 9, 0, que se ordenan de modo que con cada lugar se multiplica por diez. Así tenemos 3 centenas (10^2), 6 decenas (10^1) y 5 unidades (10^0).

Es una idea tan habitual en nuestro sistema numérico moderno (y en nuestra forma de vida) que apenas pensamos en ella, aunque no ha sido el caso durante gran parte de la historia de la humanidad. Además, la única cultura que inventó un verdadero sistema de notación de posición en los antiguos tiempos preclásicos fue Mesopotamia, cuyos matemáticos dieron con él hace casi cuatro mil años, adelantándose en varios milenios a todas las otras culturas.

Para apreciar completamente el significado de la notación de posición y de un número como 365, hay que comprender que la mayoría de los pueblos de la historia han utilizado o los dedos de la mano o símbolos complicados y difíciles de manipular que representan cantidades crecientes.

Los primeros números escritos parece que fueron palotes grabados en huesos o piedras, mucho antes de que se inventara el lenguaje escrito. Todavía utilizamos una versión en nuestros días para contar pequeñas cantidades de cosas que se acumulan en cortos periodos: los jilgueros que hemos visto durante una excursión matutina; las carreras conseguidas durante un partido de béisbol vespertino; o la cantidad de pacientes que pasan por una clínica cada hora. Por ejemplo:

$$8 = \text{卌 |||}$$

Pero este sistema se volvió demasiado complicado, incluso con un número tan sencillo como el 365:

Se tardan varios minutos en escribir el dichoso número, y no digamos para sumarlo o restarlo, o para hacer un cálculo más complejo, como determinar el ángulo de la tierra respecto del sol, o la forma de un templo junto al Éufrates o el Ganges. Esto llevó a las primeras civilizaciones a desarrollar sistemas de símbolos más compactos, a menudo relacionados de cerca con antiguas formas de lenguaje escrito. Por ejemplo, los egipcios inventaron una serie de números inspirada en los jeroglíficos:

❘	∩	੭	⚘	⟩	➴	⚐
1	10	100	1000	10.000	100.000	1.000.000

Y los mayas de América utilizaron un sistema de líneas y puntos representados al principio por palitos y guijarros, a los que más tarde añadieron jeroglíficos para representar números mayores:

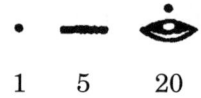

•	━	👁
1	5	20

Otras culturas, como las de los griegos, los romanos y los chinos utilizaron letras del propio alfabeto para representar números:

Griegos:[14]

A	B	Γ	Δ	E	F	Z	H	Θ	I	K	Λ	M	N	Ξ	O	Π
1	2	3	4	5	6	7	8	9	10	20	30	40	50	60	70	80

૧	P	Σ	T	Y	Φ	X	Ψ	Ω	λ
90	100	200	300	400	500	600	700	800	900

Romanos:

I	V	X	L	C	D	M
1	5	10	50	100	500	1.000

Chinos:[15]

━	⊐	☰	🀆	𝌆	六	七	八	九	十	⚌	☰	𝌅	𝌃
1	2	3	4	5	6	7	8	9	10	20	30	40	50

⊥	⊥	𝌆	𝌅	百	千	萬
60	70	80	90	100	1.000	10.000

---

14. Cuando en el alfabeto griego se introdujeron las minúsculas, reemplazaron a las antiguas mayúsculas.

15. Los chinos desarrollaron otro sistema de números llamado «de bastoncitos», que utiliza un sistema de notación de posición de base diez, empleando 18 símbolos numéricos en lugar de nueve. Mucho más tarde, añadieron un cero; la primera vez que se utilizó fue en 1247 d.C.

❘	❘❘	❘❘❘	❘❘❘❘	❘❘❘❘❘	⊤	丅丅	丅丅丅	丅丅丅丅	━	═	☰	𝌆	⊥	⊥	𝌆	𝌅
1	2	3	4	5	6	7	8	9	10	20	30	40	50	60	70	80	90

365 = ❘❘❘ ⊥ ❘❘❘❘❘

Así es como estas culturas habrían escrito el 365, es decir, la duración del año en números redondos.

en egipcio: 𐎤 𐎤 𐎤 ∩∩∩\\\

en chino: 三
             百
             六
             十
             五

en maya: 𐋡𐋢𐋣

en griego: ΤΞΕ

en latín: CCCLXV

Estos símbolos numéricos significaron un gran adelanto sobre los palotes, pero todavía presentaban problemas para calcular o anotar ecuaciones complicadas y números elevados. Por este motivo, un sistema de posiciones constituyó un avance fenomenal... un salto inspirado que con toda probabilidad dio algún mesopotámico cansado de escribir números interminables. Quizá fue un escriba al que le asignaron la poco envidiable misión de contar los numerosos barriles de vino que entraban y salían del palacio real de Ur. O un arquitecto que se quedó sin espacio para hacer más cálculos en la tablilla cuando diseñaba un zigurat e inventó una rápida taquigrafía para ahorrar espacio.

He aquí el aspecto de 365 en cuneiforme, según la notación de posición:

𒐋𒐋 𒐙

En este sistema, cada Ⲧ no tiene el valor de 10, sino de 60, ya que los mesopotámicos utilizaban un sistema sexagesimal en vez de decimal. El más pequeño Ⲧ = 1; los mesopotámicos también utilizaban el símbolo ◁ para representar 10. Esto significa que seis Ⲧ eran igual a 60 × 6, es decir, a 360, con cinco Ⲧ menores añadidos para sumar 365, número que es ciertamente más fácil de escribir en cuneiforme que, por ejemplo, en egipcio.

• • •

Sin embargo, incluso el cuneiforme podía ser difícil de manejar. Los antiguos sumerios y babilonios tenían que habérselas a menudo con largas cadenas de símbolos repetidos para cada dígito del 0 al 60. Cuando los astrónomos babilonios calculaban la duración de un año lunar comparado con un año solar, la ecuación, en números redondos, habría sido más o menos así:

365 días	ꜰꜰꜰꜰꜰ ꜰ
−354 días	ꜰꜰꜰꜰ ꜰꜰ ꜰ

11 días	ꓥ ꓕ

Fue este problema de la economía y la manipulación el que resolvieron los hindúes inventando nuestro sistema de nueve símbolos numéricos en una serie de posiciones, a los que añadió más tarde el cero.

Cómo inventaron los hindúes este brillante y sencillo esquema es otro misterio, aunque debieron de estar inspirados para transformar el sistema de posiciones mesopotámico, de base 60, en el suyo, de base 10. Algunos historiadores también especulan con la existencia de alguna conexión entre los números hindúes y los antiguos «bastoncitos» chinos, que también tienen símbolos del 1 al 10, utilizados (después del s. III d.C.) según el sistema de posiciones.

Fuera cual fuere su origen, estos símbolos que finalmente se convirtieron en los nuestros, aparecen en columnas de piedra por el norte de la India ya hacia el 250 a.C. o antes, cuando las matemáticas hindúes hacían la transición al sistema de posiciones. Escritos con la antigua escritura hindú, conocida como brahmi, los primeros nueve números eran así:

—	=	≡	Ⴤ	Γ	6	7	ꙅ	ꙋ
1	2	3	4	5	6	7	8	9

Hay versiones posteriores en la relación evolutiva entre los antiguos numerales brahmi, de alrededor de 250 a.C., y los números utilizados por Aryabhata siete siglos después:

Número moderno	Formas evolutivas	Versión en uso hacia el 500 d.C.
1	⁻ ⁻ ⌐ ╲ ? ?	(
2	= ⸗ ⸜ ⸝ ⸝	⸝
3	☰ ☰ ⸘ ⸒ ⸒	⸒
4	+ ⨯ ⨦ ⤚ ⸝ ⸝	⤚
5	⤚ ⤙ ⸜	⸝
6	ⅇ ⅇ	ⅇ
7	? ? ⊋	⌐
8	⊓ ⸝ ⸝ ⸝ ⊏	⸜
9	⸝ ⸝ ⸝ ? ? ⸝⸝	⸜

Pero este sistema todavía no era puramente de posición. El brahmi, que carecía de número cero, también tenía símbolos individuales o grupos de símbolos para representar 10, 90, 100, 500 y 1000. El número 365 en brahmi es:

$$7 \equiv \dashv \, \mathsf{P}$$

La evolución de esta versión de brahmi hasta la notación de posición de diez guarismos no está totalmente clara. Los historiadores sospechan que la motivación para abandonar los símbolos brahmi posteriores al número nueve vino por exigencias del hinduismo, que utiliza un calendario que abarca enormes espacios de tiempo para fechar sus mitos de la creación. Esto formó una cronología religiosa que se prolongaba hacia atrás millones de años, lo que requería el manejo de cantidades muy elevadas... lo cual es mucho más sencillo si se utilizan potencias de diez. La utilización de ábacos también contribuyó al desarrollo de símbolos numéricos que fueran sencillos y escasos.

La cronometría también es insegura. Aryabhata conocía sin duda la notación de posición y al parecer la utilizaba en sus cálculos cotidianos. Pero como escribió sus tratados en verso, utilizaba palabras y letras para representar los números (por ejemplo, decía «veintinueve» en lugar de «29») para convertir las matemáticas en poesía.

El primer uso conocido en la India del sistema de posiciones de nueve guarismos se ha descubierto en una placa fechada en el año 595. El número es una fecha (346) escrita en notación decimal.

La primera mención extranjera del sistema hindú de nueve números se produce en el 662 por parte del sirio Severo Sebojt, un académico y obispo que vivió en una comunidad griega fundada un siglo antes por eruditos huidos de Atenas cuando Justiniano clausuró la Academia Platónica, a la que había acusado de promover el paganismo. Al parecer, Sebojt se sintió ofendido por el desdén de sus colegas hacia cualquier conocimiento ajeno a la esfera griega. Escribiendo sobre los hindúes, habla de sus «sutiles descubrimientos en astronomía [...] sus valiosos métodos para calcular, y un arte del cómputo que sobrepasa toda descripción. Baste decir que estos cómputos se hacen por medio de nueve signos».

Pero nueve no son diez, lo que quiere decir que el sistema no estaba completo sin el cero, un concepto básico para entender las matemáticas avanzadas necesaria para crear un calendario exacto. El cero se desarrolló cuando los hindúes que utilizaban los nueve números para sus cálculos se encontraron con que necesitaban tener una columna vacía en las tablas matemáticas para representar «nada», una idea que transfirieron a los números escritos dejando un espacio. Pero esto podía resultar confuso, ya que un espacio en blanco podía significar tanto una posición vacía en un solo número como el espacio natural entre dos números separados. Para evitar la confusión, alguien decidió hacer algo de aquella «nada».

Quién fue el primero en garabatear un símbolo para denotar el cero sigue siendo otro misterio. En Mesopotamia aparece un símbolo para indicar la posición vacía, pero al final de esta antigua civilización, sobre la época de la invasión de Alejandro o poco después; el símbolo está representado por dos pequeñas cuñas en oblicuo:

$$\lambda = 0$$

Más o menos al mismo tiempo o poco después, los hindúes comenzaron a utilizar un punto, un símbolo que se había extendido de tal manera en el siglo VI que el poeta hindú Subandhu lo utilizó como metáfora en su poema Vâsavadattâ:

Y en el momento en que sale la luna con su oscuridad nocturna, y se inclina en profunda reverencia, con las manos juntas bajo sus vestidos de loto azul, las estrellas se ponen a brillar de pronto, semejantes a

*puntos de cero [...] dispersas por la bóveda celeste
como en la alfombra de piel azul del Creador que calcula el total con una rebanada de luna a modo de tiza.*

Los hindúes se referían a este punto de «nada» con el
término *sunya*, que significaba vacío. Nuestra palabra *cero*
viene de *sifr*, la versión árabe de *sunya*, que los europeos
medievales convirtieron en la palabra latina *ziphirum*.

Los griegos de la época clásica no tenían símbolo para
el cero, porque su sistema numérico no requería un lugar
cero. Pero eran conscientes de la idea de un número que
diera cuenta de la nada. Aristóteles lo rechazó como un
no-número que tenía que olvidarse, ya que no se podía ni dividir por cero ni dividir el cero por sí mismo. A pesar de todo,
los estudiosos de Europa Central supusieron durante mucho tiempo que el símbolo de cero había sido inventado por
los griegos, sin ninguna prueba en absoluto, especulando
que venía de la letra griega ómicron (la o breve), primera letra de la palabra griega *ouden*, que quería decir «vacío».
Pero esta injustificada convicción de que los hindúes no habían podido inventar un concepto tan básico ha permitido
reconocer que los antiguos griegos en realidad no utilizaron
semejante símbolo de cero, y que los matemáticos hindúes,
independientemente al parecer, inventaron el punto y luego
el redondo símbolo en forma de huevo de codorniz. La primera muestra hindú de este símbolo de cero aparece en el año
876, en una inscripción descubierta en la zona de Gwalior,
al sur de Delhi, y que contiene dos números con ceros:

50: ह्ल्o   270: ꝛ꠶o

Han transcurrido dos siglos desde que Severo Sebojt
hablara de los *nueve* números hindúes, aunque los arqueólogos han descubierto el símbolo redondo del cero en Malasia,
en dos números de una inscripción (los números 60 y 606
como ໐໐ y ໐໐໑ que data del 684 d.C. La península malaya
estaba entonces bajo influencia de la India. Algunos historiadores creen que un tratado de matemáticas conocido como
Manuscrito Bajshali podía haberse escrito ya en el siglo III de
nuestra era. Contiene números con ceros y un sistema decimal de valores de posición totalmente desarrollado. Los números son:

330: ३३•   846,720: ३४३८३०

La primera utilización del cero como número totalmente formado parece haberse dado alrededor de la época de Brahmagupta, en el siglo VII, cuando este gran matemático quiso explicar, aunque en vano, que el cero podía dividirse por sí mismo. Los mayas también inventaron un auténtico cero alrededor del siglo III d.C., utilizando varios símbolos, entre ellos un ojo entornado — ◓ —, para indicar posiciones perdidas mientras se servían de números para representar intervalos de tiempo en su calendario.

Esta explicación del cero no finaliza precisamente nuestra historia sobre las matemáticas necesarias para corregir el calendario, ya que el año no tiene 365 días, sino 365,242199, segundo más, segundo menos. En otras palabras, tenemos que contender con esta engorrosa fracción, expresada aquí como fracción *decimal*. Este concepto (y la facilidad con que podemos representar este valor) tampoco apareció con facilidad ni de repente. Más allá de las divisiones más sencillas de un número entero, las fracciones supusieron un gran problema para la humanidad durante gran parte de la historia.

¿Cómo repartir tres sacos de grano entre cinco personas? ¿Y cómo dividimos un año, un mes, un día, una hora o un minuto en partes más pequeñas?

Como era de esperar, los símbolos con que se escribieron las primeras fracciones representaban divisiones muy sencillas. Los mesopotámicos empleaban ⬳ para lo que nosotros representamos como ½. Los egipcios utilizaban ⌒ para ½ y X para ¼, donde la X probablemente indicaba que un objeto se cortaba en cuatro cuartos. Para otras fracciones sencillas con numerador uno, los egipcios empleaban símbolos que se parecían ligeramente a nuestro sistema moderno:

$$\frac{1}{5} = \overline{\text{ıııı}} \qquad \frac{1}{12} = \overline{\text{ıın}} \qquad \frac{1}{20} = \overline{\text{nn}}$$

Los quebrados romanos estaban organizados alrededor de la división de uno en 12 partes. Esto vino de su sistema de pesas y medidas, que estaba basado en una unidad llamada as, dividida a su vez en doce uncias. A cada fracción se le asignó un símbolo, con un | que equivalía a un as (un entero), un S que equivalía a ½ (seis uncias), un = − equivalente a ¼, y un − que equivalía a 1/12 (una uncia). Para escribir fracciones más pequeñas, los romanos dividieron la uncia en 24 escrúpulos y cada escrúpulo en 8 *calci*, y así sucesivamente. Cada uno de estos grupos más pequeños tenía sus propios símbolos y nombres, por ejemplo ⊢⊣ para 1/96, que se denominaba dracma, y ✿ para 1/2304, que se denominaba *calcus*. Varias palabras modernas se derivan de este sistema (onza viene de uncia, y cálculo tal vez proceda de *calcus*).

Pero estos símbolos son demasiado engorrosos e imprecisos para los valores y cálculos complicados. Por ejemplo, era relativamente sencillo para un romano (o para Beda, o para Alcuino en la corte de Carlomagno) escribir el número entero y la fracción de la duración del año juliano (365 días y ¼), que es CCCLXV = –. Pero que intentase escribir el auténtico año solar de 365,242199 días en numerales romanos. No existe ningún símbolo en latín capaz de expresar un número tan minucioso, una realidad que afectó profundamente al objetivo de determinar el año exacto. Tampoco es posible calcular en numerales romanos un valor que tenga en cuenta las variaciones de los movimientos de la tierra, por ejemplo la disminución gradual del año trópico en el curso de los siglos.

Mientras los medidores del tiempo utilizaron el sistema latino (o griego, o egipcio o cualquier otro sistema numérico que careciera de fracciones exactas), se vieron obligados a concluir que era imposible calcular un año exacto. Esto reforzó poderosamente la creencia medieval de que si existía semejante número, sólo era conocido por Dios, cuando la verdad era que el número estaba más allá de la capacidad de los símbolos y del sistema numérico que se utilizaba en aquella época... y continuó estándolo hasta los siglos XIII y XIV, cuando los europeos empezaron a adoptar a grandes rasgos las primeras versiones de la numeración decimal.

La idea de utilizar fracciones decimales llegó a Europa por los árabes, aunque éstos no fueron los primeros en utilizar la notación de posición para escribir y determinar fracciones. De nuevo, esta distinción parece pertenecer a los mesopotámicos, quienes a lo largo del milenio descubrieron un sistema de fracciones basado en su propio sistema de notación de posición, que les dio una precisión y una capacidad de calcular que iba mucho más allá que cualquier otro sistema anterior al Renacimiento europeo. Pero como el sistema mesopotámico estaba basado en el 60 y no en un número más manejable como el 10, su notable descubrimiento quedó limitado por la complejidad de grabar en arcilla y piedra valores de posición en potencias negativas de 60, que no sólo son indivisibles por algunas fracciones, sino que rápidamente se convirtieron en símbolos largos y complicados de escribir. Por ejemplo, la duración del año en numerales cuneiformes es:

$$365.242199 = \text{𒐖𒐖 𒁹 𒐉𒁹𒐚𒐐𒐏 𒁹}$$

Lo que con base 60 se convierte en:

365   +   .233333   + .008611   + .000255
6(60) + 5 +   14(60)$^{-1}$ +   31(60)$^{-2}$ +   55(60)$^{-3}$

Hacia el siglo III d.C., los chinos también habían descubierto cómo escribir fracciones utilizando la notación de posición, y lo hacían con nuestro conocido sistema de base 10. Pero su descubrimiento no parece haber ido más allá del Lejano Oriente. En cuanto a los hindúes, por alguna razón no desarrollaron los quebrados, a pesar de tener la notación de posición de base 10 para los números enteros. Por el contrario, desarrollaron una temprana versión de poner un número encima de otro para representar fracciones (un numerador encima de un denominador) que al parecer habían tomado de los matemáticos griegos de Alejandría, con una diferencia: que ellos ponían el denominador encima del numerador. La raya de separación fue introducida más tarde por matemáticos árabes.

Por supuesto, la gran mayoría de la gente de los tiempos antiguos utilizaba muy poco las fracciones, exceptuando las divisiones más sencillas de un entero. Sólo unos cuantos matemáticos y astrónomos se preocupaban por ser más precisos (e incluso tendían a redondear los números, o hacia la fracción simple más cercana o hacia el entero más cercano). Esta es sin duda la razón por la que los primeros astrónomos, desde Hiparco y Tolomeo hasta Aryabhata, advirtieron que el año de 365 días y ¼ estaba equivocado, pero parecían dispuestos a aceptar que este número redondeado era lo bastante tolerable para que ninguno pidiera una corrección ni una reforma del calendario oficial.

•   •   •

Cuando Aryabhata escribió la *Aryabhatiya*, en 499, a la precoz edad de veintitrés años, la cultura y el saber gupta estaban en un punto muy alto. Pero incluso mientras Aryabhata meditaba el número pi y la posición de los planetas, una oscura nube se cernía sobre el imperio: los hunos. Esta rama oriental del azote que había acelerado la caída de Roma había estado durante años castigando sin piedad la frontera gupta del noroeste.

En la época en que apareció la *Aryabhatiya*, los hunos habían roto las principales líneas defensivas de los gupta y devastado partes del noroeste de la India. Pero a diferencia de los romanos, los gupta, con ayuda de los chinos del norte, habían debilitado el poder militar de las hordas a lo largo de los años, hasta el punto de que los invasores fueron incapaces de conquistar totalmente a los indios y de destruir su cultura. Durante el segundo tercio de la vida de Aryabhata los hunos fundaron un reino inestable que ejercía su imperio entre el moderno Afganistán y la India central, sin llegar a Kusumapura. Aryabhata vivió lo bastante para ver que una coalición de reyes y jefes militares indios los expulsaba hasta Cachemira en el 542, cuando contaba sesenta y seis años. También había vivido lo bastante para ver la erosión de la edad dorada de la cultura gupta, aunque no se interrumpió la continuidad de la cultura indostánica.

Mientras la situación política empeoraba, el espíritu de investigación abierta y de libertad de pensamiento que había prosperado antes fue aplastado por un giro hacia los valores conservadores védicos. Al parecer, esto hizo que Aryabhata tuviera algunos problemas con sus teorías más polémicas, en particular con su presunta intuición de que la tierra podía girar alrededor del sol. Al menos parece que fue así, dado el rigor con que más tarde los estudiosos indios, quizá deseosos de ajustarse a la ortodoxia más rígida del momento, despreciaron esta teoría, más por razones religiosas que académicas.

Se desconoce lo que respondió Aryabhata a sus críticos. Pero tenemos una pista de sus verdaderos sentimientos, y de su voluntad de expresarlos, en un corto pasaje del final de la *Aryabhatiya*. Roger Bacon podría haberlo escrito como una fervorosa defensa de la ciencia. «Quien desprecia la auténtica ciencia universal de la astronomía —dice Aryabhata—, que describo en esta *Aryabhatiya*, pierde sus buenas obras y su larga vida.»

Pero al contrario que Bacon, Aryabhata fue reverenciado por expertos y profanos por igual, durante y después de su vida. Todo gran matemático y astrónomo indio que apareció después de él utilizó la *Aryabhatiya* como base de su trabajo y agradeció su contribución. Entre éstos estaba Varahamihira (505-587), contemporáneo del viejo Aryabhata,[16] que escribió una enciclopedia que cita al maestro de Kusumapura, pero pone la astrología por encima de la astronomía, una opción que Aryabhata habría rechazado por no científica.

El gran matemático Brahmagupta (598-665) también tenía a Aryabhata en alta estima; incorporó algunas de las primeras obras de su maestro a las suyas propias... y desgraciadamente los corrigió y les añadió comentarios hasta el punto de que es difícil saber qué pertenece a Aryabhata y qué a Brahmagupta, ya que los originales con los que trabajó Brahmagupta se han perdido. La admiración de Brahmagupta no se extendía a las ideas polémicas de Aryabhata. Tampoco le impidió presentar correcciones en su *Brahmasphuta-siddhanta*, escrito alrededor del 628, a lo que consideraba errores de su predecesor en temas que iban desde la altitud de la eclíptica del sol hasta el diámetro de la tierra.

El impacto de Aryabhata fue tan profundo en su tierra que en 1975 la India homenajeó a este genio de la Antigüedad lanzando un satélite científico llamado *Aryabhata* en un cohete Indian Intercosmos. A diferencia de las ideas de su modelo homónimo, el satélite falló a los cuatro días y cayó pulverizándose en la atmósfera el 11 de febrero de 1992.

Después de Brahmagupta, la India siguió produciendo notables matemáticos, entre ellos Bhaskara (1114-1185), considerado por los matemáticos como el más brillante en su campo durante el siglo XII. Pero fue el último espíritu destacado de la India medieval.[17]

Todos estos hombres contribuyeron poderosamente a la evolución de los conceptos que tres siglos después de la muerte de Aryabhata continuarían el viaje hacia Occidente por mediación de un pueblo cuyos miembros, en la época de Aryabhata, eran pastores primitivos apenas conocidos por las grandes civilizaciones de la época. Vivían en un vasto desierto situado al sur de los imperios de Persia y Bizancio; comenzaron a vivir en los últimos años de Brahmagupta;

---

16. Puede que hubiera dos Aryabhata en la misma época, Aryabhata el Viejo y Aryabhata el Joven.
17. En 1887 nació otro genio matemático en la India, Srinivasa Ramanujan, que murió trágicamente a los treinta y tres años. Su natural facilidad e intuición para los números se ha comparado con el estilo ecléctico y libre de pensar de Aryabhata y otros antiguos matemáticos indios.

luego, de repente, salieron de su desierta península para emprender la conquista de gran parte de Oriente Próximo y del sur y el centro de Asia. En el proceso, descubrieron y asimilaron el antiguo conocimiento de la India, Grecia y Mesopotamia, creando una heterogénea acumulación de ideas en lo que fue el primer gran centro del saber de la época medieval: Bagdad.

9

De la Casa de la Sabiduría
a la oscura Europa

*Fue Él quien dio al sol su brillo y a la luna su luz, or-
denando en ésta fases que puedes aprender para calcular las estaciones y los años. Dios las creó sólo
para manifestar la Verdad. Él hace obvio sus revela-
ciones al hombre de conocimiento.*

EL CORÁN (C. 630)

En 773, unos 250 años después de la muerte de Aryabhata,
una delegación de diplomáticos de la cuenca inferior del
Indo llegó a la nueva capital árabe, Bagdad. Vestidos con
brillantes sedas de colores, turbantes y resplandecientes
gemas, este grupo probablemente había embarcado en el
delta del Indo, rodeado la costa desértica del actual Irán y
subido por las aguas color turquesa del golfo Pérsico hasta
la ciudad portuaria de Abadán (hoy a unos 45 kilómetros
tierra adentro debido a los sedimentos acumulados durante
siglos). Luego navegarían Tigris arriba unos 350 kilómetros, hasta Bagdad, pasando por las calurosas y secas orillas bordeadas por antiguas terrazas escalonadas y ciudades de piedra que databan de los tiempos de Ur y Sumer, y
llegando por fin a las puertas de la magnífica ciudad de
al-Mansur.

Medio siglo después de que los árabes conquistaran la
cuenca inferior del Indo, en el 711, esta delegación fue una
de las muchas enviadas por las autoridades locales hindúes
a la corte del califa al-Mansur para enviarle noticias sobre
sus provincias y resolver disputas. También esperaban impresionar al gran califa, el fundador de la dinastía abasí,
con la riqueza y refinamiento de su país colmándolo de regalos... una armadura con gemas incrustadas, una flauta
tallada en marfil, un halcón muy apreciado, un tapiz de
seda con escenas de la provincia de origen...

Esta delegación en particular también llevaba un astrónomo, indudablemente por haber oído que al-Mansur no

sólo era un poderoso general y gobernador, sino también un protector de las artes y las ciencias. El astrónomo se llamaba Kanaka. Experto en eclipses, se dice que llevaba consigo una pequeña biblioteca de textos astronómicos hindúes para regalarlos al califa, entre ellos el *Surya siddhanta* y las obras de Brahmagupta (con material de Aryabhata). No se sabe nada más sobre Kanaka. La primera referencia conocida sobre él la escribió unos quinientos años después un historiador árabe llamado al-Qifti.

Según al-Qifti, el califa quedó sorprendido por la sabiduría de los textos hindúes. Inmediatamente ordenó que los tradujeran al árabe y que su esencia se compilase en un manual que se conoció como *Gran sindhind* (*Sindhind* es la forma arábiga de la palabra sánscrita *siddhanta*).

No se sabe si alguna vez sucedió este episodio. Pero algo así tuvo que pasar para que las obras de la India llegaran a la esfera de los primeros eruditos del Islam, desde donde pudieron pasar a la Europa cristiana a través de Siria, Sicilia y la España dominada por los árabes. En 1126 hubo una versión latina del *Gran sindhind*. Esta obra estuvo entre las docenas de documentos críticos que contribuirían al conocimiento básico necesario para impulsar a Europa hacia la edad moderna, y para calcular un año auténtico y exacto.

Kanaka, según parece, visitó la corte del califa en Bagdad alrededor de siglo y medio después de uno de los momentos más extraordinarios de la historia: el huracán que llegó de Arabia a mediados del año 600. Conducidos por una potente fusión de celo religioso y una tradición marcial de siglos de antigüedad entre las tribus del desierto, los ejércitos del profeta Mahoma fueron al principio un fenómeno de armas y religión, pero pronto se convirtieron en una fuerza increíble para el avance de la sabiduría. Esto llegó en parte por la orden del profeta de que la fe procura el conocimiento, pero también porque los árabes no siguieron el ejemplo de los «bárbaros del Norte», que habían saqueado y destruido las ciudades y provincias de Roma. Por el contrario, los árabes asimilaron las culturas de los pueblos que conquistaron... lo mismo que habían hecho los primeros y rudos romanos siglos antes, cuando abrazaban y absorbían las culturas que conquistaban en Grecia y Oriente Próximo.

En cierto sentido, los árabes llegaron en el momento idóneo. Muchos de los antiguos centros de sabiduría, y de las culturas que los habían nutrido, estaban en un estado

de agotamiento o de derrumbe inminente a mediados del
año 600, tras décadas de guerras y decadencia interna. En
Oriente, la era gupta terminaba mientras la India se frag-
mentaba en pequeños reinos y luchaba para defenderse de
nuevos ataques de los hunos; en Oriente Próximo, una larga guerra entre Bizancio y Persia terminó con un tratado de
paz en 628, dejando ambos imperios muy debilitados. En
Occidente, los bárbaros seguían batallando en lo que quedaba de Roma.

No es sorprendente que este periodo produjera poco
pensamiento original y que fuera de rendimiento intelectual casi nulo desde el Himalaya hasta las islas Británicas... con algunas notables excepciones, como Brahmagupta en la India y unos cuantos eruditos dispersos que
todavía se esforzaban por trabajar con la tradición griega
en el Imperio bizantino. Pero incluso allí eran escasos los
frutos, mientras los restos del viejo Imperio romano, pre-
sionados por enemigos por todas partes, se habían vuelto
chirriantemente ortodoxos. Además, durante décadas, el
poder temporal y la Iglesia habían estado reprimiendo
sectas cristianas, a los paganos y a cualquiera que no pres-
tase obediencia a un dogma religioso que era cada vez más
estricto.

Este reducto religioso bizantino había empezado durante el reinado de Justiniano, en la época de Casiodoro.
En 529 había cerrado la Academia de Platón en Atenas, de
novecientos años de antigüedad, y dispersado a sus eruditos, afirmando que era un nido de paganismo.[18] Temiendo
por su vida tanto como por su libertad intelectual, muchos
de estos eruditos huyeron a Persia, donde fundaron una especie de Academia en el exilio. Fue una pálida imitación
del original, aunque esta comunidad de sabios fue lo bastante activa y útil para desempeñar un importante papel
de transmisores y mediadores culturales cuando los árabes
conquistaron Persia un siglo más tarde.

Los sucesos que condujeron al encuentro de al-Mansur y
Kanaka comenzaron modestamente. En 610, unos treinta
años después de la muerte de Casiodoro en la lejana Italia,
un mercader de cuarenta años que se encontraba en el oasis
y plaza comercial de La Meca aseguró haber visto al arcángel Gabriel en una visión. Tras recibir del arcángel la orden

---

18. Casi todos los historiadores fechan el final de la antigua cultura griega
en el cierre de la Academia, en el año 529.

de encabezar un movimiento que purificase y completase la tradición religiosa del judaísmo y el cristianismo, Mahoma empezó a predicar un sencillo mensaje a los paganos de su ciudad, un mensaje de sumisión total (que es lo que la palabra *islam* quiere decir en árabe) a un dios, Alá.

Al principio, sólo su familia y unos pocos amigos respondieron favorablemente. Casi todos los demás se rieron de él, forzándole finalmente a él y a un pequeño grupo de seguidores a huir de La Meca en el año 622 hacia otro oasis del desierto, la cercana Medina. Más tarde, esto fue conocido con el nombre de hégira o «emigración» (*hiyra* en árabe), que es el punto de origen del calendario islámico, un calendario que más tarde Mahoma dijo que debía ser puramente lunar, para diferenciarse del calendario lunisolar de los judíos y del calendario solar de los cristianos.

Los medinitas acogieron a Mahoma como a un dirigente sagaz y árbitro de disputas, y él astutamente utilizó esta reputación para construir una base de poder. Esto le permitió con el tiempo unir toda la península arábiga bajo su autoridad y organizar un poderoso ejército inspirado por su nueva religión de sacrificio y devoción a Dios. En el 630 había conquistado su vieja ciudad natal, La Meca, donde el pueblo abrazó esta vez su causa.

Mahoma murió el 8 de junio del 632.

Su muerte sumió a sus seguidores en un estado de confusión, pero sólo brevemente, pues uno de los más importantes discípulos de Mahoma, su suegro Abú Bakr, se puso al frente del movimiento como primer *califa rasul-Alá* («sucesor del enviado de Dios») o califa. Esto no resolvió definitivamente la crisis del liderazgo ni entonces ni después. Pero permitió a los árabes aprovecharse de su unidad recién fundada y a sus guerreros, inspirados religiosamente, emprender una sucesión de campañas que a las dos décadas de la muerte del profeta aplastaba a los ejércitos de Persia, invadía Egipto, Siria y partes de Asia Menor, y casi tomaba Bizancio.

En otra ola de conquistas, entre el 696 y el 720, los ejércitos del Islam subieron hacia el mar Caspio y el Turkestán, avanzaron por el Irán actual hasta el mar de Aral, e incluso llegaron a Kashgar, en el borde de la esfera de influencia de China. Por el lado suroriental, conquistaron la cuenca inferior del Indo. Por la parte occidental, sometieron el norte de África, entraron violentamente en España y sólo dieron media vuelta cuando llegaron a Francia y tropezaron con un poderoso ejército franco mandado por el abuelo de Carlomagno, Carlos Martel.

A mediados del siglo VIII, la fuerza expansiva militar del Islam estaba muy desgastada y los árabes empezaron a hacer inventario de lo que habían conquistado política, económica y culturalmente. Tras haber salido de un desierto en el que casi todos eran analfabetos y el modo de vida muy modesto, llevaron poca cultura material a las antiguas civilizaciones ahora bajo su yugo. Sus significativas contribuciones fueron el idioma y la religión, y así fue como destacó su talento de asimiladores, mientras se apropiaban de las telas, indumentaria, arquitectura, filosofía, literatura (y ciencia) de los persas, griegos e hindúes a los que ahora gobernaban.

Las posibilidades ofrecidas por este crisol de culturas explotaron a partir de un siglo después de la muerte de Mahoma, cuando al-Mansur construyó su magnificente ciudad nueva como símbolo de la sabiduría y de su tremendo poder. Civilizado y refinado, al-Mansur y los primeros abasíes trataron generosamente las artes y las ciencias. La edad dorada árabe de la literatura, la arquitectura y la ciencia, centrada en Bagdad, alcanzó su punto culminante durante los reinados de los sucesores de al-Mansur, Harún al-Rashid (gobernó del 786 al 809) y su hijo al-Mamún (gobernó del 809 al 833). Fue entonces cuando los textos hindúes traídos por Kanaka, y los que llegaron más tarde, se tradujeron, organizaron y estudiaron junto con el conocimiento de los antiguos de Grecia y Persia, y finalmente, se sintetizaron en las formas que más tarde llegarían a Europa.

Sir Richard Burton, el famoso explorador y orientalista del siglo XIX, comparó Bagdad durante sus años gloriosos con el París de su siglo, una ciudad que podría haber rivalizado con Roma en su apogeo. Pero la verdad es que nadie conocerá nunca con seguridad el esplendor de Bagdad, ya que fue completamente destruido, casi hasta el último ladrillo, primero durante las guerras civiles entre los últimos abasíes y luego en 1258 por un ejército mongol.

En el corazón de Bagdad había un macizo núcleo de palacios, edificios administrativos y cuarteles del ejército. Conocida como Ciudad Redonda, tenía tres kilómetros de diámetro y estaba rodeada por tres murallas concéntricas. En el centro estaba el Palacio Dorado del califa, en un eje del que partían cuatro caminos hacia los cuatro puntos cardinales del imperio. Rodeando la Ciudad Redonda estaban los suburbios, que crecían en todas direcciones. Entre ellos había zonas para los judíos y los cristianos, considerados adeptos a religiones hermanas del Islam, y varios recintos enormes para los monasterios construidos por la secta cristiana de los nestorianos. Desterrados dos siglos antes por Justiniano, los nestorianos habían llevado a Bagdad muchos textos científicos griegos, que ayudaron a traducir al árabe.

Quien paseara por las calurosas y soleadas calles de esta ciudad mesopotámica en el año 800, el mismo en que Carlomagno era coronado emperador en la medio derruida Roma, se habría cruzado con una profusión de personas: mendigos, esclavos, artistas, ladrones, mercaderes y funcionarios del gobierno vestidos con una mezcla de estilos persas, griegos e hindúes; soldados contoneándose con pulidas armaduras; y mercaderes de lugares tan lejanos como España y China.

Según un cronista árabe llamado Abú al-Wafa Ibn Aqil, que escribió sobre Bagdad a mediados del siglo XI, la ciudad estaba llena de palacios, jardines, fuentes y mezquitas de exquisita belleza, así como de hospitales, escuelas y bibliotecas. A lo largo del Tigris, dice Ibn Aqil, los ricos construían elegantes residencias, e iban de unas a otras en pequeños botes, «con bellos adornos y una maravillosa ebanistería». El cronista llena páginas enteras para describir los grandes zocos y sus bulliciosas travesías especializadas donde abundaban los zapateros, los vendedores de flores, los sastres, los cambistas, los herreros, perfumeros y otros comerciantes que vendían todo lo imaginable. Uno de estos zocos, dice, era «incomparable por la belleza de su arquitectura», con «altos edificios y habitaciones que sobresalían apoyadas en fuertes vigas de madera». Otro zoco era conocido como «lugar de reunión de hombres cultos y poetas». Y había otros que tenían tiendas de libros y pasatiempos que iban desde recitar el Corán hasta la esgrima y espectáculos de lucha.

Eruditos, ingenieros, científicos y artistas acudían a Bagdad de todos los rincones del Imperio y eran honrados y bien pagados. Muchos llegaban con manuscritos y los primeros años del periodo abasí se convirtieron en una gran época de traducciones. Este proyecto se hizo muchísimo más sencillo cuando la primera fábrica de papel se fundó en Bagdad en el año 794, utilizando un proceso que los árabes aprendieron de un prisionero chino capturado en el 712 durante la conquista de Samarcanda, en el actual Afganistán. Este invento pasaría a Europa siglos después, a tiempo de proveer a los eruditos de finales de la Edad Media de un material fácil de hacer y barato donde escribir sus propias traducciones de obras antiguas.

• • •

Como las traducciones y los originales empezaban a amontonarse en las universidades y bibliotecas de Bagdad, al-Mamún ordenó construir un complejo de museo y biblioteca que fue conocido como Casa de la Sabiduría, *Bait al-hikmá*. Terminada en el 833, se convirtió en el más famoso almacén de conocimiento y obras de erudición después de la gran biblioteca de Alejandría: un lugar donde los sabios estudiaban los escritos antiguos y, con el tiempo, desarrollaban teoremas, conceptos y aplicaciones de su invención.

Durante la segunda década del siglo IX, una generación después de la llegada de Kanaka, una nueva y vibrante *intelligentsia* árabe estaba avanzando en todo, desde medicina, química y óptica, hasta una nueva filosofía de la ciencia que orientaba la búsqueda del conocimiento desde el punto de vista de un mejor servicio a Dios.

En el reino de la medición del tiempo y la astronomía, los árabes aplicaron primero las ideas griegas e hindúes a una necesidad práctica de su religión: en qué momento exactamente tenían que arrodillarse para rezar, cosa que Mahoma exigía que todos los musulmanes hicieran cinco veces al día. Esto inspiró a los primeros astrónomos árabes, que utilizaron y mejoraron instrumentos griegos como el astrolabio, el reloj de sol y el globo celeste para calcular mejor los ángulos del sol en varios momentos del día. Los astrónomos también aconsejaron a los arquitectos del mundo musulmán sobre dónde construir mezquitas para que los creyentes pudieran obedecer otra orden del profeta, ponerse siempre de cara a La Meca para rezar, estuvieran donde estuviesen.

Los astrónomos y matemáticos musulmanes también se dedicaron a perfeccionar el calendario islámico. Este calendario (cuyo año 1 empezaba en nuestro año 622, cuando Mahoma huyó de La Meca a Medina), fue establecido por el segundo califa, Omar, alrededor del 634. Los años del calendario islámico de indican con la abreviatura A. H., que viene del latín *anno hegirae*, es decir, «en el año de la hégira». Desde entonces ha discurrido según el tiempo lunar normal de 354 días al año, desplazándose por las estaciones para comenzar el mismo día cada 32 años y medio.

Cada mes del calendario islámico comienza unos dos días después de la luna nueva, cuando el primer fragmento de la luna creciente está a la vista. Como el mes lunar dura unos 29 días y medio, Omar arregló los doce meses del año islámico para que alternaran entre 29 y 30 días:

Nombre	Días
Muharram	30
Safar	29
Rabi'u'l-Avval	30
Rabi'u'th-Thani	29
Jamadiyu'l-Avval	30
Jamadiyu'th-Thani	29
Rajab	30
Sha'ban	29
Ramadán	30
Shavval	29
Dhi'l-Qa'dih	30
Dhi'l-Hijjih	29

Muchos de estos nombres eran anteriores al Islam; algunos se refieren a las estaciones, lo que sugiere que el calendario árabe debió de ser lunisolar antes de la época de Mahoma. El segundo mes, Safar, que significa «amarillo», originalmente caía en otoño, cuando las hojas estaban cambiando de color. Mahoma también designó cuatro meses sagrados, para prohibir a los musulmanes que fuesen a la guerra o participaran en ataques; de estos, el noveno mes, Ramadán, es el más sagrado y el mes en que los musulmanes, en teoría, deben ayunar y abstenerse de toda sexualidad durante las horas diurnas para aprender disciplina y concentrarse en temas espirituales. Algunos creen que la palabra *Ramadán* viene del árabe *ramz*, «quemar», porque se cree que el ayuno «quema» los pecados de cada uno. En el Corán, Mahoma escribe:

> *En cuanto al mes de Ramadán en que el Corán se instituyó para ser la guía del hombre [...] en cuanto veáis la luna, comenzad el ayuno.*

Partiendo de este primer calendario, relativamente sencillo, los astrónomos de la Casa de la Sabiduría y de otros lugares trabajaron para hacer el calendario lunar más exacto posible. Su solución fue un ciclo de 30 años de 360 meses lunares, cuya desplazamiento respecto de la verdadera órbita de la luna es de un día cada 2.500 años. Pero este sistema exige frecuentes intercalaciones, añadiendo un día al mes final, Dhi'l-Hijjih, en el segundo, quinto, séptimo, décimo, decimotercero, decimosexto, decimoctavo, vigesimoprimero, vigesimocuarto, vigesimosexto y vigesimonoveno años de cada ciclo de treinta.

Para facilitar esta y otras cuestiones prácticas astronómicas, el califa al-Mamún ordenó construir un observatorio en Bagdad en el 829, y poco después otro fuera de Damasco. Los astrónomos también organizaron una red de puntos de observación a lo largo del Imperio que les permitió hacer experimentos. Uno de estos experimentos intentaba determinar el tamaño y la circunferencia del mundo, que los árabes, siguiendo a los griegos, sabían que era redondo. Tomando medidas en una llanura al norte del Éufrates y cerca de Palmira, los astrónomos pudieron calcular la longitud de un grado del meridiano,[19] situándolo en 56 2/3 millas árabes, lo que viene a ser 877 metros más ancho que el grado real.

Uno de los astrónomos envueltos en el proyecto de medir la distancia entre dos meridianos fue seguramente Abú Jafar Mohamed ibn Musa al-Juarizmí (780-850), quizá el más grande de los estudiosos que trabajaban en la Casa de la Sabiduría durante la edad de oro, y el matemático más influyente durante el principio de la Edad Media.[20] Tan famoso entre los árabes como Euclides y Tolomeo, y más tarde respetado por los europeos de la época de Roger Bacon, al-Juarizmí había nacido probablemente cerca del mar de Aral, en el actual Turkestán, que en su época se llamaba Juarizmí. Trabajaba en la ciudad de Merv, al sur del mar de Aral, y llegó a ser lo bastante famoso para ser llamado a Bagdad en el 820 por al-Mamún, que lo nombró «primer astrónomo» y más tarde director de la biblioteca de la Casa de la Sabiduría. Versión árabe de lo que los europeos llaman «hombre del Renacimiento», al-Juarizmí escribió sobre un vertiginoso número de temas, desde matemáticas y astronomía hasta geografía y una historia de los califatos árabes. También condujo tres misiones científicas a la India y Bizancio para reunirse con eruditos y recoger manuscritos.

Sin embargo, es más conocido por ser uno de los primeros grandes sabios del mundo árabe que utilizó las reservas de conocimiento de la India, Grecia y Persia para hacer sus propios descubrimientos. Entre éstos figura el

---

19. Se refiere a una medida hecha localizando un meridiano y desplazándose por él hacia el norte o hacia el sur hasta que uno se ha movido exactamente un grado de latitud.
20. Su nombre significa: Mahoma, padre de Jafar e hijo de Musa al-Juarizmí.

álgebra moderna. Además, la misma palabra álgebra viene de uno de los libros de al-Juarizmí, *Kitab al-jabr wa al-muqâbalah* (Libro del cálculo por restauración y reducción). Más tarde, hasta el siglo XVI, fue un manual de matemáticas en las universidades europeas. La palabra *algoritmo* (*algoritmus* en latín) viene del uso europeo del nombre del propio al-Juarizmí para referirse al estudio de las matemáticas.

Al-Juarizmí compuso las tablas astronómicas más antiguas que se conservan en el mundo árabe, basadas en gran parte en gráficos hindúes posiblemente llevados a Bagdad por Kanaka. Estas tablas viajaron después a Córdoba y de aquí al resto de Europa, donde una traducción latina de 1126 pasó a ser una de las obras más influyentes de astronomía en la Europa medieval.

Quizá lo más importante de todo fue un pequeño folleto que al-Juarizmí escribió en el 825. Llamado *Algoritmi de numero indorum* cuando más tarde se tradujo al latín, este pequeño tratado detallaba algo que el gran sabio de Bagdad al parecer había recogido leyendo a Brahmagupta: el sistema numérico de los hindúes, los nueve símbolos y el espacio vacío llamado *sunya*. Sorprendido por la utilidad de estos sencillos símbolos y de la notación de posición, demostró en el folleto su superioridad sobre los números griegos utilizados entonces en Bagdad, y sobre los números beduinos, más rústicos, que los árabes habían utilizado en el desierto. Cuando escribió el folleto, los «nuevos» símbolos hindúes eran más o menos así:[21]

$$١ ٢ ٣ ٤ ٥ ٦ ٧ ٨ ٩$$

Otros matemáticos árabes ampliaron más tarde el sistema descrito en el folleto de al-Juarizmí, y las mismas matemáticas hindúes, al tomar la idea hindú de *sunya* (la *cifra* árabe, nuestro *cero*) y utilizarla no solamente como un indicador de lugar, sino como un número más en ciertos cálculos y ecuaciones. También dieron un salto matemático que los hindúes no habían dado, aplicar el sistema de la notación de posición para crear fracciones decimales, la primera de las cuales aparece en un desconocido libro escrito por un desconocido matemático sirio llamado Abul Hassán

---

21. Nadie sabe cómo eran los símbolos en el folleto de al-Juarizmí porque no se ha conservado ningún original en árabe. Las únicas copias existentes son traducciones latinas.

al-Uqlidisi en el 952 o el 953. Estos descubrimientos permi-
tieron que poco antes del final del primer milenio de la era
cristiana se pudiera escribir el número que representa el
verdadero año solar: 365,242199 días, aunque todavía nadie había sido capaz de dar con un valor astronómico tan
exacto. También se habría escrito sin la coma de los decimales, que se añadió mucho más tarde.

Los contemporáneos de al-Juarizmí en Bagdad estaban encantados con su librito. Utilizado hasta hacer del
nuevo conocimiento una moda en esta época de estudio y
erudición, rápidamente abandonaron los viejos métodos de
contar y abrazaron los nuevos... lo cual aceleró el desarrollo de la teoría matemática que fundaría los cimientos de la
ciencia moderna, incluyendo la reforma del calendario.

Los eruditos de Damasco empezaron a utilizar los nuevos números pocos años después, pero este invento tardó
casi siglo y medio en hacer su largo viaje hasta España, Sicilia y otros rincones más alejados del Islam. Aún tardó más
en dar el salto y adentrarse en la frontera de una Europa
conservadora, largo tiempo despreocupada de las nuevas
ideas, particularmente de las relacionadas con unos individuos a los que consideraban paganos aliados con el diablo.

Al-Juarizmí no fue exactamente el único genio que hubo en
el mundo árabe durante los años gloriosos de éste, entre la
fundación de Bagdad como capital abasí en el 763 y la diso-
lución final y fragmentación del Imperio islámico, entre los
siglos XIII y XIV. Es imposible mencionarlos a todos, aunque
un puñado sobresale del resto en el tema del calendario.
Entre éstos estaba otro residente de la Casa de la Sabiduría, nacido en la época de la muerte de al-Juarizmí, Abú
Allah Mohamed ibn Jabir al-Battani (c. 850-929), conocido
en Europa como Albatenio. En un libro *Sobre el movimiento
de las estrellas*, explicaba métodos de trigonometría hindúes para demostrar que la distancia de la tierra al sol varía
durante el año, algo que hoy sabemos que sucede en parte
porque la órbita de la tierra es elíptica. Al-Battani también
perfeccionó los valores de la duración del año, comprándo-
los con los cálculos de Tolomeo en el año 139. Encontró una
cifra que era 2 minutos y medio demasiado corta, pero porque Tolomeo había situado su equinoccio un día más tarde.
Si Tolomeo hubiera acertado, el año de al-Battani habría
sido sólo medio minuto más corto.

Cincuenta años más tarde, otro astrónomo árabe, Abú
ar-Rayhan Mohamed ibn Ahmad al-Biruní (973-1048), na-

cía en Asia Central. Allí prosperó, a pesar de la creciente inestabilidad de la región, mientras el califato abasí caía y sus territorios se dividían en oscilantes emiratos gobernados por shas y caudillos militares.

Antes de cumplir los treinta años, en medio de guerras entre reyes rivales, al-Biruní ya había hecho extensas observaciones de los equinoccios y viajado de aquí allá tomando medidas muy precisas de la latitud. También antes de los treinta (aunque a veces tenía que esconderse debido a la política), se las arregló para escribir al menos ocho obras. Entre ellas había un tratado sobre medición del tiempo, una cronología de sucesos fechados de acuerdo con el calendario islámico, y argumentos en pro y en contra de que la tierra girase sobre su eje, reanudando la polémica de Aryabhata contra los últimos astrónomos hindúes.

Al-Biruní fue más tarde diplomático de un sha y fue hecho prisionero por otro, aunque finalmente se le permitió continuar con su trabajo mientras seguía a un ejército musulmán que había invadido la India. Allí aprendió sánscrito y estudió todos los textos antiguos que pudo encontrar, reuniendo sus descubrimientos en un libro titulado *India*. Presentaba esta obra un análisis notablemente directo y crítico de las matemáticas hindúes y de los *siddhanta*. Al-Biruní, con sesenta y tantos años, escribió un estudio sobre la gravedad específica de las piedras preciosas; a los ochenta escribió una guía alfabética de 720 drogas, consignando el nombre de cada una en cinco lenguas.

El año que murió al-Biruní, nació otro erudito y poeta árabe, Omar ibn Ibrahim al-Khayyami (c. 1048-1131), conocido en Occidente como Omar Khayyam o Jayyam. Admirado hoy día fuera del mundo árabe sólo por ser uno de los más grandes poetas islámicos, Omar Khayyam fue mucho más. Prolífico en varios campos, en matemáticas se extendió sobre los principios algebraicos de al-Juarizmí y sobre la geometría de Euclides; como astrónomo pasó dieciocho años trabajando en un observatorio de Isfahan, 300 kilómetros al sur del moderno Teherán, donde entre otras cosas midió el año solar, calculándolo en 365,24219858156 días. Era un resultado seguro y preciso, teniendo en cuenta la disminución gradual de la velocidad de la rotación terrestre. Omar Khayyam también desarrolló un calendario solar con ocho años bisiestos de 366 días cada 33 años, un sistema ligeramente complicado que sin embargo era más exacto que el futuro calendario gregoriano. Al parecer, propuso este calendario al sha local en 1079, como si se tratase de una reforma. Se ignora cómo respondió el gobernante.

Otro erudito que trabajó en el mundo islámico, el astrónomo judío Abraham bar Hiyya (1070-1136), escribió en Barcelona la primera obra hebrea dedicada exclusivamente al estudio del calendario, incluyendo una predicción, basada en la Torá, sobre la venida del Mesías. Otro astrónomo que apareció muy tarde en el árabe clásico fue Ulugh Beg (1394-1449), un desdichado hijo de sha que gobernó brevemente en Samarcanda y fue ejecutado por su propio hijo durante un golpe de Estado. Ulugh Beg dio una medida de la duración del año: 365 días, 5 horas, 49 minutos y 15 segundos; sólo 25 segundos demasiado larga.

Sin embargo, los árabes estuvieron muy cerca de calcular un valor anual exacto que no utilizaban en su propio calendario religioso, una medida por la que pocos europeos de la época se interesaron. Incluso quienes lo hicieron tenían que bregar con crudas e incompletas fórmulas y fechas, una situación que parecía desesperada y que habría continuado de no ser por la ola de sabiduría procedente de Bagdad y otros centros islámicos, una ola tan poderosa que llegó más allá incluso del lejano límite de lo que entonces era el mundo civilizado.

10

Penuria latinorum

¿Por qué, como el mismo Beda admite [...] aparece
en el cielo la luna llena antes de la fecha calculada, en
muchos casos un día y en otros dos?

HERMANN EL COJO, 1042

Nadie en Bagdad durante la época de al-Juarizmí podría haber supuesto que sus obras ayudarían a encender la chispa
de una revitalización del estudio en Europa. Un viajero que
fuera desde la corte del califa a Aquisgrán en el año 800 se
habría reído ante la idea de que aquellos bárbaros malolien-
tes, gobernados por un emperador que no sabía escribir, cuyos sabios copiaban viejos manuscritos en lugar de leerlos y
cuyos matemáticos todavía contaban con los dedos, iban a
producir cuatro siglos más tarde a un Roger Bacon. Y tres siglos después a un Copérnico.

El tal viajero se habría maravillado ante la visión de un
pueblo que había olvidado las matemáticas, la ciencia y la
filosofía concebidas por antiguos a los que remontaban sus
raíces culturales. También se habría sonreído, si hubiera
sido capaz de predecir el futuro, ante la paradoja de una
gente que un día redescubriría el antiguo conocimiento perdido, en parte gracias a traducciones árabes de los textos
originales europeos.

Al principio, el proceso de transferir los conceptos cruciales para el despertar de Europa fue casi imperceptible a
causa de su lentitud. En el año 800, nuestro árabe aventu-
rero habría encontrado, a lo sumo, varios centenares de
textos antiguos en la corte de Carlomagno, y un castillo lleno de francos a medio educar. Un erudito de Bagdad (o de
Damasco) que llegara a la Europa latina un siglo después,
en el año 900, habría visto poca diferencia. Incluso un siglo
más tarde, en el año 1000, habría sido testigo de unos pocos

cambios tan sólo. Hasta el año 1100 no habría visto el tataratataratataranieto de nuestro viajero ningún cambio significativo, tres siglos después de que Carlomagno intentara, y fracasara, remozar el saber en Europa.

Los visitantes que comprobaran la situación de la medición del tiempo en la latinidad habrían descubierto aproximadamente la misma progresión... computistas en monasterios, todavía elaborando santorales, en pleno siglo IX, fechando tablas de la Pascua de Resurrección y pasando la vida entera tratando de desarrollar sistemas misteriosos de medir mejor el tiempo. En el Sacro Imperio, un intrépido viajero árabe se habría encontrado con el profesor, teólogo y erudito Rabano Mauro (c. 780-856), estudiante de Alcuino y un prolífico autor que pasó muchos años de su larga vida preocupado por dividir la hora en unidades iguales más pequeñas, una idea útil salvo cuando nos preguntamos para qué necesitaba nadie en el siglo IX los «átomos» de Mauro, que según él eran 1/22.560 de hora. Además, ¿cómo iba a medir nadie con una clepsidra el paso de un momento tan infinitesimal?

Otros estudiosos del tiempo de este periodo son ya tan notables por sus nombres insólitos como por sus cuidadosos trabajos sobre el cómputo y el calendario. Entre ellos había tres computistas cuyo trabajo se extiende desde mediados del siglo IX hasta mediados del siglo XI; todos se llamaban Notker y todos vivían en el mismo monasterio suizo de San Galo, cerca de Zúrich. Fueron Notker el Tartamudo, Notker Grano de Pimienta y Notker el Bezudo, llamado también el Teutón.

El siglo X fue poco mejor que el IX, con una excepción importante: un monje llamado Abbo de Fleury (945-1004), que defendió el uso de las clepsidras, que eran más precisas que el reloj de sol utilizado por los monjes desde antes de Beda. Esto le permitió hacer unas mediciones ligeramente más exactas que las del Venerable en lo que se refiere a días, meses y años. Abbo también propuso un cambio en la cronología de Dionisio el Exiguo que utilizaba *anni Domini*, sustituyendo el viejo estilo de pasar del año 1 al año -1 por una cronología que añadía un lugar en la posición del cero. Para designar este año «nuevo» utilizó el símbolo de «nada», ya que el cero como tal todavía no había llegado a Europa. Sin embargo, nadie le hizo el menor caso. Tampoco se lo hicieron cuando dijo que la fecha de la muerte de Cristo calculada por Dionisio era inexacta en unos veinte años. Pero

Abbo fue una excepción en un campo que se estaba volviendo monótono hacia el año 1000, con la repetición de las mismas viejas fórmulas y argumentaciones.

La última obra importante en el marco del cómputo y la medición del tiempo tradicionales se la debemos a otro monje estudioso con nombre poco favorecedor, Hermann el Cojo (1013-1054), de Reichenau, cerca de la actual frontera de Alemania con Suiza. Insistiendo ya al principio de su vida en que todas las conclusiones científicas tenían que estar apoyadas por «la insuperable verdad de la naturaleza», Hermann utilizó el recién aparecido astrolabio y un reloj de sol especial que había inventado para comparar lo que veía en el cielo con los números fijos utilizados durante siglos por los computistas. Primer medidor medieval del tiempo que confiaba en la observación, confirmó que el calendario de la Iglesia (incluyendo la Pascua de Resurrección y varias fiestas y días de santos) no estaba sincronizado con el cosmos. «¿De dónde viene que la edad real de la luna a menudo no corresponda con nuestro cómputo, con nuestras medidas ni con las reglas de los antiguos?», se preguntó en 1042.

La contrariedad de Hermann quedó compensada por sus reiterados intentos de corregir a Beda y otros computistas, ninguno de los cuales había sabido coordinar lo que veía en el cielo. El monje cojo de Reichenau estuvo preguntándose hasta el final de su corta vida (murió a los cuarenta y un años) si la tradición del cómputo y la medición del tiempo, de siglos de antigüedad, era defectuosa sin esperanza, basada en suposiciones erróneas sobre los movimientos del sol, la luna y las estrellas. Pero ni Hermann ni nadie más tuvo la voluntad de dar un paso adelante y enfrentarse a la Iglesia en una época en que cuestionar a san Pedro era lo mismo que dudar del Señor.

Hermann no estaba precisamente solo con su disconformidad. Estaba entre los predecesores de una nueva generación en una Europa que finalmente saldría de su letargo. Hombres que se criarían y educarían, no en monasterios, sino en ciudades que lentamente iban renaciendo, donde las noticias sobre otras culturas llegaban con la primera difusión de textos griegos largo tiempo perdidos, y escritos de estudiosos árabes e hindúes. Leídos y meditados, cuestionarían no sólo la validez de los antiguos conocimientos sobre el sol, la luna y la naturaleza del tiempo, sino también la naturaleza de todo el universo, incluyendo el papel del hombre y del mismo Dios.

Este pensamiento nuevo emergería durante los siglos XI y XII, en parte debido a un legado puesto en marcha siglos antes por Carlomagno: el orden económico que había impuesto. Mucho más duradero que su intento de hacer renacer el estudio, el feudalismo en el siglo XII había sido durante largo tiempo el sistema dominante en el oeste y centro de Europa, introduciendo un grado de estabilidad desconocido en los caóticos siglos que siguieron a la caída de Roma.

En el 843, casi tres décadas después de la muerte de Carlomagno, el Tratado de Verdún había establecido el principio de que «todo hombre debe tener un señor». En teoría, esto significaba que incluso el Papa y el emperador eran súbditos de una autoridad más alta (Dios) que se sentaba en la cumbre de lo que más tarde se denominaría escala o cadena de los seres. Según este orden, los prelados iban después del Papa y los monarcas después del emperador. Luego estaban los obispos, los sacerdotes y los nobles mayores y menores; y después ellos los hacendados, los mercaderes, los artesanos, los agricultores, los braceros, y así hasta el esclavo más bajo e incluso hasta las plantas, los gusanos y las moscas domésticas.

Esto no significaba exactamente que la política fuera estable. Reyes, nobles, caballeros, hacendados y a veces obispos y papas luchaban entre sí casi como si fuera un privilegio. Las fronteras y dinastías cambiaban continuamente. A lo largo de los siglos, desde Carlomagno, el perfil básico de la Europa moderna había cambiado lentamente; los estados de Francia, Alemania e Italia septentrional habían surgido a comienzos del siglo X después de una serie de guerras dinásticas entre los herederos de Carlomagno.

En el norte de España, los príncipes cristianos habían empezado la larga Reconquista, apoderándose de casi un tercio de la península hacia el año 1100. En Oriente, los misioneros habían cristianizado a los eslavos, que empezaban a llamarse polacos, húngaros, croatas, serbios y rusos. Los vikingos estaban olvidando a Tor y a Odín y estableciéndose como daneses, suecos y noruegos cristianos, poniendo fin a dos siglos de terror y ataques contra Britania y las costas del norte de Europa. En Britania, Guillermo el Conquistador, duque de Normandía, se apoderó de Inglaterra en 1066 y unificó sus territorios, mientras los clanes y tribus del norte se unían para formar el reino de los escotos.

El otro gran triunfador fue la Iglesia católica. Hacia el año 1100 reinaba sin oposición, tras haber derrotado práctic-

camente a todas las sectas rivales para conseguir el monopolio de la fe, concebido por primera vez por Constantino en
Nicea ocho siglos antes. En el sur de Francia y otras partes
los religiosos insatisfechos murmuraban del hincapié secular de la Iglesia en cuestiones de riqueza y política... y de la
propensión de algunos clérigos a preferir la seda y el oro a
los asuntos del espíritu. Los estudiosos que seguían las
orientaciones de Hermann el Cojo y otros también susurra-
ban en los rincones tranquilos de los claustros y las escuelas
catedralicias que ciertas afirmaciones católicas referentes a
la ciencia y la filosofía podrían estar equivocadas. Pero en
general la Iglesia de Roma estaba disfrutando de lo que se
convertiría con Inocencio III (Papa de 1198 a 1216) en la
marca de fábrica de su poder y su influencia.

La Iglesia podría abusar de su poder y, al cabo de varios siglos, nos parece que ha sido muy dogmática y repre-
siva. Pero para el cristiano medio del año 1100, el catolicismo era más que nada un gran consuelo: un puñado de leyes
y creencias universales que daban un poderoso sentido de
unidad espiritual y una salvación profundamente deseada,
en particular para los siervos y campesinos, es decir, para
casi todo el mundo.

Además, la vida era tan difícil entonces como lo había
sido durante siglos. Había habido mejoras: la relativa estabilidad acarreada por el feudalismo; mejoras en técnicas de
agricultura, como la invención del arado compuesto, que se
utilizaba con caballos; y aumento de la producción, lo que
significaba más comida. Pero mucha gente seguía viviendo
sin herramientas para medir el tiempo en campos y viñedos,
arreglando chozas con techo de ramas antes de las primeras
tormentas de invierno, cantando a sus hijos para que dur-
mieran, soportando las caries dentales, muriendo de rubéola
y simples resfriados... una existencia en la que el calendario
todavía no importaba y las estaciones iban y venían en un ciclo interminable que pocos esperaban que cambiase.

La mayor excepción era la nobleza, los grandes terrate-
nientes que desde la época de Carlomagno se habían instalado en lo alto de la pirámide feudal. A diferencia de todos
los demás, hacia el año 1100 su vida se había transformado,
por la sencilla razón de que eran fabulosamente ricos. Esta
clase privilegiada había llenado sus cofres con oro y grano
para tres siglos enteros, enriqueciéndose aún más mientras
aumentaba la producción, mientras la población de sus feudos y principados se expandía, y se limpiaban más tierras
incultas para plantar mijo, avena, pepinos, vides e higue-
ras, y criar ovejas y ganado.

Los aristócratas gastaban sus recientes fortunas en castillos de gruesos muros, ejércitos privados, ostentosas armaduras, halcones, torneos fastuosos, festines y lujosos objetos importados de oriente: capas de seda, túnicas de tafetán, especias y gemas. Finalmente, este desenfrenado consumo se volvió tan vergonzoso para los píos cristianos que la Iglesia dictaba rutinariamente «leyes suntuarias» prohibiendo tales extravagancias. Estas leyes eran ignoradas, igual de rutinariamente, por los ricos y algunos miembros del clero, que se paseaban con trajes vistosos que llamaban más la atención por lo mucho que contrastaban con las lanas mal cosidas y las burdas telas que vestían casi todos los demás.

Pero estas baratijas tuvieron un efecto secundario positivo que finalmente alteraría la mentalidad de los europeos tan profundamente como el nuevo pensamiento entre ciertos estudiosos: el comercio que distribuía las mercancías. Conforme se importaban sedas y perfumes y se exportaban materias primas como grano y lana, la incipiente red de barcos, atarazanas, puertos, contables, mercaderes, marineros e inversores creció, llenando las rutas marítimas del Mediterráneo de mercancías latinas por primera vez desde la caída de Roma.

Pronto esta red de comercio se extendió tierra adentro, haciendo crecer pueblos y ciudades a lo largo de los caminos que iban al centro de Italia, de Francia y de Alemania... que a su vez se convirtieron en bases de operaciones para mercaderes, muleros, artesanos, posaderos, jueces comarcales, financieros y gente inútil. El ritmo era más activo en Italia, donde las mercancías llegaban desde el interior de Europa, se embarcaban en Venecia, Nápoles, Pisa y Roma y se enviaban a Bizancio y a Siria. Estos bajeles volvían luego a Italia con las bodegas repletas de bienes que se transportaban en caravanas a París, Colonia, el lejano Londres y cientos de ciudades mercantiles en expansión.

También llegaban de lejos información e ideas, estimulando la mente de aquellos latinos que negociaban con mercaderes vestidos a la mora, de Córdoba o de Sicilia, que también estaba entonces en poder de los árabes, y los veían utilizar extraños utensilios como el astrolabio. Los europeos oían a los forasteros contar historias sobre lugares lejanos, muchas al estilo de *Las mil y una noches*, pero también conversaciones sobre números, teneduría de libros, navegación por las estrellas, y cómo construir un almacén mejor. Este intercambio, aunque sólo afectó a un pequeño porcentaje de latinos, les dio al menos una ligera idea del avanzado estado del conocimiento de Oriente en campos como las matemáticas y la astronomía. Unos cuantos europeos intrépidos incluso visitaron Sicilia, Constantinopla, Egipto y Siria, en barcos mercantes o, en el caso de los cruzados, conquistando a los llamados infieles.

Inevitablemente, este titubeante contacto con culturas muy lejanas hizo que algunos latinos se rascaran la cabeza a propósito de los calendarios y la medición del tiempo... no desde el punto de vista teológico, filosófico o de la quincalla computista de los monjes, sino más bien desde el sentido práctico de la redacción de contratos con fecha de entrega, de inventarios y de registros de contabilidad. Este proceso era tan importante como la contribución de los intelectuales al cambio en la percepción del tiempo entre los europeos normales.

Pero no tardaron en aparecer dos puntos de confusión entre los hombres prácticos de los muelles y los mercados, ninguno de los cuales se resolvería satisfactoriamente durante siglos: ¿Qué calendario, símbolos numéricos y sistema de contar debían utilizarse?

La primera incógnita salió de la multitud de métodos, formales e informales, que la gente de aquel periodo empleaba para medir el tiempo. Los mercaderes árabes utilizaban el calendario lunar del Islam y varios calendarios solares civiles, mientras que los europeos seguían utilizando el calendario básico de César de 365 días y ¼, con 12 meses y semanas de siete días. No obstante, incluso en Europa habían variado los detalles ampliamente. Por ejemplo, no había consenso en temas tan básicos como cuándo empezaba el año, que podía variar de una ciudad a otra y de un feudo a otro. Algunas localidades celebraban el Año Nuevo en Navidad, llamado *stylus nativitatis* (modelo de la Navidad) o *stylus curiae romanae* (modelo de la curia romana), ya que la cancillería papal a veces inauguraba el año el 25 de diciembre. Mucha gente utilizaba la fecha inaugurada por César y empleada en el viejo Imperio: el 1 de enero, llamada *stylus communis* (modelo del pueblo) y ocasionalmente *stylus circumcisionis*, ya que era la fiesta de la circuncisión de Jesús. Otras comunidades empezaban el año el Viernes Santo, o el día siguiente, o el mismo día de la Pascua de Resurrección. Otras aún empezaban el año en marzo, alrededor de la época del equinoccio vernal, cuando comenzaban algunos viejos calendarios alemanes y romanos prejulianos. Esta costumbre prevaleció en Gran Bretaña (y sus colonias americanas) hasta 1752, cuando el calendario gregoriano fue aceptado finalmente por orden del Parlamento y el día de Año Nuevo dejó de ser allí el 25 de marzo. Los nombres de las fechas también variaban tan ampliamente como siempre. Muchos latinos educados todavía usaban las calendas, nonas e idus romanos, aunque mucha gente estaba cambiando a nuestro moderno sistema de *dies mensis*, contando los días del 1 al 28, 29, 30 o 31. Otros medidores de fechas utilizaban letras y sílabas para nombrar los días. El más popular de todos era el uso continuado de poner a los días santos y festividades, a pesar de la confusión de las localidades que ligaban sus propios santos a ciertos días. Incluso días santos ampliamente celebrados se observaban, por ejemplo, en Hamburgo un día, y en Sussex un día distinto.

Estas diferencias no fueron un problema durante los largos siglos en que casi todas las comunicaciones y el comercio habían cesado. Cuando a nadie le preocupaba si costaba semanas llegar a Roma y sólo algún barco ocasional de Constantinopla o Antioquía atracaba en Venecia, no importaba si con un par de días de retraso; cuando a nadie le preocupaba si dos mártires cristianos distintos se veneraban el mismo día en dos localidades distintas. Mientras el comercio se hacía más importante, sin embargo, la gente intentó ordenar aquella Babel de nombres de días y fechas, aunque con poco éxito. Esto es porque, al margen de la Iglesia, no había ninguna autoridad central que normalizara el calendario. Sin embargo, San Pedro seguía firmemente aferrado a la idea de que el tiempo pertenecía a Dios, no a los banqueros ni a los capitanes de barco: una profunda creencia que tenía que cambiar para que el calendario pudiera reformarse.

En el 1100 las perspectivas de que esto sucediera eran prácticamente nulas, aunque unas cuantas personas se daban cuenta de que buena parte de la naturaleza y del comercio parecía funcionar con sus propias leyes, con independencia de la doctrina de la Iglesia. Prácticamente todos los europeos seguían creyendo que Dios controlaba todo y que la verdad era revelada a los humanos sólo en la medida en que Dios lo permitía. Tan arraigada estaba esta idea que la primera reacción conservadora al nuevo conocimiento fue no sólo de condena, sino también de consternación porque alguien pudiera perder el tiempo en tales nociones equivocadas mientras intentaban medir el tiempo más exactamente. Un escrito conservador de mediados del siglo XII atacaba las incesantes preguntas de ciertos eruditos sobre «la composición del planeta, la naturaleza de los elementos, la situación de las estrellas, la naturaleza de los animales, la violencia del viento, la vida de las plantas y las raíces».

Un «joven turco» de la época, el filósofo francés Guillermo de Conches (1100-1154), respondió con una declaración de apoyo a la objetividad que sonaba como Roger Bacon un siglo después:

> *Ignorantes ellos mismos de las fuerzas de la naturaleza y queriendo tener compañía en su ignorancia, no querían que se investigara nada; querían que creyéramos como los labriegos y que no preguntáramos la razón de las cosas [...]. Si se enteran de que alguien hace indagaciones, exclaman que es un hereje, poniendo más confianza en sus hábitos de monje que en su sabiduría.*

Conches se expresó con tal estridencia en parte porque su argumento seguía siendo oscuro y sus ideas extravagantes frente a las dominantes. Pasaría otro siglo antes de que este nuevo pensamiento se extendiera lo bastante para que los tradicionalistas trataran más activamente de frustrarlo. Además, la suma total del nuevo conocimiento seguía siendo modesta en 1100 y los eruditos obligados a buscar respuestas en los pocos textos que habían sobrevivido a los años oscuros, muchos de ellos resúmenes enciclopédicos de obras e ideas antiguas, pero incompletos y a menudo pobremente escritos.

Sin embargo, mientras los estudiosos y los presuntos estudiosos se desesperaban, unos cuantos pensadores de la vanguardia europea estaban aprendiendo y empezaban a visitar los grandes centros de cultura árabe, que prosperaban poco más allá de sus fronteras. Lo que vieron y oyeron los sorprendió y avergonzó, al darse cuenta de la extensión de su propia ignorancia, de lo que un estudioso llamó *penuria latinorum*, la pobreza de los latinos.

Ni siquiera los eruditos más brillantes de la época pudieron imaginar la extensión de su pérdida. Atrapados tras su velo de oscuridad, los latinos se habían perdido completamente el florecimiento gupta de las matemáticas y la astronomía, y no sabían nada de Aryabhata, Brahmagupta y otros eruditos hindúes. Durante décadas, algunos habían oído rumores de la edad dorada del Islam, pero pocos habían oído los nombres de al-Juarizmí, al-Battani o al-Biruní. Muchos europeos ignoraban incluso a los bizantinos, con la excepción de unos pocos puertos y ciudades de Italia que se habían mantenido en contacto furtivo a lo largo de los siglos.

En parte era comprensible. Muchos extranjeros eran enemigos, incluyendo a veces a los bizantinos, que seguían enfrentándose a los longobardos (lombardos) y otros occidentales para controlar el sur de Italia y a veces eran rivales en Oriente durante varias cruzadas. En cuanto a los árabes, se levantaban como un coloso a ambos lados de las fronteras de Europa, una superpotencia militar que para los temerosos cristianos era, no una brillante cultura de eruditos, sino el ejército del mismísimo Satanás. ¿Cómo, si no, se explicaban sus triunfos sobre el pueblo de Dios?

Como un tornado, habían ocupado España y cruzado los Pirineos para amenazar seriamente Francia. Tras conquistar grandes partes del antiguo Imperio romano, incluyendo todo el norte de África, habían lanzado ataques desde el Mediterráneo, contra Francia e Italia, durante la primera década del siglo IX. En el 827 conquistaron Sicilia y en el 838 sus ejércitos luchaban en Nápoles, llamados por los lombardos para enfrentarse a los bizantinos. Cuatro años más tarde, los árabes construían una base militar en Bari, en el talón de Italia. Y cuatro años después, en el 846, un ejército árabe desembarcó en Ostia y amenazó Roma. Incapaces de atravesar sus murallas, saquearon las catedrales de San Pedro y San Pablo, que estaban fuera de las murallas de la ciudad, y profanaron las tumbas de los papas.

Durante el año 900, lanzaron ataques desde Italia y España hacia el centro de Europa, tomando ciudades que todavía llevan nombre árabe incluso en el norte de Suiza. Durante tres siglos, desde mediados del siglo VIII a mediados del XI, los ejércitos árabes y los destacamentos de saqueo amenazaron el oeste del Mediterráneo, dominando sus rutas marítimas y dejando a los europeos con el miedo de que lanzaran un ataque mayor.

Pero los árabes llevaron a sus nuevos dominios europeos mucho más que alfanjes y ejemplares del Corán. Siguiendo la norma de sus primeras invasiones en Asia y África, la era de conquistas en España y Sicilia pronto dejó paso a periodos de asimilación cultural y estudio. Teniendo como fondo los ataques y escaramuzas en la frontera, el arte y el conocimiento florecieron en las nuevas ciudades musulmanas, donde los estudiosos se concentraban bajo el mecenazgo de califas y emires que importaban gran cantidad de libros para llenar las bibliotecas construidas en Córdoba, Sevilla, Toledo y Palermo. Esta fiebre de conocimientos finalmente llevó a las fronteras de la Europa latina las obras de los antiguos griegos, romanos e hindúes, y las últimas de los árabes acerca de todos los temas, desde la anatomía del ojo humano hasta los números hindúes.

En España, los *Algoritmi, De numero indorum* de al-Juarizmí y otros textos habían llegado a Córdoba a finales del siglo IX, integrándose en un vasto caudal de manuscritos alojados en una biblioteca construida por el califa Abderramán III (891-961), un protector de las artes y el saber que llenó Córdoba de edificios monumentales que fusionaban motivos árabes, románicos y persas, con arcos graciosos, columnas espigadas, cúpulas en forma de cebolla y vastos jardines. Bajo sus sucesores, la colección de libros comenzada por Abderramán se decía que constaba de 400.000 volúmenes, lo cual, si es cierto, significaba que rivalizaba con el número de volúmenes de la biblioteca de Alejandría.

Además, los emires que gobernaban Sicilia importaron textos y alentaron el estudio, aunque el apogeo de la isla en cuanto a cultura árabe llegó, no durante su gobierno, sino después de ser conquistada por un cristiano: Roger Guiscardo (1031-1101), hijo de un barón de Normandía.

Originalmente un mercenario en busca de riquezas y aventuras, Roger pasó de Francia al sur de Italia en 1060 para unirse a cuatro hermanos en la larga lucha por conquistar este disputado territorio, y terminaron arrojando a los lombardos y a los bizantinos y conquistando el lugar para ellos.[22] Con Roger en cabeza, también invadieron Sicilia, arrojando de allí a los árabes en 1072.

Una vez seguro en la capital panormitana, Roger se transformó en Roger I, conde de Sicilia. Fundó entonces una de las más extrañas simbiosis culturales de la Edad Media, mezclando cristianos y musulmanes con viejas corrientes de historia en una isla rica en tradiciones griegas, romanas y bizantinas. Cristiano inculto desde el punto de vista árabe, Rogelio sin embargo se ganó la lealtad y admiración de los musulmanes, a los que acogió en sus dominios... soldados, consejeros y una escudería de eruditos, filósofos y astrólogos de Oriente.

Dos de los sucesores de Roger expandieron este extraño cóctel arabenormando. Su hijo Roger II (1095-1154), conocido como el «rey pagano», gobernó Sicilia e Italia meridional

---

22. Roger tenía once hermanos.

como un sultán árabe, vestido con sedas persas y abriendo su corte a los intelectuales musulmanes. El nieto y sucesor de Roger II, Federico II (1194-1250), heredó no sólo Sicilia y el sur de Italia, sino también Alemania y el reino cruzado de Jerusalén. Fue titular del Sacro Imperio Romano (que era Romano Germánico desde el 962, por decreto del emperador Otón I) en 1220. Federico tuvo un harén al estilo musulmán y se rodeó de filósofos y sabios de Bagdad y Siria, bailarinas de Oriente y sabios judíos. De Siria importó expertos en halcones; de España se llevó un traductor que redactó un resumen en latín de las obras biológicas y zoológicas de Aristóteles. Federico fundó la Universidad de Nápoles en 1224, dotándola de una gran colección de manuscritos árabes sobre Aristóteles y otros antiguos. A las universidades de París y Bolonia se enviaron copias de traducciones latinas. Federico también encabezó una triunfal cruzada a Palestina en 1228-1229 (la quinta cruzada) y reconquistó Jerusalén, Belén y Nazaret.

Sin embargo, la inyección de conocimientos árabe obraba muy despacio, con sólo unos cuantos documentos dispersos viajando desde Córdoba, Palermo y Damasco antes de 1200. Algunas de las primeras traducciones se hicieron en el norte de España, empezando a mediados del siglo X en el monasterio de Santa María de Ripoll, al pie de los Pirineos; casi todas eran obras de geometría y sobre instrumentos de astronomía. Luego llegaron obras de Platón, Euclides, Aristóteles y otros, procedentes de la Sicilia de Roger, del norte de España después de la toma de Toledo por los cristianos en 1085, y de Bizancio y Palestina cuando las cruzadas barrieron Oriente desde 1096.

Entre los principales traductores y coleccionistas de manuscritos de aquella época estaba Gerberto de Aurillac (c. 946-1003), que más tarde sería el papa Silvestre II. Viajó hasta el norte de España para llevarse traducciones latinas de tratados árabes sobre el ábaco y el astrolabio. Otro fue Adelardo de Bath (c. 1075-1160). Viajó en barco por las nuevas rutas comerciales de Oriente hasta la costa de Siria conquistada por los cruzados, donde tradujo a Euclides al latín utilizando traducciones árabes del original griego. El más prolífico de estos primeros traductores fue el italiano Gerardo de Cremona (c. 1114-1187). Fluido en griego y árabe, fue una figura importante en la nueva escuela de traductores fundada por el arzobispo español Raimundo tras la captura de Toledo (y de su biblioteca), y tradujo al latín textos de Galeno, Aristóteles, Euclides, al-Juarizmí y Tolomeo, entre muchos otros.

Los pensadores independientes de Europa saludaban con entusiasmo la aparición de cada precioso manuscrito, aunque la transferencia de conocimiento no era precisamente rápida o general. Casi todos los europeos, incluso los que tenían alguna educación, permanecían encerrados en la intemporalidad de la Edad Media y seguían ignorantes del nuevo saber. Otros condenaron los textos por ser fruto de paganos y malvados. Otros aún se resistían a todo lo nuevo porque o no atinaban a entenderlo o preferían sus propias formas y tradiciones... igual que los estadounidenses de la actualidad, que siguen utilizando pulgadas en lugar de centímetros. Incluso quienes veneraban a Aristóteles y a al-Juarizmí se sentían a menudo confundidos por las malas traducciones y por las selecciones aleatorias que llegaban: un fragmento de un diálogo de Platón un año y un par de capítulos de Euclides al año siguiente.

Un ejemplo es el recibimiento de los nuevos números hindúes mientras completaban su viaje a Occidente pasando por los árabes. Además, los europeos tardaron siglos en integrar completamente lo que los árabes habían absorbido ya una generación después de la llegada de Kanaka a Bagdad, en el 789.

El primer número hindú del que se sabe que fue garabateado en un manuscrito europeo apareció en el norte de España en el 976 y utilizaba la forma árabe «occidental» de los números del uno al nueve.

$$1 \quad 2 \quad 3 \quad 4 \quad 5 \quad 6 \quad 7 \quad 8 \quad 9$$

Veinte años después, en el 990, Gerberto de Aurillac enseñó a sus alumnos los números hindúes, sin duda tomándolos de España. Pero, al parecer, Gerberto no consiguió entender su capacidad de cálculo y limitó su uso a ciertas tablas matemáticas. Estas tablas no llegaron a cuajar, sin embargo, en parte porque la gente que intentaba utilizarlas no tenía ni idea de lo que significaban los extraños símbolos. Por ejemplo, parece que confundían el λ con el λ.

La mención de los números desapareció por completo durante otro siglo entero, hasta que el inglés Roberto de Chester (c. 1100) visitó España y tradujo el folleto de al-Juarizmí al latín en 1120. Esta y otras traducciones de al-Juarizmí inspiraron varios textos latinos sobre la «nueva aritmética», incluyendo descripciones del sistema decimal y de la notación de posición. Aun así, pasaron varios siglos más hasta que los europeos abandonaran totalmente los numerales romanos, a pesar de su poca manejabilidad y de su inferioridad ante los numerales indoárabes. Incluso los banqueros y mercaderes los rechazaban al principio, temerosos de que fueran más fáciles de falsificar que los números romanos. Algunos mercaderes de baja educación también temían que los símbolos fueran una clave secreta utilizada por orientales y otros europeos para engañarles.

A fines del siglo XV, cuando los números indoárabes adoptaron la forma que utilizamos actualmente, los europeos todavía tenían problemas para hacer la transición. En el prefacio de un calendario de 1430, el autor decía que la duración del año era de «ccc y sesenta días y 5, más seis horas». Avanzado el siglo, dos años después de que Cristóbal Colón descubriese América, otro autor decía que aquel año era MCCCC94: 1494. Otro, sin embargo, utilizaba el nuevo sistema de posición, con el más reciente cero, pero mezclando números hindúes y romanos para escribir el año 1502 del siguiente modo: IV0II, con I (1) en el lugar de las unidades de millar, V (5) en las centenas, 0 (cero) en las decenas y II (2) en las unidades. El pintor holandés Dirck Bouts (c. 1400-1475) fechó en «MCCCC4XVII» una pintura que colocó en la catedral de Lovaina. Seguramente era 1447, pero ¿quién sabe?

El progreso era igualmente lento en otros conceptos matemáticos cruciales para fijar el calendario, incluyendo decimales y cero, ninguno de los cuales fue enseñado rutinariamente en las universidades al menos hasta mediados del siglo XIV. El primer tratamiento sistemático de los quebrados en Europa tuvo que esperar hasta 1582, año de la reforma gregoriana del calendario y año en que el matemático holandés Simón Stevin (1548-1620) explicó el sistema en un libro titulado *La thiende* (La décima). Pero Stevin no utilizó nuestra forma moderna en sus decimales, pues no tenía la coma. Él habría escrito los decimales de la duración del año solar del siguiente modo:

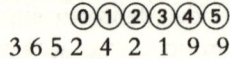

3 6 5 2 4 2 1 9 9

en lugar de:

365,242199

La invención de la coma de los decimales se atribuye indistintamente al cartógrafo y rival de Galileo G. A. Magini (1555-1617), en una obra de 1592, y al principal astrónomo de la comisión de Gregorio XIII para el calendario, Cristóbal Clavio (1537-1612), que la utilizó en una tabla de senos en 1593.

En cuanto al cero, su primera aparición significativa en Europa es durante los siglos XI y XII, más o menos al mismo tiempo que los otros nueve números indoárabes comienzan a utilizarse ampliamente, primero como señal de un lugar en las tablas matemáticas de Gerberto y otros, luego como un dígito en la notación de posición. Tardó más tiempo idear el cero como número real en las ecuaciones matemáticas, aunque a principios del siglo XVII, el cero y la notación de posición eran lo bastante conocidos para que William Shakespeare los utilizase como metáfora de gratitud infinita en *El cuento de invierno*, de 1610:

[...] por consiguiente, como cifra ocupando de continuo un rico número, multiplicaré con un solo «Os lo agradecemos» los miles y miles de agradecimientos que la preceden.
(Trad. de Astrana Marín.)

Esta reticencia sobre algo tan básico como los números empieza a explicar por qué se tardó tanto en reformar el calendario, un proceso mucho más difícil y complicado que decidir si poner 5 en lugar de V, o 365 y no CCCLXV. Pues a diferencia de los números (o del cero o de una fracción decimal), el calendario pertenecía a Dios, y se daba por supuesto que era un horario inmutable de fe y adoración que nadie habría osado poner en duda, ni siquiera los émulos de Beda y Hermann el Cojo. Lo cual volvía cada vez más confusa toda la cuestión del tiempo y del calendario, mientras Europa despertaba y el tiempo dejaba de ser algo que podía pasarse por alto o dejar exclusivamente en manos de Dios.

Tanto si a los tradicionalistas les gustaba como si no, el tiempo seglar se estaba restableciendo en Europa y con él la necesidad de volver a valorar la naturaleza del tiempo... cómo medirlo, cómo utilizarlo y cómo entenderlo. Este tema estaba en el centro de una cuestión mucho más peliaguda: cómo reaccionar ante el influjo de nuevas ideas que en algunos casos cuestionaban directamente, no sólo detalles del dogma de la Iglesia, sino las creencias fundamentales de toda la sociedad. Sería el dilema central de los estudiosos de 1100 a 1300: cómo dar cuenta de un conocimiento que parecía venir de ninguna parte y que, en esencia, ofrecía una nueva clase de religión que ponía su fe en la observación y la lógica. Fue este debate el que recorrería Europa durante la Alta Edad Media, principalmente en las aulas y pasillos de otra gran invención de esta época: las universidades.

11

La batalla por el tiempo

*Desde que el concilio ecuménico prohibió las modifica-
ciones del calendario, los estudiosos posteriores han
tenido que tolerar errores.*

JUAN SACROBOSCO, 1235

Imaginemos el hijo de catorce años de un rico armador de
Pisa o al segundón de un próspero hidalgo de Kent, alrededor del 1240. ¿Cómo habrían reaccionado al enterarse de que
su padre, con el apoyo del señor del lugar, lo iba a enviar a la
Universidad de Bolonia o de Oxford?

No habrían tenido mucha idea de los nuevos conocimientos que estaban llegando a Europa. El de Pisa habría
podido ver en el puerto a comerciantes árabes de piel oscura
y turbante regateando con su padre y garabateando extraños símbolos numéricos que diferían de los utilizados en latín. También es posible que hubiera oído hablar a antiguos
alumnos de los patios de Bolonia, donde profesores de toga
negra pronunciaban charlas y revelaban secretos de los antiguos: conocimiento poderoso que su padre quería que él
aprendiera para ayudar a la familia. Pero también era conocimiento peligroso, o eso le habría dicho un sacerdote local o anciano que mirase por el bien espiritual del muchacho, que le advertiría que tuviera cuidado con las ideas que
podían ofender a Dios y a la Iglesia.

Los jóvenes de Kent y Pisa habrían abandonado la
casa familiar a principios del otoño, poco antes de que empezaran las clases o poco después del día de San Miguel, el
29 de septiembre. Además, los jóvenes probablemente no
daban mayor importancia a las fechas ni a la puntualidad
que la que le daban nuestro agricultor del Rin o el tejedor
de Francia del año 800. Ahora había ya clepsidras muy
exactas, aunque los relojes mecánicos todavía no se habían

inventado, al menos no hay constancia segura de que hubiera ninguno. Y a los campanarios públicos que daban las horas en la plaza del pueblo les faltaban aún varias décadas. Habría varios campanarios en las poblaciones cercanas a Pisa a principios y mediados del siglo XIV; el primer gran reloj que apareció en Inglaterra fue el del palacio de Windsor, de 1351.

Por otra parte, nuestros jóvenes habrían medido el tiempo levantando la vista al cielo, siguiendo el arco trazado por el sol, como hace Geoffrey Chaucer en *Los cuentos de Canterbury* para desplazarnos por la cronología de su viaje:

> *[...] comprobó que el astro rey había completado la cuarta parte, y media hora más, aproximadamente, del arco que recorre entre su salida y su puesta; aunque [el Hospedero] no poseía grandes conocimientos en la materia, se dio cuenta de que era dieciocho de abril, y observó que la sombra proyectada por cada árbol era igual en longitud a la vertical del mismo. Por la sombra calculó que Febo había alcanzado la altitud de cuarenta y cinco grados, y considerando la fecha y la latitud, llegó a la conclusión de que eran las ocho.*

Chaucer, que también escribió un tratado sobre el astrolabio, era sin duda más partidario de hacer tales «cálculos» que nuestros jóvenes de Pisa y Kent. No obstante, la inclusión en sus cuentos de referencias a los ángulos del sol sugiere que su público, a mediados del siglo XIV, estaba familiarizado con la idea, aunque incluso entonces los tiempos y medidas se dan por aproximación, «más o menos», como si esto bastara a los peregrinos que viajaban sin prisas hacia la ciudad más santa de Inglaterra.

Tras preparar un morral el día señalado, el hijo del hidalgo de Kent habría empezado pidiendo a Dios un viaje seguro en la fría oscuridad de la iglesia de su pueblo. Luego, antes de que el sol estuviera muy alto, habría echado a andar hacia Londres, posiblemente acompañado de un sirviente, por un camino como el descrito por Chaucer: lleno de correos, caballeros, monjes, mercaderes, zascandiles, bandoleros y peregrinos.

Londres le habría parecido inmenso a este joven pueblerino. Ciudad de unos 20.000 habitantes encerrados entre gruesas murallas de piedra, atraía a personas de toda Inglaterra y a unas cuantas del extranjero, con barcos que llegaban por el Támesis de lugares tan lejanos como Oriente Próximo. Los comerciantes compraban y vendían en mercados que olían a estiércol, perfume y especias exóticas. Nuestro futuro estudiante habría visto mendigos harapientos gimiendo por unos cuantos granos de cebada, cortesanos con los distintivos del palacio real, soldados con espadones en fundas atadas al cinto, y comerciantes de Francia e Italia calculándolo todo tan rápidamente con los ábacos que apenas se podía ver el movimiento de sus dedos.

Tras pasar la noche en una posada de Londres, el joven habría marchado hacia Oxford, siguiendo la serpenteante, estrecha y perezosa corriente del Támesis, y pasando ante setos encendidos con los colores del otoño y el terroso olor a campos labrados hasta el verano. Al llegar a las puertas de Oxford, el hijo del hidalgo habría visto una pequeña ciudad mercantil y soñolienta que se extendía junto al río y donde quizá unos cientos de estudiantes habían llegado a vivir entre los lugareños, que a menudo consideraban a estos jóvenes ruidosos y repelentes. Hubo un momento en que Oxford estuvo cerrado, entre 1209 y 1214; un estudiante mató a una lugareña y el populacho ahorcó a dos o tres estudiantes en represalia.

A menudo estos jóvenes se hospedaban en casas modestas de piedra y techo de paja en el barrio que rodeaba la catedral de Santa María. Nuestro segundón no habría visto ninguno de los grandes campus, bibliotecas y otros edificios actuales de la universidad, porque en 1240 todavía no habían sido construidos. La única prueba de que estaba en una ciudad universitaria era la vista de jóvenes y adultos vestidos con ropas negras; entre ellos una colección de profesores, quizá incluso Roger Bacon, que podía haber estado enseñando entonces en Oxford.

Respirando hondo, el segundón de Kent se habría metido en uno de los pequeños y estrechos edificios donde le habían dicho que el secretario de admisiones tenía el despacho, igual que el muchacho de Bolonia estaría paseando por una oficina equivalente para matricularse en aquella antigua ciudad del norte de Italia. Ninguno de los dos se daba cuenta de que iba al encuentro de lo desconocido, de algo diferente de cualquier cosa que sus padres y abuelos hubieran podido imaginar, una nueva forma de enfocar el mundo que ya estaba convirtiendo la universidad en un gran campo de batalla intelectual entre las fuerzas de la fe y las de la razón, entre lo sagrado y lo profano. Esta batalla alteraría para siempre la forma en que los europeos se concebían a sí

mismos y al universo, y haría que la percepción fundamental
del tiempo pasase del «más o menos» a expectativas crecien-
temente exactas en las generaciones posteriores a nuestros
mozos de Kent y Pisa.

Las universidades no empezaron siendo crisoles de una revolución intelectual. Originalmente conocidas como *univer-
sitas magistrum* o *scholarium* (universidad de maestros, o
de estudiantes), al principio eran poco más que reuniones de
estudiantes en algunas ciudades, atraídos por maestros cuya
fama les permitía cobrar emolumentos. Muchos de los primeros profesores de universidad venían de las filas de traductores que habían ido a Toledo y a Sicilia y vuelto para enseñar los «secretos» de Aristóteles, al-Biruní y Euclides. Estas
universidades funcionaban en patios y mesones alquilados,
los estudiantes más ricos alquilaban sus propias habitaciones, y los de menos recursos, como el hijo del armador y el
segundón del hidalgo, vivían o con sus maestros o en posa-
das y mesones locales. El espíritu de estos enclaves era de
aventura compartida en el estudio, una profunda experiencia para los jóvenes que llegaban de Pisa, de Kent o de cualquier otra parte. Los estudiantes con inclinaciones eclesiásticas o con apuros económicos y necesitados de albergue
gratis, se unían a cualquiera de las nuevas órdenes católicas ligadas a las universidades, como los franciscano y los
dominicos.

El más grande de aquellos tempranos maestros fue Pedro Abelardo (c. 1079-1144), hijo de un pequeño hacendado
bretón y defensor de la lógica de Aristóteles, de moda a la
sazón. Profesor fascinante, a veces se le atribuye el mérito
de haber atraído en solitario a los primeros grupos de estudiantes que hicieron posible la Universidad de París. El joven Abelardo representaba a los interesados por el nuevo
estilo del conocimiento del siglo XII. Brillante e incansable
en el estudio, libre y apasionado en su vida y modo de ser,
simbolizó el paso radical de las perspectivas monásticas a
una búsqueda abierta y dialogada de la verdad, a través del
poder ilimitado del intelecto.

Como era de esperar, los conservadores criticaron el
nuevo pensamiento y todo el proyecto de las universidades,
desatándose así una batalla de siglos entre los tradicionalistas y los hombres como Abelardo. Ya en 1060, un poderoso cardenal, Pedro Damián (1007-1072), advirtió que el
nuevo pensamiento representaba un grave peligro para los
cimientos de las creencias medievales y podría finalmente

3

33

causar un cisma entre el mundo de la razón y el de la fe. Él y otros de parecida inclinación contemplativa se preocupaban no sólo de las ofensas que se hacían a Dios, sino de los efectos desestabilizadores que tendría sobre los fieles la destrucción de los presupuestos de la Iglesia. Críticos menos filosóficos condenaban las nuevas enseñanzas sin más, llamando herejía a cualquier cosa que contradijera a la Iglesia. A pesar de todo, las universidades proliferaron. La primera universidad europea fue la de Bolonia, que recibió autorización oficial en 1088. París la recibió en 1150 y Oxford en 1167, aunque la avalancha no llegó hasta los siglos XIII y XIV, cuando se inauguraron oficialmente docenas de estudios generales, desde Salamanca (1218) hasta Cracovia (1364).

El curso universitario comenzaba con enseñanzas de cuatro o cinco áreas generales: teología, derecho, medicina, artes o filosofía y música. Los maestros también enseñaban lo que se conocía de astronomía, matemáticas y otras ciencias, aunque estos temas más empíricos tendían a quedar eclipsados por la profunda polémica filosófica y teológica tocada por Hermann el Cojo, promulgada por los árabes y vociferada por Abelardo: qué hacer con las crecientes pruebas de que existían dos verdades, la de la Iglesia y la sugerida por la naturaleza y la razón.

No era precisamente un conflicto nuevo. Era la repetición de un antiguo debate del otoño del Imperio romano, descrito por san Agustín como un enfrentamiento entre la «ciudad de Dios» y la «ciudad del hombre». También se había remozado la vieja disputa entre, por una parte, la noción aristotélica de lo particular y lo individual, de empirismo y lógica, y, por la otra, el ideal platónico de que lo general y lo universal lo son todo, y de que la perfección existe pero está más allá de la comprensión humana. En la Antigüedad había habido una oscilación pendular entre estos dos puntos de vista, con César y la Roma de los antiguos emperadores representando el movimiento hacia lo secular, y Constantino y luego Agustín representando el impulso opuesto hacia lo sagrado.

En la Europa de la Alta Edad Media, este debate había vuelto con toda su furia para convertirse en un argumento característico de la época, que bien podía o empujarla hacia una nueva edad de empirismo y secularismo o mantenerla en un mundo de misticismo y fe.

Durante varios siglos, hasta mucho después de Copérnico e incluso de Galileo, las consecuencias no estuvieron claras. El mismo Abelardo fue aniquilado al final, en parte por haberse apartado del buen camino al cortejar a Eloísa, joven de quince años y sobrina de un prominente canónigo de París; tuvo un hijo con ella y aquello bastó para que el encolerizado tío de la muchacha hiciera castrar al sabio profesor. De mayores consecuencias para la actividad docente de Abelardo fue su tendencia a fastidiar a sus enemigos publicando obras como *Sic et non*, que exponía con claridad las contradicciones de varios ideólogos de la Iglesia sobre importantes puntos teológicos. También puso en duda los juicios ortodoxos sobre la naturaleza de Dios, Cristo y el Espíritu Santo, una llaga del catolicismo abierta desde la época de Constantino, cuando el Concilio de Nicea condenó el arrianismo por este mismo asunto.

Después de haber sido acusado de herejía por sus ideas, Abelardo se retiró a un eremitorio, llegó a ser abad y finalmente fue juzgado por sus enemigos, en cabeza de los cuales estaba Bernardo de Claraval (1090-1153). Dirigente de un movimiento que propugnaba más misticismo y confianza en la fe, nada menos, Bernardo habló por boca de la vieja guardia cuando criticó a quienes estudiaban «sólo porque querían saber», insistiendo en que «tal curiosidad [...] es condenable». Tras llamar a Abelardo «hidra de maldad», condenó todo estudio que no fuera directamente necesario para servir a Dios y afirmó que el único camino hacia la verdad era conservar «pura la conciencia e inquebrantable la fe».

La caída de Abelardo no sofocó el nuevo pensamiento, como sin duda esperaba Bernardo. Pero recordó a los estudiosos la necesidad de ser prudentes en lo que decían y escribían, al menos en público. «Cuando el tema de la disputa puede explicarse con más claridad mediante las reglas del arte de la lógica —escribió el estudioso y eclesiástico italiano Lanfranco (c. 1005-1089), confidente de Guillermo el Conquistador y más tarde arzobispo de Canterbury—, yo oculto las reglas de la lógica todo lo que puedo entre las fórmulas de la fe, porque no deseo que parezca que pongo más confianza en este arte que en la verdad y autoridad de los Santos Padres.»

A pesar de todo, un creciente número de intelectuales siguieron el ejemplo de Abelardo, buscando la verdad a través de la lógica y la naturaleza... aunque pocos tan efectivamente como un árabe de Córdoba llamado Abú al-Walid Mohamed ibn Rushd (1126-1198), conocido en Occidente con el nombre de Averroes. Con quince años cuando murió

Abelardo, Averroes vivió en una época en que también el mundo islámico se había cerrado en un debate entre lo sagrado y lo profano, con las mismas consecuencias desmesuradas. El gran Imperio islámico había desaparecido hacía tiempo y en su lugar proliferaban mudables emiratos y sultanatos que tendían a ser conservadores en religión y sin interés por el estudio. Y con el Imperio se había ido la época de la Casa de la Sabiduría, cuando Aristóteles y Mahoma podían estudiarse a la vez. Durante mucho tiempo la gran excepción había sido la España musulmana, aunque por aquellas fechas estaba ya gobernada por norteafricanos más ortodoxos que los anteriores emires, incluso mientras lentamente perdían territorio ante los cristianos.

Tal era el telón de fondo sobre el que el médico, juez y filósofo Averroes escribió lo que los europeos consideraron los más completos y aclaratorios comentarios sobre Aristóteles y el universo aristotélico. Así como Aristóteles era «el Filósofo», la obra de Averroes se conoció desde entonces como «el Comentario». Averroes intentó resolver el dilema entre lo sagrado y lo profano insistiendo en que podían coexistir dos verdades contradictorias: una para la ciencia y la «razón natural» y otra para la «revelación». Según su filosofía:

Cuando se plantea un conflicto, hay que limitarse a decir: he aquí las conclusiones a que he llegado como filósofo, pero como Dios no miente, me atengo a la verdad que se nos ha revelado y a ella me ciño por fe.

Al principio, la «doble verdad» de Averroes estuvo mal vista. Luego fue atacada con violencia tanto por las autoridades religiosas de la Europa cristiana como por las de la Córdoba islámica. Tras decir que Aristóteles no era un dios, sino un hombre y por lo tanto falible, tanto obispos como imanes pusieron objeciones a la insistencia de Averroes en que la ciencia estaba en pie de igualdad con la verdad divina. Además les horrorizaba la afirmación averroísta de que aunque la ciencia probara que Dios era el motor mecanicista del universo, el mismo Dios era una «máquina» totalmente apartada de los asuntos humanos. Según Averroes, eran las leyes de la naturaleza (de la máquina en cuestión) las que mantenían la eternidad del universo y del paso del tiempo. Esta idea negaba buena parte del meollo de las creencias cristianas y musulmanas, incluyendo la creación, la doctrina de un Dios activo y totalmente comprometido, y la inmortalidad del alma individual.

Sin embargo, las ideas de Averroes tuvieron eco en muchos intelectuales cristianos de Europa, que avanzaban hacia un gradual replanteamiento del tiempo. Por ejemplo, hacia 1200, un matemático y enciclopedista normando llamado Alejandro de Villedieu sugirió que podía haber dos verdades en la medición del tiempo. No mencionaba directamente la obra de Averroes y como pío católico le habría horrorizado que hablaran de él y de aquel árabe medio hereje en la misma frase. Todo lo cual no le impidió utilizar números hindúes y razonar en el mismo sentido que Averroes cuando dividió la medición del tiempo en dos categorías: lo que llamó cómputo filosófico o tiempo medido por la ciencia, que era infalible; y lo que llamó tiempo eclesiástico o cómputo vulgar (popular), «la ciencia de dividir el tiempo según la costumbre de la Iglesia». Pero Alexander eludió la polémica potencial de estas categorías diciéndonos que no quería analizar el cómputo filosófico, sino que limitaría sus comentarios al eclesiástico.

El maestro italiano Tomás de Aquino (1225-1274) acabó por resolver el dilema, al menos temporalmente, negando la coherencia de la doble verdad. Expuso que, en realidad, ambas «verdades» apuntaban en la misma dirección: hacia Dios y hacia el universo de ideas y costumbres creado por Dios. Para hacer esto, el Aquinate hizo la atrevidísima afirmación de que los universales platónicos se podían probar con la lógica aristotélica. En otras palabras, este brillante filósofo y teólogo italiano, nacido en un castillo de los nobles condes de Aquino y educado en Nápoles y Colonia, intentó unir los mundos de Aristóteles y Platón.

Parte de la explicación de Tomás radicaba en la teoría de que el tiempo y el universo no podían ser eternos, como aseguraba Aristóteles, sino que tenían que haber empezado con un motor inmóvil, que Tomás afirma que es Dios. Entonces comenzó su maciza *Suma teológica*, en la que trabajó hasta su muerte, acaecida en 1274, para demostrar, con las reglas de la ciencia según Aristóteles, la realidad de la perfección de Dios, de la Creación, de la existencia del alma humana y de los fundamentos éticos de la virtud cristiana. Este intento de conciliación entre los sagrado y lo profano dio paso a la gran solución de compromiso de la Edad Media, que permitió a los intelectuales de ambas partes de la frontera de la doble verdad algún espacio para respirar.

Pero la obra de Tomás, al principio, no la recibieron bien ni los seguidores de Averroes, que le encontraron defectos lógicos, ni la Iglesia. Al principio, los dirigentes conservadores de la Iglesia condenaron la *Suma* por ser abiertamente radical, aunque sólo una generación después de la muerte de Tomás, su filosofía fue aceptada por la Iglesia. Se convirtió en la respuesta teológica oficial al nuevo conocimiento y en la réplica a Averroes, un aspecto que se resalta en una pintura de esta época, en la que vemos a un Tomás gigantesco, sentado en un trono, y «aplastando» con los pies a un pequeño y barbudo Averroes con turbante. Tomás fue santificado en 1323.

Durante un tiempo, la filosofía de santo Tomás tranquilizó a los conservadores y a los estudiosos que compartían la intranquilidad de Alejandro de Villedieu a la hora de reconocer verdades que al parecer contradecían a la Iglesia. Pero también dio una especie de luz verde a ciencia para buscar sus propias verdades, aunque dentro de unos límites estrictos, como descubriría Bacon y, muchos años más tarde, Galileo. Otra pintura de la época lo pone ampliamente de manifiesto; en ella vemos a un gigantesco san Agustín, vestido con brillantes ropajes, aplastando con los pies a un pequeño Aristóteles, vestido con una sencilla túnica. Sin embargo, la solución de compromiso del Aquinate tuvo por lo menos la ventaja de calmar el debate teológico global, así que hombres como Bacon pudieron empezar a dirigir la atención hacia la utilización del nuevo conocimiento de los griegos, árabes e hindúes hacia objetivos científicos, más que a ganar puntos en fogosos debates filosóficos.

Pero Averroes y otros sabios islámicos de parecida orientación ni siquiera obtuvieron esta victoria parcial en su propio territorio. Hacia el final de la vida de Averroes, las fuerzas conservadoras atacaron las famosas escuelas de Córdoba, denunciando a Averroes y a otros intelectuales, y más tarde condenando su trabajo. Porque mientras Europa finalmente empezaba a absorber el conocimiento que los árabes habían llevado hasta sus fronteras, el Islam estaba entrando en un periodo de alborotos políticos y amenazas externas, de los mongoles y otros, que produjo el rápido enfriamiento de su vida intelectual.

Con el destino del alma humana y unas creencias de mil años en la balanza, las empresas científicas fueron más bien pasatiempos para intelectuales durante los siglos XII y XIII. Por ejemplo, Pedro Abelardo rechazó las matemáticas, la astronomía y prácticamente toda la ciencia, al afirmar en 1140 que «la filosofía puede hacer más que la naturaleza». En cuanto a la medición del tiempo, la puso en la misma

baja categoría que la usura, útil en los venerables patios
universitarios sólo para quedarse con el dinero de los estudiantes según el tiempo transcurrido. Santo Tomás de Aquino, un siglo después, se manifestó con igual desprecio por la
medición del tiempo, negándose a permitir que fuera real
en términos aristotélicos. Como Abelardo, santo Tomás ar-
guyó que de las ciencias teóricas debía excluirse fijar el
tiempo, que también clasificó como un modesto arte mecánico, indigno de la consideración del sabio. Incluso los que
meditaban los nuevos textos con la intención de saber más
de ciencias, se limitaban a leer a Tolomeo, Galeno, Euclides
y a los astrónomos árabes, sin aplicar sus antiguas ideas al
mundo contemporáneo.

Sin embargo, aún quedaba un desperdigado puñado de
sabios que estudiaba a fondo los nuevos conocimientos, trataba de darles sentido y procuraba aplicarlos a todo, desde
la anatomía humana hasta medir el tiempo con más precisión.

Uno de los primeros computistas comprometidos con el
nuevo conocimiento fue Raniero de Paderborn (hacia mediados del s. XII), deán de la catedral de Paderborn, al norte
de la actual Alemania. Hoy casi olvidado, Raniero escribió
un tratado en 1171, *Computus emendatus*, que aplica los
nuevos números y matemáticas hindúes a las viejas fórmulas del cómputo de la Pascua de Resurrección y prueba que
el viejo ciclo lunisolar de 19 años no concordaba con los auténticos movimientos de la tierra y la luna. Este error com-
portaba la pérdida de un día cada 315 años, es decir, que
cada 315 años, el ciclo de 19 años lunisolares se saltaba un
día del calendario juliano. Las mediciones de Raniero también le llevaron a la conclusión casi hereje de que todos los
intentos de los computistas para fechar la edad del mundo
y crear una cronología de la historia desde la creación, estaban equivocados, habida cuenta de los errores del calendario.

En 1200, Conrado de Estrasburgo escribió que el solsticio de invierno se había retrasado unos diez días desde
la época de César. Las estimaciones de Conrado mitifica-
ron la cantidad de 10 días entre los computistas partidarios de la reforma, aunque no sabían si había que calcular
el desajuste producido desde el año 45 a.C., fecha de fundación del calendario juliano, o desde el Concilio de Nicea de
325, cuando los computistas de entonces fijaron el equinoccio en 21 de marzo.

Pocos años después de Conrado, el estudioso inglés Roberto Grosseteste (c. 1175-1253) volvió a calcular el desliz

lunisolar de Raniero y lo corrigió hasta ganar un día cada 304 años, más cercano al actual desajuste respecto del año juliano, que es de un día cada 308 años y medio. También propuso una solución: que se quitara un día del calendario lunar cada tres siglos. Grosseteste, rector de la Universidad de Oxford y más tarde obispo, también estudió a fondo las medidas del año solar, confirmando de una vez para siempre que los valores alcanzados por Hiparco, Tolomeo, al-Battani, y otros árabes y griegos eran superiores a los elaborados por Beda y siglos de computistas. Esto le llevó a sugerir un nuevo punto de partida para el cálculo de la Pascua de Resurrección: un equinoccio de primavera que comenzara el 14 de marzo en vez del 21, para compensar el desajuste acumulado durante varios siglos. Grosseteste también es recordado por las convenciones que introdujo en la ciencia. Conocido por sus obras sobre geometría y óptica, así como sobre astronomía, fue un temprano partidario de utilizar la experimentación y la observación para comprobar teorías. Era una idea para la que su época no estaba preparada. Porque mientras muchos intelectuales estaban intentando reconciliar las contradicciones entre el nuevo conocimiento y el viejo dogma, Grosseteste estaba dando el siguiente paso y tratando de reconciliar las contradicciones entre la razón y la experiencia, entre el nuevo conocimiento tal como estaba escrito en los libros y las pruebas empíricas.

En la época de Grosseteste, pocos computistas serios negaban que hubiera errores en los calendarios lunares y solares. Pero esto no quería decir que todos estuvieran a favor de la reforma. Otro inglés, John of Holywood, llamado Juan Sacrobosco (c. 1195-1256), puso de manifiesto los errores hasta los minutos y segundos utilizando un astrolabio y un profundo conocimiento de las matemáticas y de la astronomía árabe, griega e india. Sin embargo, sólo fue capaz de ofrecer una modesta reforma del calendario solar: restaurar el orden del calendario eliminando un año bisiesto cada 288 años. Por otra parte, Juan siguió ciegamente el consejo de Beda relativo a seguir la «costumbre universal» de aceptar los errores, insistiendo en que la Iglesia era la autoridad definitiva. Refiriéndose al Concilio de Nicea de 325, escribió: «Desde que el concilio ecuménico prohibió las modificaciones del calendario, los estudiosos posteriores han tenido que tolerar errores.» La reticencia de Juan encontraría eco entre los estudiosos. Durante trescientos años su manual

sobre el cómputo fue de uso habitual en las universidades.
Incluso los protestantes lo reeditaron en 1538, poco después
de transformar la Universidad de Wittenberg en una institución luterana.

El universo tolemaico; Astrología dirigiendo
la atención de Sacrobosco hacia Tolomeo;
de *Urania ptolomaeus* (1538).

A este barullo de mediados del siglo XIII llegó Roger Bacon, otro visionario agitador en la línea de Abelardo. No
sólo abrazó la causa de Roberto Grosseteste, empujar la reforma del calendario, sino que además apoyó incondicionalmente lo que aquél había defendido, el empirismo y la objetividad en la ciencia. Adelantándose aún más a su tiempo
que Grosseteste, Bacon exigió que los estudiosos dejaran de
hablar y discutir, y empezaran a *hacer*. En su *Opus maius*,
escrito en 1260-1270, la misma década en que santo Tomás
de Aquino estaba trabajando en su *Suma teológica*, Bacon
escribió:

> *Los latinos han echado los cimientos del saber so-*
> *bre los idiomas, las matemáticas y la perspectiva;*
> *yo quiero fijarme ahora en los cimientos aportados*

*por la ciencia experimental, porque sin experiencia
no se puede saber nada completamente.*

En la que tal vez sea su página más famosa, Bacon ilustra vivamente su punto de vista:

*Si alguien que nunca ha visto el fuego demuestra a
través del razonamiento que el fuego quema, cambia las cosas y las destruye, la mente de su oyente
no quedará satisfecha con eso, y no evitará el fuego
sin haber puesto la mano o algo combustible en las
llamas, para probar con la experiencia lo que el razonamiento le ha enseñado. Pero una vez que ha tenido la experiencia de la combustión, la mente se
calma y descansa a la luz de la verdad. Este razonamiento no es suficiente [...] se necesita la experiencia.*

Tan celoso de su causa como Abelardo del uso de la lógica siglo y medio antes, Bacon argumentó que la naturaleza había sido establecida por Dios y por lo tanto necesitaba ser explorada, probada y absorbida para acercar a la gente a Dios. Advierte que no abrazar la ciencia es una afrenta a Dios y una vergüenza para los cristianos, que se ven obligados a reconocer la superioridad de la ciencia árabe.

Uno de los principales ejemplos de esta vergüenza, dijo, era la costumbre de los computistas y matemáticos cristianos de redondear los números en lugar de calcularlos con precisión. Fue un codazo intencionado contra los medidores del tiempo como Beda y el contemporáneo de Bacon, Juan Sacrobosco... los que admitieron que había errores en el calendario pero se conformaron con aproximaciones en lugar de enfrentarse a la Iglesia. Esto había desembocado, escribe Bacon, en un calendario que aquel mismo año (1267) estaba creando confusión entre los devotos cristianos.

*Los errores que he mencionado son terribles por sí
mismos, pero no pueden ni compararse con los hechos que hoy se afirman. Todas las solemnidades
de la Iglesia están sumidas en confusión por culpa de estos errores sobre el comienzo de la lunación
según el calendario, así como por los errores cometidos en la determinación de los equinoccios. Y por
no referirme a otros años para buscar indicios de
este error, señalaré que lo mismo sucede el año actual.*

Lo cual hace con detalle, explicando lo que esto significaba para los píos cristianos, en términos más duros que los
que Raniero de Paderborn o Roberto Grosseteste se hubieran atrevido a emplear:

Por lo que la fiesta de la Pascua de Resurrección,
que es la salvación del mundo, no se celebrará en su
debido momento, aunque este año el ayuno cae
durante toda la semana verdaderamente pascual.
Pero el ayuno continúa durante ocho días más de lo
debido. De aquí se sigue otro inconveniente de que
el ayuno de Cuaresma comience ocho días más tar-
de; que los cristianos comerán carne en la verdadera
Cuaresma durante ocho días, lo cual es inadmisi-
ble. Y una vez más, ni las Rogativas, ni la Ascen-
sión, ni Pentecostés se celebrarán este año en la fe-
cha que les corresponde. Y tal como ocurre esto en
1267, ocurrirá el año que viene.

El fervor de Bacon por corregir errores obvios vino en
parte por la creencia de que el Anticristo estaba a punto de
llegar; poco después de este suceso se acabaría el mundo.
Esto dejaba a los cristianos poco tiempo para utilizar la
ciencia para poner en orden la vida civil y perfeccionar el estilo de vida cristiano, o eso argumentó Bacon en su extraña
amalgama de ciencia y espiritualidad.

Sin embargo, Bacon no se detuvo en las condenas. Pidió un cambio y llevó el caso directamente al papado cuando en 1265, de manera inesperada, le dio la oportunidad
Guy Foulques el Gordo, futuro papa Clemente IV.

Pero Bacon no estaba detrás de una sencilla solución
mecánica. Enmarcó su argumento filosóficamente dividiendo el tiempo en tres categorías: el «designado por la naturaleza [...] por la autoridad y [...] por la costumbre y el capricho». Definió el tiempo natural como el paso mensurable de
los años, las estaciones, los meses y los días: el tiempo de la
autoridad como el usado en los calendarios civiles y eclesiásticos; y el tiempo de la costumbre como cuando el pueblo
impone periodos arbitrariamente, por ejemplo meses con
28, 29, 30 o 31 días.

Bacon tomó de Beda esta definición tripartita, aunque
el venerable monje había llegado a la conclusión de que la
autoridad del tiempo de Dios superaba al resto. Bacon argumentó lo contrario: que el tiempo natural era el tiempo de
Dios, y que el tiempo interpretado por una autoridad como la
Iglesia podía estar equivocado. Esto ponía el apoyo filosófico

que, desde el punto de vista de Bacon, daba a Roma el derecho y la obligación de corregir el calendario, tanto por ser la única autoridad en Europa capaz de ordenar un cambio como por ser representante de Dios en la tierra.

Pero Roma todavía se debatía sobre lo que hacer con Abelardo y el ataque de la razón, y no parecía preparada para dar varios pasos adelante y abrazar la idea primordial de Bacon: que el intelecto humano, a través de la experimentación y la observación, podía corregir y desmentir las enseñanzas fundamentales de la Iglesia. Es pues un misterio si Clemente IV compartía las ideas de Bacon o si habría sido sensible a sus demandas de reforma si hubiera vivido.

Una cosa está clara: los consejeros de Clemente, los que recibieron y posiblemente echaron una ojeada a la obra del fraile, no fueron sensibles. Después de la muerte del pontífice, en San Pedro no volvió a hablarse de Bacon. Años más tarde, el jurista y obispo francés Guillermo Durando (c. 1230-1296), que ingresó en la administración pontificia durante el papado de Clemente, escribió un volumen completo sobre la medición del tiempo sin mencionar siquiera a Roger Bacon.

El cambio estaba en el aire cuando comenzó el año 1300, pero no procedía, al menos en gran medida, de los interminables debates ni del escolasticismo de las universidades, ni de las doradas basílicas de Roma, sino, más que nunca, de los mercaderes, los comerciantes, los banqueros, los reyes, los generales, los armadores y otras gentes de mentalidad práctica. Los que sentían una profunda necesidad no sólo de medir el tiempo con exactitud, sino también de encontrar formas mejores de construir barcos, plantar mijo, confeccionar espadas y construir almenas. Hacia 1290, la palabra cómputo dejaba de significar sólo cálculo de la Pascua para abarcar acepciones relacionadas con otros cálculos. Además, en 1250 la palabra italiana *conto* todavía quería decir cálculo del tiempo, mientras que una generación más tarde, el joven Dante Alighieri (1265-1321) escribía poemas de amor en los que la palabra *conto* describe la relación entre dos amantes, no física, sino de economía y contabilidad, es decir, cómo los amantes calculan y hacen balance de los ingresos y los gastos. La palabra latina *computare* se estaba relacionando estrechamente con la economía, con *conto* en italiano, *cuenta* en español y más tarde *Konto* en alemán, todas con el significado de contar o calcular, no las estrellas ni las epactas de los ciclos lunares, sino dinero.

Al mismo tiempo, una especie de calendario civil estaba empezando a tomar cuerpo, junto con el renovado sentido del tiempo lineal, imprescindible para conducir negocios y gobiernos. Esta nueva época estuvo determinada por el papa Bonifacio VIII, que declaró 1300 año del «siglo», y lo señaló como año de jubileo para celebrar los trece siglos de cristianismo, comenzando una tradición que continúa hasta el presente, con años de jubileo celebrados cada cuarto de siglo. La idea de Bonifacio atrajo a 20.000 peregrinos, seducidos por el espectáculo y por la oferta papal de indulgencias especiales. El acontecimiento señaló igualmente una nueva conciencia del calendario, y el triunfo final del sistema de Dionisio el Exiguo de contar los años desde el supuesto nacimiento de Cristo.

También fue un intento por parte de Bonifacio de acentuar la primacía de Roma en una época en que el papado era cuestionado por el poder y la autoridad de reyes, duques y condes, y por lo que luego serían modernos gobiernos de estado, con sus ministros, abogados, organismos fiscales y burócratas. El año del jubileo recordaba los lujosos festines celebrados por los antiguos emperadores romanos en aniversarios especiales, y su misión era poner de manifiesto la supremacía de Roma y el dominio papal entonces y para siempre. Este sentimiento se hizo más claro dos años después, cuando Bonifacio publicó una bula que ordenaba a todos los cristianos reconocer la supremacía del Papa en todas las materias. Dirigida principalmente contra sus enemigos contemporáneos, esto es, Eduardo I de Inglaterra y Felipe IV de Francia, el Papa decía en la bula: «Por lo tanto declaramos, afirmamos, definimos y decretamos que es totalmente necesario para la salvación de todas las criaturas humanas que sean súbditas del Papa de Roma.»

Dice mucho del cambio en Europa que un papa necesitara lanzar semejante proclama sólo cien años después de que el papa Inocencio III gobernara con supremacía indiscutible. Aún dice más que Felipe, que había estado litigando con Roma por su derecho a gobernar el clero y a gravarlo con impuestos, conspirara para secuestrar a Bonifacio y llevarlo a París. Tras asaltar un palacio donde el papa había ido a escribir una orden para excomulgar a Felipe, los esbirros del rey tuvieron secuestrado al papa durante tres días, hasta que Bonifacio fue rescatado. El Papa murió un mes más tarde, al parecer a causa del susto producido por el incidente.

Momento crítico de la historia europea, esta intriga de folletín simbolizaba el creciente poder del secularismo en la política en un momento en que Abelardo y Bacon señalaban el comienzo de un secularismo del intelecto. También desencadenaría un siglo de caos en el papado, que no pudo eludir las luchas y juegos de poder entre los grandes potencias que se estaban formando en Europa. En 1309 un papa protegido por los franceses fue coronado en Lyón y estableció su residencia en Aviñón, comenzando así una ausencia de la ciudad santa que duraría sesenta y ocho años y casi dividió a la Iglesia.[23]

Sin embargo, en los años inmediatamente posteriores al del jubileo de Bonifacio, la actitud general de los europeos seguía siendo positiva: el comercio crecía, la población también y había frecuentes brotes de pensamiento original. Los comienzos del siglo XIV fueron la época de Dante, que en 1321 terminó *La divina comedia*, una obra llena de alusiones al tiempo, que por entonces se estaba convirtiendo en asunto no sólo de eclesiásticos, mercaderes y científicos, sino también de poetas. En la cantiga del Paraíso, el narrador de Dante (llamado también Dante) describe el origen del tiempo, lo que él llama *primum mobile*, un círculo celeste situado por encima de todos los cielos planetarios. Esta, dice, es la fuerza invisible e inamovible de la mente divina que dirige las revoluciones diarias de los planetas alrededor de la Tierra, la cual, lógicamente, está en el centro:

> *La natura del mundo, que está quieta*
> *en su centro, mas todo en torno mueve,*
> *comienza aquí desde su propia meta;*
> *y este cielo asentarse sólo debe*
> *en la mente divina, en que se enciende*
> *el amor por quien gira y virtud llueve [...]*
>
> *Y cómo el tiempo tenga en este tiesto*
> *las raíces y en otros dé las frondas*
> *desde ahora puede serte manifiesto.*
> (Trad. de Ángel Crespo.)

Es una versión poética de las verdades complementarias del Aquinate, del motor inmóvil y universal de Platón, situado en una jerarquía aristotélica en la que la causa y el efecto están claros. Se invita al lector a «contemplar» el fun-

---

23. Entre 1378 y 1417 hubo papas rivales en Aviñón y en Roma.

cionamiento interno de los cielos (y, en partes anteriores, el infierno y el purgatorio) y a unirse a Dante el peregrino en su deseo de entenderlos como parte del gran orden natural del universo de Dios.

Fue también la época del poeta Petrarca, del pintor Giotto y del escultor Nicolás Pisano; la época en que se fundaron docenas de universidades; la época en que los relojeros construyeron los primeros campanarios públicos en grandes ciudades de Europa, y en que los marineros genoveses pusieron el pie en las Islas Canarias como primer paso para la exploración europea de África y del océano Atlántico.

Para el calendario, sin embargo, pocas cosas interesantes sucedieron durante las primeras cuatro décadas del siglo XIV. Ya en 1345, el recién instalado Papa de Aviñón, el noble francés Clemente VI (1291-1352), pensó repentinamente que el calendario necesitaba reformarse.

No está muy claro por qué, pero parece que a Clemente le interesó el viejo problema de la Pascua de Resurrección y quizá fue sensible a los argumentos de Bacon de que un error tan evidente era una vergüenza para una cristiandad cada vez más preocupada por lo que pensaran de ella los no cristianos. Fueran cuales fuesen sus razones, aquel papa, conocido por su pompa, su extravagante forma de vida y su apoyo a las artes, el 25 de septiembre de 1344 envió cartas a expertos en el calendario, pidiéndoles que fueran a Aviñón a aconsejarle sobre la corrección del calendario. Durante su gobierno, el papa ordenó que los gastos de los estudiosos corrieran a cargo de los obispos locales.

El más importante de aquellos estudiosos fue Juan de Murs, un aristotélico de la Universidad de París que escribió dos obras hacia 1320-1330, en las que hablaba de pasada sobre el tiempo. En una compara el paso del tiempo con lo que ocurre cuando se toca o se canta una pieza musical, con su comienzo y su final. Juan llamó a esto tiempo natural, que interacciona con el tiempo abstracto o matemático, que es como se subdivide la música de acuerdo con medidas, notas y otras pausas.

En la respuesta que dirigió a Clemente en 1345, titulada *Epistola super reformatione antiqui kalendarii*, Juan y otro computista llamado Fermín de Belleval decían al Papa que la solución ideal para ajustar el calendario de César con el sol era eliminar del calendario el número indicado de días de un solo año. Añadían que determinar esto era relativamente sencillo, dada la exactitud de las últimas cartas celestes que figuraban en textos árabes y griegos, y en las observaciones de Raniero, Grosseteste y otros.

Juan advertía, sin embargo, que quitar días del calendario podría causar confusión en los gobiernos y en el comercio: discusiones sobre pagos y contratos, y quizá disturbios. También señaló que si los católicos cambiaban su calendario, celebrarían fechas santas fijas como Navidad en días diferentes que los cristianos de Oriente y de otras sectas cismáticas, retrasando la todavía importante meta católica de una Iglesia realmente universal.

Juan y Fermín fueron más optimistas sobre la reforma del calendario lunar de 19 años. Repasando el valor del error según Grosseteste, llegaron a un día ganado cada 310 años, apenas año y medio por debajo del auténtico valor juliano, que era de unos 308 años y medio. En 1345, escribió Juan, este error había acumulado un error de cuatro días. Sugirieron que el Papa devolviera el calendario lunar a su posición correcta quitando estos días del ciclo de 19 años, y ordenando que en lo sucesivo se quitara un día cada 310 años. El mejor año para empezar la reforma, dijeron, sería 1349, año siguiente a un año bisiesto y el primero del siguiente ciclo metónico de 19 años. Juan y Fermín esbozaron un calendario incorporando los cambios que proponían.

Clemente VI no respondió oficialmente a la propuesta, pero parece probable que estuviera de acuerdo con las reformas. Además, esta modesta corrección parecía tener probabilidades de aplicarse según se acercaba el año 1349... y posiblemente le seguiría una reforma del calendario solar.

Pero no iba a ser así. Porque mientras 1345 se convertía en 1346 y éste en 1347, el futuro de la reforma del calendario (y de la misma Europa) se decidía, no en la deslumbrante Aviñón, sino en una colonia genovesa de la lejana península de Crimea, donde una pequeña flota de barcos mercantes se estaba haciendo a la mar para cruzar el mar Negro y luego el Mediterráneo. Los marineros y mercaderes que iban a bordo de estos barcos y de otros que partían de varios puertos de Oriente transportaban algo más que especias y tejidos. En su sangre estaba creciendo y multiplicándose un cargamento microscópico que acabaría con la vida de muchos de estos hombres antes de llegar a su destino. Y con ellos moriría lo que había parecido en la época de Clemente VI un renacimiento en ciernes, un renacimiento que habría podido resolver el rompecabezas del calendario dos siglos antes de Gregorio y Clavio.

12

De la peste a Copérnico

*Cuando se estudió el calendario [...] no se encontró
solución alguna por la única razón de que la duración de los años y los meses, y los movimientos solar y
lunar, todavía no se habían estudiado lo suficiente
para estar bien determinados. Desde aquella época
he vuelto a interesarme por la observación de estos
fenómenos.*

NICOLÁS COPÉRNICO, 1543

En octubre de 1347, dos años antes de que empezaran las reformas del calendario de Clemente VI, los barcos genoveses
de Crimea llegaron al puerto siciliano de Mesina. Cualquiera que viera acercarse los bajeles se habría dado cuenta de
que algo iba mal. Avanzaban muy despacio y sólo unos pocos
remos se hundían en las aguas azules y cristalinas. Y cuando
los barcos echaron el ancla por fin, un espectador se habría
dado cuenta inmediatamente de la causa: que todos o casi todos los hombres que iban a bordo estaban muertos o a punto
de morir. Parecían almas en pena, con forúnculos y manchas
negros y extrañas hinchazones negras como manzanas en el
pecho, el cuello y la ingle de las que salían pus y sangre.

La epidemia era la peste bubónica y se extendió como
un incendio, en oleadas y hacia el norte, por Italia y otras
ciudades costeras del Mediterráneo. Originaria de China o
la India, no se sabe con seguridad, la bacteria *Yersinia pes-
tis* pasó a los humanos por las pulgas de las ratas. Pero nadie lo entendió así entonces, lo que añadió al terror el elemento de lo desconocido.

La epidemia podía acabar con cualquiera en tres días o
menos. Los testigos hablan de personas que se iban a la
cama sanas y morían antes de despertar. A veces los médicos cogían la enfermedad mientras visitaban a los pacientes y sucumbían antes que ellos. Se dice que el historiador
florentino Giovanni Villani (c. 1275-1348) murió dejando a
medias una frase que estaba escribiendo: «*E dure questa
pistolenza fino a...*» (Y dure esta peste hasta...).

En 1348, un inglés llamado Henry Knighton informó al Papa de que «habían muerto en Aviñón en un día mil trescientas doce personas». Otros hablan de 50.000 muertos en París y 100.000 en Florencia, con centenares diarios de víctimas en Pisa, Viena y otros lugares. Esto es, casi seguro, exagerado, ya que, para empezar, pocas ciudades tenían una población tan numerosa y es difícil dar con estimaciones más aproximadas. Probablemente unos 30 millones perecieron en unos dos años... un tercio de todos los europeos.

El horror impulsó al poeta Petrarca (1304-1374) a escribir a su hermano, después de saber que de las 35 personas que había en el monasterio en que vivía, sólo se habían salvado él y su perro.

Ay, querido hermano, ¿qué puedo decirte? ¿Por dónde empezar? ¿Adónde dirigirme? Por todas partes hay dolor, por todas partes miedo [...]. Pues sin rayos del cielo ni incendios de la tierra, sin guerras ni otras catástrofes visibles [...] casi todo el orbe ha quedado despoblado [...] casas abandonadas, ciudades vacías, campos descuidados, terrenos demasiado pequeños para sepultar a los muertos.[24]

Obviamente, nadie de aquella época se preocupaba por el calendario ni por la reforma planeada en 1349. Además, la súbita pérdida de tantos habitantes hundió el continente en una profunda crisis prácticamente en todos los frentes, económico, político e intelectual, de la que no se recuperaría hasta un siglo o más después.

Muchos creyeron que Dios había enviado la peste en un Diluvio de última hora para castigar una época infame de la que no se libraba una Iglesia que se había preocupado demasiado por la riqueza y los asuntos mundanos. Otros creían que eran los últimos días del género humano y que no importaba nada, así que se dedicaron a celebrar orgías y banquetes. La desconfianza resultante en toda autoridad dio paso finalmente a sublevaciones campesinas y a disturbios en toda Europa mientras los reyes y los clérigos intentaban, en vano, revivir el viejo orden feudal, que estaba empezando a agonizar de todas formas con el crecimiento del comercio en las ciudades.

A los europeos que huían de la peste también les repugnaba lo que pasaba por ciencia, que había sido totalmente inútil para impedir el desastre. Cuando el rey francés Feli-

---

24. Petrarca se inspira aquí en una carta de Cicerón.

pe VI pidió al profesorado médico de la Universidad de París una explicación, los médicos se dirigieron, no a la fisiología ni a las terapias, sino a las estrellas y al calendario. Finalmente culparon a una fecha: el 20 de marzo de 1345. Aquel día, dijeron, había habido una triple conjunción de Saturno, Júpiter y Marte en el grado 40 de Acuario, que no fue de buen augurio, al parecer. Aquellos médicos también admitieron causas «ocultas incluso para los intelectos mejor preparados», aunque la explicación de la peste que prevaleció entre los intelectuales fue la teoría de las estrellas. El folleto que prepararon los parisienses con esta explicación (en latín) fue reeditado y traducido a varios idiomas, entre ellos el árabe, y fue «refrendado» por médicos árabes de Córdoba y Granada.

Durante los años que duró la epidemia, el mismo tiempo pareció detenerse, pues la gente quería entender lo que había pasado. Fue un periodo en el que el tiempo fue realmente algo temible: el presente lleno de gemidos, de amigos y familiares agonizando, el pasado habitado por los muertos, y, para quienes creían que la epidemia era un castigo por los pecados de la humanidad, por pasadas infidelidades. En cuanto al futuro, nadie se atrevía a pensar en él. Era como si la gente estuviera conteniendo literalmente la respiración, tratando de exorcizar lo que un poeta galés llamó el «fantasma desarraigado» y preguntándose si realmente era el fin del mundo, y por lo tanto del tiempo, para toda la humanidad.

Sin embargo, mientras la peste seguía causando estragos, Europa estaba llegando a una coyuntura importante en su concepción del tiempo. A principios del siglo XIV, con los primeros relojes mecánicos, apareció la idea de hora como unidad seglar del tiempo. No tenía nada que ver con las antiguas «horas» canónicas utilizadas por los monjes, cuya intención no era tanto observar el tiempo como demostrar la fe de cada cual con el seguimiento de un día regulado por oraciones y actividades espirituales.

No se sabe cuándo ni quién inventó el reloj. En la tradición de la Edad Media, con su indiferencia por lo individual, lo único que sabemos es que en algún momento, después del año 1300, uno o varios inventores crearon con metal varias ruedas dentadas, unidas a un mecanismo de escape, que más tarde se ensambló con un engranaje, eje, poleas, pesas y «manecillas» para señalar intervalos de tiempo. El aparato se movía gracias a las pesas que bajaban lentamente, hacían girar la rueda dentada del mecanismo de escape y obligaban al eje a dar vueltas regulares, lo cual, a su vez, movía las manecillas. Más tarde se sustituirían las pesas por espirales y más tarde aún por muelles y péndulos.

Uno de los primeros diseños de reloj mecánico de pesas y poleas lo hizo Giovanni Dondi en 1365; por entonces el sistema de escape hacía décadas que se venía utilizando:

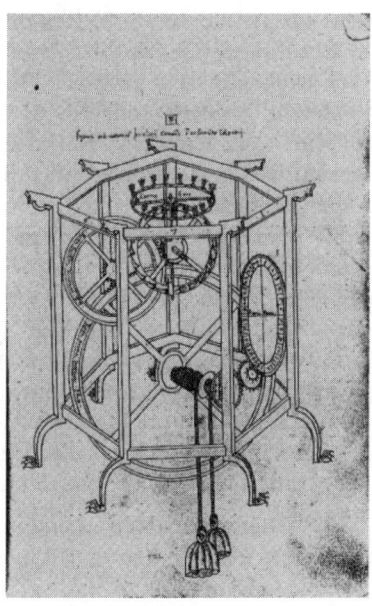

Dibujo de reloj, por Giovanni Dondi (1365).

Inicialmente, el reloj mecánico cambió poco el modo de pensar medieval, lo cual pudo ser una razón por la que nadie se molestó en dejar detalles escritos sobre este descubrimiento. El impacto del reloj se hizo sentir al principio en unas pocas ciudades, y sólo entre aquellas personas que vivían lo bastante cerca del campanario para verlo o para oír sus campanas cada hora y, más tarde, cada media y cada cuarto de hora.

Estos primitivos relojes tampoco eran muy fiables. Eran proclives a retrasarse, a adelantarse y a ampliar las variaciones de reloj a reloj en lo relativo a qué hora era y qué cantidad de tiempo constituía una hora. El día también empezaba en diferentes momentos según los lugares y las costumbres. Esto significaba que un viajero que pasara por distintos pueblos podía oír la primera hora del día al amanecer en uno, a mediodía en otro y a medianoche en otro. Y esto se sumaba a un calendario ya confuso, con diferentes nombres para los días y diferentes fechas para comenzar el año.

Para las nuevas generaciones con reloj, sin embargo, el efecto a largo plazo fue más profundo de lo que se pensó, dado que el tiempo podía medirse ya objetivamente en lugar de quedar sujeto a la interpretación de cualquiera que calculase a ojo la altura del sol, o decidiera cuánto tiempo trabajaría una persona o imaginara en qué momento un comerciante debía llevar un carro de manzanas al castillo del señor. Esto transformó el reloj en juez y árbitro del tiempo para cualquiera que sufriese su influencia, ya fuera rey o sacerdote, campesino o papa.

Esta nueva realidad se introdujo en la conciencia de los grupos sociales de formas distintas. Para los comerciantes, los relojes conectaban el tiempo más que nunca con el trabajo, con el dinero y con sacar el máximo partido del momento presente, ya que el reloj subrayaba con crudeza que sólo teníamos una cantidad limitada de horas al día, y de días a la semana o al mes, para resolver los negocios. En la ciudad comercial de Siena, Ambrogio Lorenzetti (1290-1348) ilustraba esta nueva realidad en una pintura de 1338, que se encuentra en el ayuntamiento.[25] En la pintura vemos a Temperantia, diosa de la templanza, con un reloj de arena y situada por encima de gente vinculada con oficios. Vemos al erudito en su estudio, al predicador en su púlpito, al abogado en el tribunal, al zapatero vendiendo zapatos y al ama de casa en el fogón. La muerte también está, subrayando la necesidad de hacer todo lo que se pueda mientras aún haya tiempo.

Incluso los espiritualmente inclinados abrazaron el reloj, acabando con el desprestigio que durante siglos habían sufrido las clepsidras y otros aparatos mecánicos de medir el tiempo. Algunos consideraban el reloj como un símbolo de la regulación divino-mecánica del universo. En 1334, el místico alemán Heinrich Süse (c. 1295-1366) describió una visión en la que Cristo se le aparecía con la forma de un complicado reloj de campanas que sonaban cada hora. Para Süse, el reloj reflejaba el alma humana, mantenía su tiempo interior uniforme de acuerdo con el tiempo eterno de Dios.

Los sabios también dedicaron algún pensamiento profundo al reloj mecánico. En 1377, el teólogo, astrónomo y obispo Nicolás Oresme (c. 1325-1382) escribió en su tratado

---

25. Lorenzetti murió de peste cuando ésta se extendió por la Toscana en 1348.

Del cielo y el mundo que el universo era como un reloj: ni rápido ni lento, nunca se detenía, y funcionaba por igual en todas las estaciones, noche y día. Oresme también comparó los planetas y sus movimientos con el balanceo que produce en las pesas el mecanismo de escape. «Es igual que cuando una persona ha construido un reloj, lo pone en marcha —escribió— y luego se mueve por sí solo.»

Posiblemente Oresme, que vivió en París, se inspirase en el gran reloj mecánico instalado en el palacio del rey francés Carlos V en 1362. Por orden del monarca, después de 1370 este reloj se convirtió en el modelo para instalar otros, un pequeño ejemplo de un periodo en que el tiempo volvía a estar en manos del mundo seglar. Como Julio César catorce siglos antes, Carlos adoptaba el papel de *magister temporis*, instructor del tiempo, utilizando su autoridad civil para organizar el tiempo de la forma más práctica que conocía, mientras daba a entender que, como rey, se atribuía un poder antaño reservado a Dios.

El escenario en el que cuajó esta nueva conciencia del tiempo era un siglo atribulado no sólo por la peste y la crisis económica, sino también por un gran cisma eclesiástico que no presagiaba nada bueno para la reforma del calendario.

El cisma se inició cuando, en 1378, grupos rivales de cardenales nombraron dos papas al mismo tiempo, uno en Roma y el otro en Aviñón. Esto dejó el papado sumido en el caos y el prestigio de la Iglesia en un nivel bastante bajo, incluso después de que el papado fuera restaurado en Roma con un único pontífice, en 1417.

Mientras tanto continuaba la guerra de los Cien Años entre Francia e Inglaterra. Fue un conflicto famoso por producir caballeros y aventureros como el Príncipe Negro (el príncipe inglés Eduardo de Woodstock, 1330-1376) y el francés Bertrand du Guesclin (c. 1320-1380); y algunas figuras castrenses y santas como Juana de Arco (c. 1412-1431). También fue la época de los mercenarios, cuando la interminable guerra de reyes, déspotas y papas alimentaba una creciente industria de caballeros, arqueros y piqueros que luchaban en el ejército del mejor postor. No era raro que algunos mercenarios cambiaran de bando en medio de una batalla o campaña si el «enemigo» ofrecía más oro. Y cuando terminaban una campaña, solían saquear la campiña.

El aprendizaje y el estudio no eran las principales preocupaciones de los reyes y prelados guerreros. Tampoco los

sabios produjeron mucho trabajo original durante un periodo en que el gran resurgimiento intelectual propiciado por
la fundación de universidades se estaba debilitando.

Durante este problemático periodo, la Iglesia intentó
repetir el antiguo éxito de Nicea, convocando una serie de
grandes concilios. El primero, que duró desde 1408 hasta
1418 y se celebró en Constanza (en la frontera entre Alemania y Austria), intentó solucionar el cisma, que se resolvió
en 1417, cuando se eligió un solo papa que se instaló en
Roma. Al mismo tiempo, una importante figura del Concilio
de Constanza trató de interesar a uno de los antipapas,
Juan XXIII, en la reforma del calendario. Esta figura fue el
cardenal Pedro d'Ailly (c. 1350-1420), astrónomo y antiguo
canciller de la Universidad de París, que presentó en Constanza un tratado detallando las habituales quejas sobre
medidas incorrectas y la Pascua de Resurrección. En su
Exhortatio super correctione calendarii (Petición para la corrección del calendario) expuso sus ideas reformistas, que
dependían en su mayor parte de Grosseteste, de Sacrobosco
y sobre todo de Roger Bacon, que por aquel entonces era un
admirado maestro en este tema, cerca de un siglo después
de haber muerto en la oscuridad.

El papa Juan respondió emitiendo un decreto en 1412
para corregir el desajuste del calendario lunar quitando
cuatro días, la solución sugerida por Juan de Murs en 1345.
Pero en medio del alboroto de papas peleándose, el edicto de
Juan no tuvo repercusión. La propuesta también fracasó
porque la astronomía aún carecía de cartas planetarias y
estelares exactas con los que calcular una corrección adecuada. El mismo cardenal d'Ailly admitió «que la verdadera
duración del año todavía no es conocida por nosotros con
completa seguridad». Hubo otros esfuerzos reformistas en
Constanza, en 1415 y en 1417, pero no cuajaron.

En 1436, el astrónomo y filósofo Nicolás de Cusa o Cusano (1401-1464) envió a otro concilio (celebrado en Ba-
silea) otro compendio del problema en su *De concordantia
kalendarii*.[26] Mientras trabajaba con una comisión de expertos en la reforma del calendario, propuso omitir siete
días en 1439 y, a partir de entonces, añadir un día cada 304
años. Pero volvieron a ponerse objeciones arguyendo que la
astronomía seguía siendo demasiado inexacta. También
preocupaba que quitar días pudiera crear confusión econó-

---

26. El Cusano también fue autor de dos de los primeros mapas terrestres a
escala, con atisbos de la longitud y la latitud de Europa. Y repitió la idea de
que la tierra gira, tal como habían sugerido Aristarco, Aryabhata y otros.

mica y que las entregas, contratos y pagos de intereses cayeran en el desorden. De todas formas, la Iglesia seguía estando demasiado ocupada con sus propios asuntos para
adoptar un cambio.

A mediados del siglo XV, Europa empezaba a recuperarse de
los desastrosos efectos de la peste. La política seguía siendo
inestable, con más campañas y escaramuzas. Bizancio cayó
en 1453, cuando los turcos derribaron las murallas, antaño
inexpugnables, de la antigua ciudad de Constantino utilizando un invento recién llegado, el cañón.

Mientras terminaba el siglo XV, la Iglesia empezó por
fin a poner su casa en orden fomentando serios debates sobre su papel en una Europa que se estaba volviendo cada
vez más secular, y sobre unos anticuados dogmas medievales que la nueva filosofía del Renacimiento ponía en cuestión. El humanismo, un movimiento que se preocupaba por
el bienestar, los valores y la dignidad humanos, era lo contrario del énfasis medieval en la espiritualidad, la pompa y
el absolutismo de la Iglesia y el papado. Al mismo tiempo, el
respeto que sentían las anteriores generaciones de intelectuales ante los textos de Tolomeo, Aristóteles, Euclides y
otros antiguos maestros que habían sido la última palabra
en ciencia y filosofía, empezaba a ceder terreno ante la curiosidad por utilizar el conocimiento para explorar el mundo y poner a prueba las viejas ideas.

Esto se reflejó en el plano social cuando, entre 1460 y
1500, la economía europea resucitó y los europeos comenzaron a difundir su pensamiento e influencia en el mundo. En
el terreno del comercio, los barcos europeos buscaron mercados más lejos que nunca y los exploradores se dirigían a
todas partes. En 1470, los portugueses desembarcaron en
la costa oriental africana mientras la recorrían con barcos
de nuevo cuño llamados carabelas. En 1486 llegaron a lo que
hoy es Angola. En 1492, Fernando II de Aragón e Isabel I de
Castilla apoyaron económicamente a Cristóbal Colón para
que cruzara el Atlántico; tenía que buscar nuevas rutas
para llegar a China y descubrió América. Aquel mismo año,
los españoles derrotaron a los últimos musulmanes del reino de Granada.

En el arte de la guerra, los ingenieros inventaron o imi-
taron y mejoraron los métodos de construir armaduras y
fortificaciones. Aprendieron a utilizar los cañones y la pólvora de los turcos y los árabes, que a su vez lo habían aprendido de los chinos. Al mismo tiempo, los metalúrgicos, los

científicos y los hombres con iniciativas se multiplicaron y se volvieron más atrevidos. Entre los inventos resultantes estuvo la imprenta, alrededor de 1470, quizá la creación más importante de la época.

Entre otras cosas, la imprenta permitió hacer calendarios en serie, dando por primera vez una imagen, estandarizada y fácil de consultar, de los días, las semanas, los meses y las fiestas de guardar a quienes no eran astrónomos, eclesiásticos, reyes ni recaudadores de impuestos. Los primeros calendarios impresos utilizaban símbolos para que los analfabetos pudieran contar los días y empleaban figuras de santos y otras imágenes para representar días festivos. En un «Calendario agrícola» impreso en Zúrich para el año bisiesto de 1544, los días se encierran en triángulos negros, excepto el domingo, que es rojo. Otros símbolos listan la progresión del zodiaco; calendas, nonas e idus; fases de la luna y días de santos. La Pascua de Resurrección está señalada el 13 de abril con una cruz.

A fines de siglo, Leonardo da Vinci y otros inventores del Renacimiento no permanecían ociosos. Tampoco lo estaba la nueva generación de artistas: el mismo Leonardo, Miguel Ángel y Rafael, por nombrar sólo a tres genios que aplicaban la ciencia de los antiguos a un nuevo sentido de la perspectiva, la belleza y la simetría en composiciones que mezclaban la realidad y la sensibilidad de los clásicos griegos para la perfección y belleza de pinturas y esculturas.

Mientras tanto, a comienzos del siglo XVI, el calendario se había desplazado de las verdaderas estaciones de la tierra unos doce días desde César, y unos nueve días desde el Concilio de Nicea. En 1500 nadie podía medir este error exactamente, pero todo intelectual familiarizado con las matemáticas, la astronomía y la teología lo conocía. Pero ¿cómo arreglarlo? ¿Y quién decidía?

Estas preguntas redundaron en otro gran Concilio de la Iglesia que comenzó cuando el Renacimiento italiano estaba en su apogeo. En 1512, el papa Julio II convocó el V Concilio de Letrán (1512-1517), que se celebró en el palacio romano de Letrán, presidido por Julio y su sucesor, León X. De nuevo, la reforma del calendario no fue el punto más importante de la agenda, en una asamblea convocada para solventar asuntos como cuánto poder ejercía el papa sobre los reyes y la formación de un ejército cristiano para combatir a los turcos, cuyos ejércitos, tras tomar Bizancio, habían entrado en Europa y se habían apoderado de Grecia y de gran parte de los Balcanes.

Las peticiones de que se reformara el calendario habían aumentado incluso mientras las dificultades para conseguirlo se volvían más complicadas. Por ejemplo, ¿en qué año debía basarse la fecha del siguiente equinoccio, en el de la reforma de César, el nacimiento de Cristo, el Concilio de Nicea o la creación del mundo? ¿Cuál era el meridiano exacto sobre el que basar los cálculos de la Pascua de Resurrección? ¿Roma? ¿Jerusalén? ¿Y qué se hace si el equinoccio pasa por Roma al anochecer y amanece en Tierra Santa?

Varios astrónomos trataron de resolver estas cuestiones mejorando las cartas que medían los equinoccios para hacerlos más exactos. Ninguno lo hizo bien. A decir verdad, conforme circulaban las últimas cartas, los errores garrafales del calendario se volvían más conocidos y eran una constante fuente de vergüenza para la Iglesia. La amplia difusión de calendarios impresos, como el copiadísimo «Calendario del Pastor», que apareció en 1493, introdujo un sentido de apremio, dado que la gente que utilizaba el calendario eclesiástico en asuntos económicos, gubernamentales y personales no hacía sino aumentar.

En 1514 el papa León X invitó al mayor experto de la época en calendarios, el astrónomo, médico y obispo danés Pablo de Middelburgo (c. 1450-1533), a que encabezara una comisión para la reforma del calendario. Pocos años antes, en 1497, Pablo había dirigido al Papa un chirriante escrito pidiendo la reforma del calendario. En 1513 redactó otro vehemente escrito al que a guisa de prólogo añadió diversas cartas de petición, dirigidas al mismo Papa, al emperador Maximiliano, al Colegio de Cardenales y al Concilio de Letrán.

Como cabeza de la comisión papal, Pablo comenzó criticando a los reformadores del pasado, sobre todo a quienes habían querido quitar días del año para corregir el desajuste del calendario. Propuso arreglarlo, no quitando días, sino cambiando la fecha del equinoccio vernal al 10 de marzo, que estimó erróneamente que sería la fecha adecuada para aquellos tiempos. Sugirió que se permitiera al equinoccio saltar por el calendario cada 134 años, número equivocado que procedía de una serie de cartas astronómicas consideradas excelentes en la época: las Tablas Alfonsíes, terminadas en 1272 por astrónomos judíos de la corte del rey Alfonso X de Castilla (1221-1284). Pablo también propuso una pequeña reorganización del calendario lunar: quitar un día cada 304 años y nombrar los meses lunares según los

antiguos meses egipcios, para no utilizar nombres musulmanes o judíos. Las propuestas se estudiaron en diciembre
de 1514; los cambios se harían partiendo retroactivamente
del 1 de junio de 1500. Por entonces, Pablo averiguó que había tenido lugar una conjunción media del sol y la luna sobre
el meridiano de Roma a las 12 del primer día de aquel importante año de jubileo. Sin duda, pensó Pablo, era una señal de
Dios relativa a su deseo de reformar el calendario.

León X ordenó en 1514 que la curia enviase cartas a todos los monarcas cristianos de importancia pidiéndoles su
opinión sobre la propuesta de sus astrónomos y otros expertos. Pero sólo unos pocos respondieron, en parte porque no
les habían dado mucho tiempo antes de la reunión decisiva,
que debía celebrarse en diciembre.

Por ejemplo, los británicos no respondieron, aunque en
los archivos británicos se han conservado cuatro cartas de
León X a Enrique VIII, todas al parecer sin contestar. Fechada en 21 de julio de 1514, la primera carta de León
describe el problema y se queja de que «los judíos y los herejes» se ríen del imperfecto calendario cristiano. León pedía a Enrique que le enviara a Roma a su mejor astrónomo
o teólogo, o bien una versión escrita de sus opiniones sobre
el calendario. Un año después, el 1 de junio de 1516, la segunda carta del Papa se queja del silencio del monarca,
hecho que se tradujo en la cancelación de la planeada confe-
rencia de diciembre. Pide a Enrique que responda a tiempo
para la siguiente sesión del concilio, programada para fines
de aquel año. Otras dos cartas repiten las peticiones del
Papa, que presumiblemente apeló también a otros reyes
que no contestaron. Esta falta de interés condenó al parecer
los esfuerzos reformistas de Pablo.

Una carta papal que no se pasó por alto suscitó una respuesta de un joven astrónomo germanopolaco que entonces
vivía en Frauenburgo, en la costa báltica de Polonia; en la
lista de corresponsales de Pablo figuraba con el nombre de
Nicolás Copérnico de Varmia.

A sus cuarenta y tantos años, cuando recibió la carta
del Papa, Copérnico (1473-1543) era canónigo de la catedral
de Frauenburgo, ciudad costera a menudo fría y tormento-
sa que se alza en el golfo de Danzig (hoy golfo de Gdansk),
en lo que antaño fue Prusia Oriental. Hombre de nariz larga, grandes ojos coronados por cejas arqueadas y porte
tranquilo (al menos eso parece en su autorretrato), Copérnico se había instalado aquí después de estudiar y enseñar

durante años en las universidades de Cracovia, Bolonia y
Padua, donde se había licenciado en derecho y medicina. En
1500 había viajado a Roma por el jubileo. También conoció
y trabajó en aquellos primeros años con eruditos destacados, con los que se mantuvo en contacto durante el resto de
su vida.

Alrededor de 1506, cuando Copérnico volvió a la zona
de Frauenburgo, empezó los estudios y observaciones astronómicas que le ocuparían el resto de su vida. En 1512 había
escrito una obra breve, que no publicó hasta 1530, en que
bosquejaba sus primeras ideas sobre teoría planetaria. Dos
años después, en 1514, recibió la misiva del papa; el hecho
lo mencionó el mismo Copérnico en la dedicatoria de su *De
revolutionibus* (1543), en la que también nos detalla su respuesta a la pregunta del Papa:

> *Pues no hace muchos años, bajo León X, cuando en
> el Concilio de Letrán se ventilaba la cuestión de la
> reforma del calendario eclesiástico, quedó sin deci-
> sión tan sólo a causa de que las magnitudes del año
> y de los meses, y los movimientos del sol y de la
> luna, todavía no se habían medido suficientemente.
> A partir de entonces me consagré a estudiar estas
> cosas más escrupulosamente, a solicitud del escla-
> recido señor Paulo [de Middelburgo], obispo de Fos-
> sombrone, que estaba al frente de dicha cuestión.*

Una vez disuelta la comisión de Pablo, el asunto del calendario volvió a olvidarse otros sesenta años, durante otro
tremendo periodo de agitación para la Iglesia: la aparición
del protestantismo.

Nació el último año del Concilio de Letrán, en 1517,
cuando Martín Lutero (1483-1546) clavó un documento en
la puerta de la catedral de Wittenberg (en la antigua Sajo-
nia), quejándose de la venta de indulgencias de la Iglesia.
Lutero al principio no tenía intención de comenzar una revolución, aunque siguió con su actitud desafiante y acabó
por enfrentarse directamente a Roma. Repitiendo que la Biblia debía ser la única autoridad de la Iglesia, y que la salvación residía únicamente en la fe y no en las obras (lo primero
negaba la autoridad del Papa y lo segundo el núcleo de la
doctrina católica), Lutero tocó un sensible nervio de descon-
tento. En 1520 rompió con Roma para encabezar un movimiento que se extendió por Europa, atrayendo hacia mediados de siglo prácticamente a la mitad de los cristianos de
Occidente.

Esto, a su vez, provocó una violenta reacción conservadora en la Iglesia católica y una intenso esfuerzo contrarreformista del papado y los monarcas católicos para aplastar el protestantismo. De aquí surgieron una nueva Inquisición, creada por el papa Pablo III en 1542, y la fundación de los jesuitas en 1540, en parte para formar campeones religiosos y teológicos que frenaran dialécticamente la propagación del protestantismo.

Durante estos años de agitación, Copérnico trabajaba en silencio en Frauenburgo: escribiendo, haciendo observaciones astronómicas, cumpliendo con sus obligaciones como canónigo de la catedral y atendiendo a ocasionales pacientes como médico de algún renombre.

Al parecer vivía en una torre de tres plantas, situada en los espesos muros que rodeaban la catedral y que se habían construido en el siglo XIV para defenderse de los eslavos. La torre dominaba una laguna de agua dulce que había muy cerca del golfo de Danzig y desde ella se veía perfectamente la costa, el profundo azul de Báltico y las estrellas. Copérnico utilizaba instrumentos astronómicos relativamente sencillos, un astrolabio, una esfera armilar y varios instrumentos para medir la altitud de cuerpos celestes, incluyendo el sol. Copérnico más tarde publicó algunas de estas observaciones en *De revolutionibus*. También las anotó, a lo largo de años de silencioso estudio, en sus habitaciones de la torre, en las guardas y los márgenes de los libros de su biblioteca. Fue en estas habitaciones donde Copérnico escribió y reescribió la obra que sería *De revolutionibus*, que comprendía intentos de medir y calcular adecuadamente la duración del año.

Copérnico procuró cumplir el compromiso contraído con León X haciendo sus propios cálculos, que basó en parte en sus propias observaciones y aprovechando las que habían hecho los astrónomos griegos y árabes a lo largo de los siglos. En *De revolutionibus* resume sus descubrimientos e ideas en una sección titulada «De la magnitud y diferencia del año solar», explicando en primer lugar la diferencia entre los dos tipos de «año» medidos por los astrónomos.

Primero está el año trópico o «de las estaciones», que es el tiempo que tardan las estaciones en completar un ciclo y comenzar de nuevo. Éste es el «año» al que nos referimos a lo largo de todo este libro y que es la base de nuestro año de cuatro estaciones. Está determinado por la duración del tiempo que transcurre entre dos equinoccios vernales, cuando los planos del ecuador y de la eclíptica del sol se cortan en primavera. El otro año es el año astral o astronómico, también llamado año sidéreo, que mide el tiempo que tarda la tierra en dar una vuelta alrededor del sol hasta un punto exacto del espacio. La diferencia entre estos dos «años», lo sabemos ahora, es de unos veinte minutos, pues el año trópico corre más todos los años que el año sidéreo. Conocido como precesión de los equinoccios, el fenómeno de la reducción del año trópico fue descubierto por Hiparco, en la antigua Alejandría, aunque hasta Newton los astrónomos no entendieron la causa: la fuerza de atracción que ejercen el sol y la luna sobre una tierra que no es una esfera perfecta, lo que hace que el eje de la tierra tenga un movimiento ligeramente oscilante.

Pero Copérnico no lo sabía. Tampoco lo sabían Tolomeo en el año 139 d.C. ni el astrónomo árabe al-Battani en el 882, en cuyos cálculos confió Copérnico, que los utilizó para comparar sus propias observaciones del año trópico:

También hicimos observaciones del equinoccio de otoño, en Frauenburgo, en el año del Señor de 1515, el día décimo octavo antes de las calendas de octubre [...]. El tiempo transcurrido entre nuestro equinoccio y el de Albatenio era de 633 años egipcios, 153 días y 6 3/4 horas [...]. Pero desde la observación hecha por Tolomeo en Alejandría habían transcurrido 1376 años egipcios, 332 días y media hora [...]. Por lo tanto, durante los 633 años transcurridos desde Albatenio se han perdido 4 días, 22 3/4 horas, o 1 día cada 128 años; pero en los 1376 años transcurridos desde Tolomeo, han sido aproximadamente 12 días, esto es, 1 día cada 115 años.

Naturalmente, Copérnico estaba perplejo por la diferencia entre los números de Tolomeo y al-Battani, y no se daba cuenta de que ambas mediciones eran erróneas. Esto le llevó a una conclusión equivocada y a censurar las discrepancias sobre los movimientos irregulares de la Tierra que él creía que producían el año trópico medido por los equinoccios.

A pesar de todo, Copérnico llegó a una medida notablemente precisa del año trópico: 365,2425 días, o lo que es igual, 365 días, 5 horas, 49 minutos y 29 segundos: una de las estimaciones más aproximadas al valor real del año trópico, que en aquella época era de unos 365,2422 días: 365 días, 5 horas, 48 minutos y 46 segundos. También dio medidas y fechas que adquirirían importancia cuatro décadas después de la publicación de su obra, mientras la comisión gregoriana para la reforma del calendario se esforzaba por llegar a una medida aceptable del año.

Dada la confusión sobre la supuesta «irregularidad» del año trópico, Copérnico prefirió utilizar la medida sidérea, que estimaba en 365 días, 6 horas, 9 minutos y 40 segundos, o 365,25671 días. Son unos 30 segundos por encima del valor real. «Pero también en el caso del año sidéreo o astral puede aparecer un error —admite—, aunque muy pequeño y muy inferior al que ya hemos dado» para el año trópico.

Copérnico trabajó en su obra durante unos 30 años, pero no quería publicar el *De revolutionibus*, pues sabía que su hipótesis heliocéntrica no sería bien recibida por los tradicionalistas, ni de la Iglesia ni de las universidades. Además, durante milenios la humanidad había pensado que la tierra era el centro del universo, una teoría «demostrada» por Tolomeo y todos los grandes astrónomos, antiguos y modernos. Dicho de otra forma, era ridículo para la gente de entonces, incluso si lo decía un hombre como Copérnico, que era ampliamente respetado como experto en astronomía. Los amigos y admiradores de Copérnico, encabezados por su discípulo y colega Georg Joachim Rhäticus (1514-1576), tardaron mucho en convencer al viejo Copérnico de que finalmente publicara el *De revolutionibus*.

Lo publicó poco antes de morir, a la edad de setenta años, pero no antes de que el autor añadiera una dedicatoria al papa Pablo III, reconociendo que sus puntos de vista eran polémicos y pidiendo que la Iglesia fuese tolerante con la ciencia que había detrás de sus hipótesis.

Según un amigo que estuvo junto a su lecho de muerte, el viejo astrónomo vio por fin su obra maestra publicada el mismo día que sucumbió a una larga enfermedad que duró varios meses, el 24 de mayo de 1543. «Había perdido la memoria y el vigor mental muchos días antes —escribió este amigo en una carta a Rhäticus— y vio su obra terminada el día en que murió.»

A pesar de los temores de Copérnico, su libro despertó al principio poca polémica. Poca gente podía entenderlo, y los que lo entendían no pasaban de un prefacio, añadido al libro sin el permiso de Copérnico, que describía su contenido como meras conjeturas más que como hechos probables. Una excepción fue la vehemente reacción de Lutero y los protestantes. Como puristas bíblicos, consideraban subversiva cualquier desviación de las Escrituras y refutaron el sistema heliocéntrico de Copérnico con pasajes de la Bi-

blia que parecían decir que la tierra está quieta mientras
el sol se mueve. «El necio quiere dar al traste con toda la
ciencia de la astronomía —dijo Lutero—, pero según las
Escrituras, Josué ordenó al sol, y no a la tierra, que se detuviera.»[27]

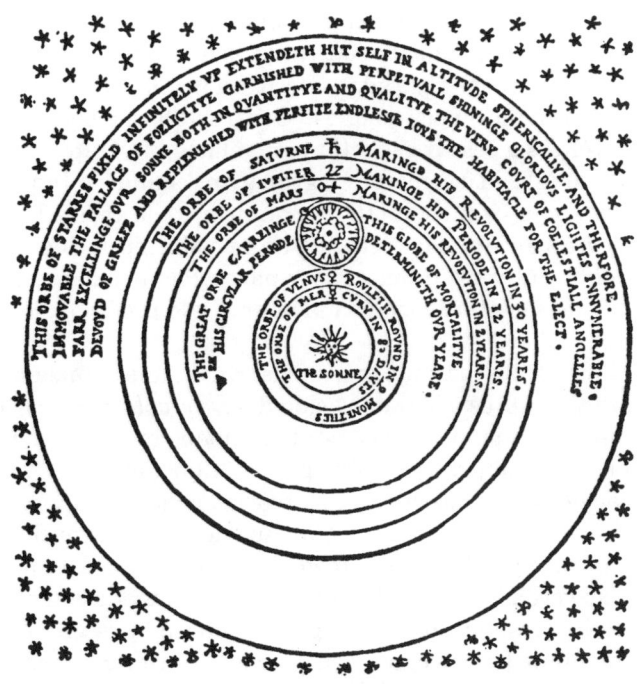

El sistema solar de Copérnico. Thomas Digges,
Perfit description of the celestiall orbes (1576).

Durante setenta años, la Iglesia guardó silencio sobre
Copérnico. Luego Galileo Galilei (1564-1642) empezó a observar los planetas y las estrellas con el telescopio, a principios del siglo XVII, lo que le hizo refrendar públicamente la
hipótesis heliocéntrica de Copérnico en 1613, una postura
que dos años más tarde llevó a Galileo a ser acusado de hereje ante la Inquisición. Lo absolvieron, pero creó tal conmoción que la Iglesia investigó oficialmente la teoría coper-

27. Lutero se refiere a una historia del Antiguo Testamento en la que el
caudillo israelita Josué, en el curso de una batalla, ordenó al sol que se
quedara inmóvil en el cielo.

nicana a principios de 1616 y las autoridades eclesiásticas analizaron la afirmación fundamental copernicana, «que el sol es el centro del universo y está totalmente inmóvil», y «que la tierra no es el centro del universo y no está inmóvil, sino que se mueve físicamente y además tiene movimiento diurno». El 24 de febrero de 1616, los calificadores del Santo Oficio llegaron a la conclusión de que la teoría heliocéntrica era «estúpida y absurda en filosofía y formalmente herética, ya que expresamente contradice las enseñanzas de varios pasajes de las Sagradas Escrituras».

Esto en una época en que la Contrarreforma obligaba a los católicos a seguir estrictamente el dogma. Esta rigidez llevó a la Iglesia a cometer un gran error cuando la Inquisición obligó a Galileo en 1635 a abjurar de la teoría heliocéntrica, o afrontar la tortura o una posible ejecución. Fue uno de los últimos intentos, por parte del viejo orden medieval, de someter la ciencia al dogma y lo profano a lo sagrado.

Pero esto se produjo más tarde. En los años inmediatamente siguientes a la publicación del *De revolutionibus*, los astrónomos que lo leyeron estaban menos interesados por el debate sol-contra-tierra que por estudiar y utilizar las observaciones de Copérnico y sus teorías generales sobre los movimientos de los planetas, incluyendo sus estimaciones de la duración del año y sus mediciones de las fases lunares. A decir verdad, la obra de Copérnico, combinada con otros sondeos astronómicos de la época, preparó la escena para dos hombres hoy prácticamente olvidados (un matemático de Baviera y un médico del sur de Italia) y un papa llamado Gregorio, que finalmente llegarían a una solución elegantísima para ajustar el calendario, y lo que es más importante, para promulgarlo.

13

Resolver el enigma del tiempo

El patriarca también ha suscrito nuestro calendario y ha admitido que es excelente. Espero que se publique pronto, porque el Papa tiene mucho interés.

CRISTÓBAL CLAVIO, 1581

Ninguno de los tres hombres responsables del ajuste del calendario era un conquistador, un mujeriego espectacular, un hereje o un monje solitario cavilando sobre el cosmos en la celda de un monasterio. Ni siquiera eran particularmente llamativos, y ciertamente no eran librepensadores a la manera de un Bacon o un Pablo de Middelburgo, todo lo cual habría podido obrar en su favor.

Entre ellos había un desconocido médico del extremo meridional de Italia que era el genio que estaba detrás de la reforma, un astrónomo jesuita famoso por haberse equivocado en muchas de sus más queridas teorías, y un letrado que llegó a papa y hoy es célebre tanto por sus fracasos como por sus aciertos. Cada uno contribuyó a la reforma que lleva el nombre de uno de los tres, y cada uno, en la historia de su papel respectivo, da una explicación de por qué el calendario llegó a ajustarse 1.627 años después de que César lo pusiera en circulación, y después de muchos siglos de intentos fallidos y frustraciones.

El médico era Luis Lilio (Aloysius Lilius en latín, Luigi Lilio en italiano). Nacido alrededor de 1510 en el seno de una familia modesta, se sabe poco acerca de él, *«primus auctor»* de la reforma gregoriana, según manifestó un importante miembro de la comisión del calendario. Se cuenta que tras haber estudiado medicina y astronomía en Nápoles, se instaló en Verona y enseñó en la Universidad de Perusa antes de volver, ya avanzada su vida, a su pueblo natal de Ciro, donde dio con la solución al rompecabezas del calendario y perfiló las reformas. La verdad es que si el papa hubiera ofrecido una recompensa por resolver este viejo problema —como los británicos ofrecieron tiempo después 20.000 libras a quien resolviera el viejo problema de determinar longitudes en el mar— Luis Lilio podría haberlo reclamado con toda la razón. Pero este hombre olvidado no tuvo la oportunidad, porque antes de que su solución pudiera presentarse en Roma, a la comisión del Papa, Lilio cayó enfermo y murió en 1576. Ciertas versiones dicen que Lilio murió en Roma.

Tras la muerte de Lilio, su hermano Antonio, también médico y también familiarizado con la astronomía, presentó el plan de Luis a la comisión del calendario, que rápidamente lo apoyó como propuesta principal, admirándola por su sencillez, elegancia y falta de sentido polémico. Antonio estuvo en Roma como representante de su hermano. En 1583 recibió lo que pasaba por «recompensa» de los descubrimientos en el siglo XVI: una bula del papa Gregorio que le concedía el derecho exclusivo de publicar el calendario reformado y sus nuevas reglas durante un periodo de diez años. Esta licencia potencialmente lucrativa se rescindió más tarde, ya que Antonio no imprimió ejemplares suficientes para satisfacer la demanda y este descuido casi desbarató la reforma.

El segundo primer motor fue el astrónomo jesuita Cristóbal Clavio (1583-1612), el hombre que entre bastidores apoyaba las ideas de Lilio (tras un escepticismo inicial) y que condujo la reforma por los campos de minas de las polémicas científica y eclesiástica antes y después de 1582. Hasta su muerte, acaecida en 1612, Clavio trabajó denodadamente para defender y explicar el nuevo calendario, con objeto de que se extendiera más allá del puñado de países que lo aceptaron inicialmente.

Como prominente figura pública de Roma durante finales del siglo XVI y principios del XVII, se sabe más de Cristóbal Clavio que de Lilio. Aunque hay poca información para asegurar quién era realmente. En un retrato de Clavio aparecido en 1606 lo vemos vestido con manteo y sombrero de cuatro picos. Un hombre corpulento, de aspecto satisfecho, cara ancha y con barba; parece simpático, incluso amable, un estudioso serio pero no estirado, inteligente pero no precoz; un hombre en el que los estudiantes confían y al que los políticos y prelados se sienten tranquilos asignándolo a comisiones.

Cristóbal Clavio hacia 1606

Para sus contemporáneos, Clavio fue un respetado sabio en matemáticas y astronomía, llamado «el Euclides de su época» en parte porque hizo una traducción, utilizadísima después, del Euclides auténtico y escribió varias obras consideradas importantes en su día.

Incluso el activista científico más importante de la época, Galileo Galilei, recurrió a él para que validara sus observaciones telescópicas de la luna, el sol y los planetas. A Clavio le parecieron importantes para la astronomía, pero como era un defensor acérrimo de Tolomeo, no quiso admitir la interpretación galileana de que los cráteres lunares, que Venus tuviera fases y Júpiter satélites sugerían que Copérnico tenía razón. Clavio también posee la distinción de tener sus rasgos en un relieve de mármol en la base del monumento a Gregorio XIII, en la basílica de San Pedro, en el que hay un sacerdote (probablemente Clavio) tendiendo al Papa un ejemplar del calendario reformado.

Sin embargo, Clavio es casi tan desconocido hoy como Luis Lilio. En parte es por la mala suerte de haber vivido entre Copérnico (Clavio tenía cinco años cuando apareció *De revolutionibus*) y el joven Galileo, que salió a escena en los años finales de Clavio. Pero, más que nada, Cristóbal Clavio es desconocido porque abrazó una concepción del mundo que resultó errónea. Esto lo convirtió en héroe entre los tradicionalistas mientras vivió, pero en un necio para quienes llegaron después.

Clavio era sorprendentemente joven cuando el papa Gregorio lo designó para su comisión del nuevo calendario, convocada a mediados de 1570. Nacido el 25 de marzo de 1537, en la ciudad bávara de Bamberg, la vida de Clavio es para nosotros una página en blanco hasta que ingresó en la Compañía de Jesús, que se había fundado en Roma el 12 de abril de 1555. Tras estudiar en Roma y en la Universidad de Coimbra, Clavio volvió a Roma a principios de 1560 para terminar su educación y luego enseñar en el Colegio Romano de los jesuitas, donde fue profesor de matemáticas. Pero, salvo por unos cuantos viajes cortos, permanecería en Roma hasta su muerte.

Como matemático y astrónomo, Clavio fue un personaje menor, conocido sobre todo por su obra euclidiana, por la notación algebraica y por el calendario; y por su acérrima defensa de un universo geocéntrico. Sin embargo, Clavio fue lo bastante flexible para actualizar sus propias teorías incorporando observaciones de Copérnico y Galileo, pero encorsetándoles una interpretación tolemaica cada vez más forzada.

Después de 1582, la voluntad de Clavio, como astrónomo oficial de Roma, de tener en cuenta al menos las nuevas ideas parece que frenó hasta cierto punto el inevitable enfrentamiento entre las ideas de Copérnico y las de Tolomeo, beneficiando principalmente al joven Galileo, cuya reputación creció con el apoyo que dio Clavio a sus descubrimientos telescópicos. Galileo dijo que Clavio «merecía fama inmortal» y le perdonó que no hubiera admitido la teoría copernicana, un defecto que achacaba a la avanzada edad del hombre.

Otros no perdonaban tan fácilmente. En 1611, el poeta inglés John Donne (1572-1631), antiguo católico en un reino a veces furiosamente anticatólico, escribió una ruidosa sátira contra los jesuitas y su fundador, Ignacio de Loyola (1491-1556), titulada *El cónclave de Ignacio.* Donne describe a Loyola en el infierno, tratando de convencer a Satanás de que le niegue la entrada a Copérnico porque el astrónomo polaco no había hecho lo bastante para ofuscar a los hombres ni por lo tanto para apartarlos de la verdad. A todo esto, el poeta menciona a Clavio, al que no podía situar en el infierno porque en 1611 el viejo astrónomo todavía estaba vivo. Pero Donne hace que su Loyola hable al difunto Copérnico sobre un candidato infernal posiblemente más «valioso», y describe, entre otras cosas, el papel de Clavio en la reforma del calendario, que los ingleses, como protestantes, consideraban impuro por venir de Roma.

Por consiguiente, si algún hombre tiene méritos o derecho a estar en este lugar por este asunto, ése es sin duda nuestro Clavio, que se alzó oportunamente contra ti y contra la verdad, que por entonces se estaba metiendo ya en el entendimiento de los hombres. Sólo él merece el nombre de Autor de todos los obstáculos y debates académicos sobre este tema; no puede esperarse mayor beneficio que estas trifulcas con el descuido de los asuntos más importantes. Pero a nuestro Clavio no hay que honrarlo sólo por esto, sino además por lo mucho que sudó con el calendario gregoriano, gracias al cual se han alterado mortalmente la paz de la Iglesia y los asuntos civiles. Ni siquiera el calendario escapó a su furia y desde entonces ha seguido fielmente sus indicaciones; así, san Esteban, san Juan Bautista y los demás, que tenían orden de hacer milagros en fechas previamente convenidas, no esperan ya hasta el día que les toca, como era su costumbre, sino que ahora Clavio los despierta diez días antes y, obligados por él, bajan del cielo a hacer su trabajo.

La última persona de nuestro trío se llamaba al nacer Ugo Buoncompagni (1502-1585). Hijo de una familia noble de Roma, fue un prominente jurista eclesiástico y alto funcionario papal antes de ser elegido papa con el nombre de Gregorio XIII a la edad de setenta años, el 14 de mayo de 1572. Uno entre los muchos pontífices del siglo XVI que se esforzaron por reconstruir la autoridad de la Iglesia y reformar sus peores excesos, intentó con entusiasmo acabar con el protestantismo, principalmente despilfarrando dinero en construir colegios católicos por toda Europa, y promoviendo reformas de la Iglesia en Alemania, Polonia y Bélgica. También envió misioneros jesuitas a lugares como la India, Filipinas y China, donde los barcos europeos habían comenzado a llegar con regularidad.

Pero Gregorio también reprimió ideas que no estaban de acuerdo con el dogma de la Iglesia, fundando un infame índice de libros prohibidos que más tarde incluiría el *De revolutionibus* de Copérnico. También apoyó las empresas militares de los monarcas católicos contra los protestantes, y cooperó en intentos de reducir el poder de Inglaterra y de la reina Isabel I (por ejemplo, con operaciones militares mal concebidas para impedir que Inglaterra conquistara Irlanda). Pero todo esto palidece ante la infame respuesta de Gregorio al asesinato de miles de hugonotes en París, que comenzó la festividad de san Bartolomé de 1572. Al oír la noticia, se dijo que el recién instalado papa encargó un tedéum y puso en circulación una medalla. (Los católicos dijeron después que lo hizo sin saber la extensión de la matanza, y que en realidad lloró cuando se enteró de la verdad.)

En Roma, Gregorio apoyó grandiosos proyectos de construcción; también fue conocido como hombre al que le gustaban la pompa y el aparato y que estuvo a punto de acabar con la economía vaticana con sus edificios y banquetes. Su actividad como gobernante de los Estados Pontificios (una franja de tierra que cruzaba el centro de Italia) estuvo señalada por las revueltas campesinas contra los elevados impuestos y por un aumento del bandolerismo y el delito, que fue incapaz de reprimir.

Pero casi todo esto se ha olvidado y a Gregorio se le recuerda principalmente por ser el Papa que corrigió por fin el tiempo, una hazaña que pide una pregunta: ¿por qué este Papa?

Probablemente su motivación venía del mismo celo que ponía en promover la educación y en devolver a la Iglesia a un cauce más intelectual. Pero también venía de los esfuerzos sistemáticos del jurista Ugo Buoncompagni por aplicar, como pontífice, las reformas aprobadas por diversos concilios, sobre todo las aprobadas en las infinitas sesiones del Concilio de Trento (1545-1563), en el que Buoncompagni fue ayudante del papa Pío IV y puede que redactara algunos de los decretos. Uno de éstos ordenaba la reedición del Misal y el Breviario, lo que implicaba la necesidad de un calendario actualizado. Además, las primeras palabras de la

memorable bula de 1582 (llamada *«Inter gravissimas»* precisamente por su comienzo) que anunciaba la reforma del
calendario no apelaban a la autoridad de la ciencia, ni a la
de la Iglesia ni a la de Dios, sino a la del decreto de Trento,
como si esta sanción legalista fuera lo más importante para
el viejo jurista y papa:

> *Entre las cuestiones más graves, la última pero no la*
> *menor de cuantas debe atender nuestro celo pastoral*
> *es completar, con la ayuda de Dios, lo que el Concilio*
> *de Trento dejó reservado a la sede apostólica.*

La historia del calendario, con la reforma gregoriana, vuelve a la misma ciudad en la que Julio César había creado el
suyo 16 siglos antes; aunque difícilmente podía haber sido
de otra forma.

Roma en el siglo XVI hacía mucho tiempo que había dejado de ser importante como centro comercial, político o intelectual. Tampoco la Iglesia ejercía la omnímoda autoridad
de la que antaño había disfrutado como señora religiosa de
Europa, ahora que el protestantismo había destruido su monopolio del espíritu, y los reyes y príncipes habían eclipsado
su influencia en el terreno de la política y las finanzas. Sin
embargo, la Iglesia seguía siendo la única fuerza de Europa
Occidental capaz de ejercer algo que se pareciese a una autoridad universal. También había sido la guardiana del calendario durante siglos, para bien o para mal, y había acumulado cierto ímpetu después de muchos años de hablar de
reforma y de publicar decretos conciliares destinados a arreglarlo.

La misma Roma parecía destruida y agotada en 1570,
sus antiguos monumentos, palacios y templos en ruinas y
medio enterrados entre los escombros y la basura, sus antiguas murallas y columnas desmanteladas en el curso de los
siglos y convertidas en un desconcertante batiburrillo de
viejo y nuevo. El poderoso Foro de antaño, donde dieciséis
siglos antes César se había puesto en pie para anunciar que
iba a fundar un nuevo calendario, se llamaba ahora Campo
Vaccino, «campo vacuno». Enterrado bajo toneladas de escombros y polvo, y despojado de mármol y ladrillos, este lugar, que había sido el centro del mundo romano, era ahora
pasto de las vacas que mordisqueaban los matojos que crecían entre columnas y arcos resquebrajados.

La Ciudad Eterna en la que Clavio y Gregorio habían
vivido durante los años de la comisión del calendario se al-
zaba en el interior de la antigua muralla construida en el si-

glo III por el emperador Aureliano. Reducida su población a
unas sesenta mil personas (en la época imperial tenía un
millón de almas), las zonas habitadas estaban apiñadas
cerca del Tíber, adonde los que se habían quedado durante
las invasiones bárbaras se habían mudado para tener mejor acceso al agua después de la destrucción de los acueductos. Esto dejó grandes zonas vacías de gente dentro de las
murallas. Estas vastas extensiones se aprovechaban para
viñedos, jardines, vertederos y pastos, y estaban pobladas
por casas de labor y conventos dispersos. Los bosques crecían en las cuestas de los montes Palatino, Celio y Aventi-
no. Ciervos y jabalíes corrían libremente entre las ruinas de
las antiguas villas cubiertas de hiedra y vegetación, en la
que cientos de palomas zureaban y revoloteaban.

Debido al problema del agua y a la situación de San Pedro, cerca del río, el centro de Roma se había trasladado del
foro al meandro que forma el río entre la parte sur del monte Capitolino y la actual Piazza del Popolo. Todavía ciudad
medieval en su mayor parte, en aquellos tiempos era un
confuso nudo de calles estrechas, ventosas y fétidas, llenas
de gente, animales, estiércol, polvo, alcantarillas, casas de
ladrillo, tiendas, puestos comerciales y oficinas. Este pano-
rama lo rompían aquí y allá las plazas y un surtido de iglesias renacentistas, incluyendo la basílica de San Pedro, con
su incompleta cúpula de Bramante y Miguel Ángel. Las familias nobles habían erigido recientemente palacios y villas
espléndidos, muchos en colinas con vistas impresionantes
de la ciudad.

Otra construcción en proyecto era una versión corre-
gida y aumentada del Colegio Romano de Cristóbal Clavio, del que Gregorio XIII se responsabilizó, dentro de su
plan de reforma de las universidades católicas. Despilfa-
rró fondos y apoyó el Colegio, en parte por los fuertes lazos
que le unían a su astrónomo favorito, que hizo un esfuerzo
especial para mejorar los departamentos de matemáticas
y astronomía.

El Papa debería haber prestado atención a la educación romana mucho antes. Antes de reformarse, el Colegio había sido un centro docente de segunda categoría en
una ciudad famosa por su escandalosa política local, sus
peregrinaciones, sus indulgencias y sus banquetes papales,
pero no por su inquietud intelectual. Roma, en 1570,
todavía carecía de una tradición universitaria significativa. Tampoco sus funcionarios ofrecían mucho apoyo público a la investigación científica o técnica... al contrario de
ciudades como Florencia, donde los Medici contrataron a

Galileo como matemático en 1610, o la corte imperial, que llamó al astrónomo Tycho Brahe (1546-1601) y más tarde a Johannes Kepler (1571-1630) para que aconsejaran al emperador Rodolfo II de Bohemia.

En la encantadora ciudad toscana de Siena hay una pintura del papa Gregorio XIII coronado y entronizado, inclinado hacia delante y escuchando atentamente a un sabio de la comisión del calendario que describe el error del calendario de César. Este hombre se parece a Clavio cuando era anciano, con barba blanca y sombrero de cuatro picos. Mientras señala una pintura del zodíaco que hay en la pared, explica al papa la diferencia entre el calendario juliano, situado en una franja exterior del zodíaco, y el auténtico año trópico, situado dentro. Está de pie en medio de los miembros de la comisión, vestidos con las togas, los manteos y las garnachas, las gorgueras, las capuchas y los sombreros de ala ancha que eran habituales entonces en Italia. Sentada alrededor de una mesa, la comisión está rodeada de libros e instrumentos de astronomía, incluyendo una esfera armilar que el sabio que habla toca con la mano izquierda mientras señala la carta zodiacal con la derecha.

Los nombres de los miembros de la comisión que trabajaron entre 1570 y principios del 1580 no figuran en ningún documento oficial, salvo en el último informe presentado al papa, en 1581, que probablemente corresponde a la reunión que retrata la pintura de Siena. Nueve individuos firmaron este informe, todos presumiblemente miembros de la comisión, aunque uno parece haber sido simplemente un testigo. Los firmantes fueron un cardenal, un obispo, un antiguo patriarca sirio, un ciudadano maltés, un abogado francés, un historiador y teólogo español, un médico y dos científicos eruditos.

El cardenal y el obispo eran altos funcionarios eclesiásticos, hoy casi olvidados. El cardenal era Guglielmo Sirleto (1514-1585), helenista, aspirante al papado y presidente de la comisión. El obispo se llamaba Vincenzo di Lauri de Mondovì. No se sabe por qué fueron elegidos, aunque, en el caso de Sirleto, que se nombrara a alguien tan veterano y respetado era claramente una señal, dirigida a la burocracia del Vaticano y a todos los integrantes de la Iglesia, de que Gregorio se tomaba en serio la reforma. Sirleto y Lauri puede que también fueran expertos en el calendario de la Iglesia y en su historia, y en las deliberaciones de los concilios de la Iglesia.

La reforma del calendario.
El papa Gregorio XIII y la comisión
del calendario, hacia 1581.

El patriarca era Ignacio de Antioquía, un cristiano jacobita de Siria que había llegado a Roma en 1577 o 1578 para buscar una reconciliación personal con la Iglesia romana. Refugiado del todavía misterioso Oriente y al que algunos consideraban un impostor (hasta que se demostró su autenticidad), Ignacio era entendido en matemáticas y medicina, y llevó a la comisión una perspectiva oriental sobre astronomía y el calendario. Proporcionó a Clavio y a los científicos comentarios útiles sobre las proyectadas reformas, escritos en árabe y traducidos al latín. Firmó el informe de 1581 en árabe y sirio.

El hombre de Malta, Leonardo Abel, parece haber firmado el informe final simplemente como testigo de Ignacio, por lo visto porque tenía fluidez en árabe. El abogado francés firmó con su nombre latinizado, Seraphinus Olivarius Rotae, *auditor gallus* que debió de convocarse para ayudar a la comisión con las muchas consecuencias de la reforma que afectaban a las leyes canónicas y civiles. El español era el matemático y filólogo Pedro Chacón, que probablemente aconsejó al comité acerca de las opiniones sobre el calendario del papa y de la Iglesia, del pasado y del presente, y sobre los puntos críticos de la Pascua de Resurrección y los días santos. También fue el autor de algunos de los documentos clave de la comisión.

Entre los científicos estaba el fraile dominico Ignacio Danti (1536-1586), el miembro más famoso de la comisión, después de Clavio. Matemático, astrónomo, cartógrafo y pintor, Danti fue profesor de matemáticas en Pisa y más tarde en Bolonia. Convocado a Florencia, también trabajó en proyectos astronómicos durante el gobierno del gran duque Cosme I de Medici, preparando mapas, un gran globo terráqueo e instrumentos que utilizó para observar los equinoccios vernales en 1574 y 1575. Por aquí llegó a la conclusión de que la duración del año era de 365 días, 5 horas y 48 minutos. Comparándolo con el cálculo equivocado de Tolomeo, que era de 365 días, 5 horas y 55 minutos, Danti coincidió con Copérnico y otros astrónomos llegando a la conclusión de que el año trópico era variable. Tras pelearse con el hijo de Cosme, Danti volvió a Bolonia, donde midió los solsticios de 1576 con un gnomon que construyó en la iglesia de San Petronio. Utilizó estos datos para confirmar el error del calendario juliano y su desplazamiento respecto del auténtico año.

En 1580 Danti fue llamado a Roma por el Papa para que se integrase en la comisión, y también para diseñar los frescos y los instrumentos astronómicos en un nuevo edificio dedicado a la astronomía y al estudio del calendario. Conocida como Torre de los Vientos, esta torre de 80 metros situada al norte de la cúpula de San Pedro y en la parte superior de los archivos vaticanos, se construyó entre 1578 y 1580 y se decoró con los frescos de Danti entre 1580 y 1582. Entre ellos había una serie de grandes representaciones de los cuatro vientos, pintados en el estilo de Tiziano como voluptuosos cupidos flanqueados por imágenes de astrónomos trabajando. Danti también equipó la habitación principal de la torre con un gran anemómetro conectado con una veleta. Grabó en el suelo un mapa de las estrellas y el zodíaco, situado de manera que un pequeño agujero de la pared dejaba pasar un rayo de luz que incidía en el mapa y que variaba según el ángulo estacional del sol. Así se creó en la Torre de los Vientos un burdo calendario trópico. En 1583, tras la reforma, Danti fue nombrado obispo de Alatri (sureste de Roma), donde murió en 1586.

El último miembro de la comisión era Antonio Lilio, que representaba los intereses de su difunto hermano y que elevó las ideas de Luis en 1576, suceso que Gregorio menciona en la bula de 1582 al recordar «un libro que nos trajo nuestro querido hijo Antonio Lilio, doctor en artes y medicina, el cual había escrito su hermano Luis».

Este «libro», todavía manuscrito, fue con mucho el documento más importante de todo el proceso de la reforma.

Con el paso de los siglos ha desaparecido sin dejar rastro. Lo poco que ha sobrevivido es un pequeño folleto publicado por la comisión y titulado _Compendium novae rationis restituendi kalendarium_ (Compendio de los nuevos cálculos para la corrección del calendario). Es una sinopsis del plan de Lilio, y se envió a varios expertos e importantes príncipes, monarcas y prelados, para que lo comentaran.

El _Compendium_ también se creyó perdido hasta que el historiador Gordon Moyer localizó en 1981, no uno, sino varios ejemplares, todos impresos en Roma en 1577. El folleto es un breve volumen en cuarto, de 24 páginas, con una portada para el título que prohíbe su venta y su reimpresión, «so pena de excomunión». Todos los ejemplares del _Compendium_ descubiertos por Moyer en archivos de Florencia, Siena y Roma están relacionados con otros escritos breves que critican las ideas de Lilio, algunos con planes modificados propios.

Las polémicas que continuaban hablando sobre el cambio del calendario seguían los conocidos argumentos de la ciencia, la teología, la doctrina de la Iglesia y el impacto práctico de la reforma en la vida de la gente, el gobierno y la economía. Hacia 1570-1580, sin embargo, el énfasis era diferente, pues las preocupaciones teológicas, antaño poderosas, sobre Dios y el tiempo pesaban mucho menos que los debates sobre teoría astronómica, cosmología de la Iglesia y cómo llegar mecánicamente a la mejor solución para ajustar el calendario.

El primero de la lista de asuntos polémicos era la vieja incógnita: ¿cuál es la duración real del año?

Nadie había llegado todavía a un método capaz de determinar el año verdadero (el asunto sigue sin zanjarse satisfactoriamente en la actualidad, debido a las variaciones de los movimientos de la tierra), aunque la astronomía del siglo XVI progresaba poco a poco. Además, hacia 1580 había progresado tanto que Clavio y la comisión pudieron plantarse seriamente la idea de adaptar el calendario a un sistema basado en los movimientos reales de la tierra (o del sol, para quien fuese seguidor de Tolomeo) en vez de utilizar un sistema que se servía de un valor medio de mediciones. Este último había sido el método empleado tanto en el calendario juliano, con su sistema de años bisiestos, como en el calendario lunisolar de la Iglesia para determinar la Pascua de Resurrección. Ningún calendario había estado ligado a una teoría planetaria; esto había desanimado durante mucho tiempo a los astrónomos, que pensaban que la única manera de crear un calendario sin errores era abandonar la idea de media y proseguir la andadura a «tiempo real», por decirlo de alguna manera.

Por ejemplo, Clavio esperaba inicialmente vincular el calendario reformado al verdadero año astronómico. «Yo diría que para restaurar y tener en cuenta la astronomía es importante adoptar el movimiento verdadero —escribió a un amigo de Padua el 24 de octubre de 1580—, pero estos caballeros [de la comisión] no lo entiende por varias razones.»

Sin embargo, Lilio habló a favor de la media, alegando que la teoría astronómica seguía siendo demasiado insegura a pesar de sus avances. También creía que desarrollar un calendario basado en la teoría planetaria sería demasiado complicado para los no astrónomos. Lo que se necesitaba, dijo, era calcular una media lo más cercana posible a los verdaderos movimientos de la luna y los movimientos aparentes del sol.

Al parecer, la comisión estaba de acuerdo, concluyendo que un calendario tenía que ser lo bastante sencillo para que lo entendieran y utilizaran todos, incluso si se apartaba ligeramente del verdadero año astronómico; la dificultad estribaba en hacer que el margen de error fuese lo más pequeño posible. Incluso Clavio aceptó y lo convencieron de que continuara con Lilio, ya que más tarde defendió esta postura, después de que fuera introducida la reforma.

Arreglado el asunto, la siguiente tarea de la comisión fue decidir cuál de las muchas medidas del año eran las más fiables.

Medio siglo antes, Copérnico se había devanado los sesos meditando la misma cuestión. Había llegado a la conclusión de que no había ninguna medición solvente del año trópico, que en su opinión iba más aprisa o más despacio, sin una pauta discernible. Esto le llevó a confiar en el año sidéreo, más estable, a la hora de redactar el *De revolutionibus*. Los artífices del calendario no pensaban igual, sin embargo, hasta que se preocuparon por crear un «año» que correspondiera al ciclo de las estaciones, no a la posición de la tierra en el espacio; los dos años eran ligeramente distintos, por culpa de ese molesto fenómeno conocido como precesión de los equinoccios.

Para entender el problema, y como es posible tener dos clases diferentes de año, primero hay que visualizar la tierra como una sencilla esfera que da vueltas alrededor del sol. El año sidéreo es el tiempo que tarda la tierra en dar una vuelta al sol en relación con un objeto celeste fijo, por ejemplo una estrella; en otras palabras, para volver al punto exacto de la órbita donde comenzó la medición:

AÑO SIDÉREO

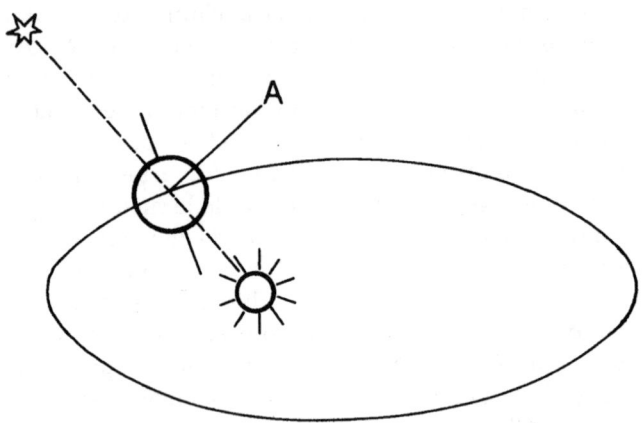

A = Punto de partida y de llegada de la tierra

Esto es fácil. Lo difícil es cuando nos damos cuenta de que la tierra no sólo gira sobre su eje como una peonza (motivo por el que tenemos día y noche), sino que además su plano de rotación está inclinado con relación al plano de su traslación alrededor del sol (la eclíptica).

AÑO TRÓPICO

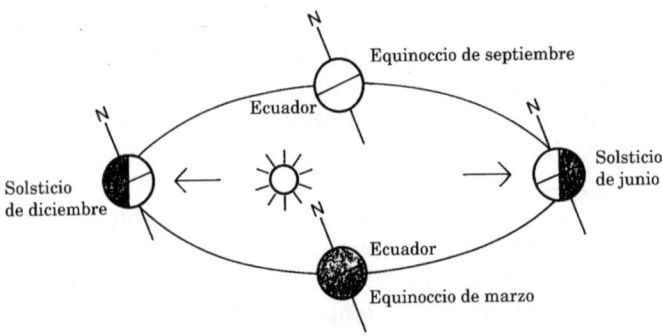

Para imaginarlo pensemos en el globo terráqueo que suele haber en un rincón de las aulas, con una línea dibujada alrededor de la parte más ancha: es el ecuador. Sin inclinación, el ecuador sería siempre el lugar de la tierra más próximo al sol y no tendríamos estaciones. Pero la tierra está ladeada y en junio es verano porque el hemisferio norte queda más expuesto al sol (más cerca del plano de la eclíptica) que el hemisferio sur. Alrededor de seis meses más tarde, la tierra, que sigue inclinada, tiene ahora el hemisferio sur más en línea con el plano de la eclíptica, haciendo que sea verano en el sur e invierno en el norte. El punto más alto al que llega el sol cuando asciende por el hemisferio norte es el trópico de Cáncer; el punto más bajo al que llega cuando desciende por el hemisferio sur es el trópico de Capricornio. El sol cruza el ecuador dos veces al año en estos ascensos y descensos entre un trópico y otro; los momentos del cruce son los equinoccios de marzo y septiembre.

Hiparco de Alejandría fue uno de los primeros astrónomos en notar la diferencia entre las dos clases de año, cuando tomó medidas del año según los equinoccios, de 141 a 127 a.C., valiéndose de la «escafa» de Aristarco. Luego comparó sus observaciones con el año calculado por los egipcios, que durante siglos habían estado midiendo el año sidéreo y no el año trópico. Esto es porque utilizaban como punto de referencia la salida anual de Sirio, la primera estrella de la constelación del Can Mayor y la más brillante del cielo; la observaban en el momento en que pasaba por la afilada punta de un obelisco.

Basándose en las observaciones de Hiparco, Claudio Tolomeo propuso, tres siglos después, una fórmula sencilla para la precesión de los equinoccios, partiendo de la hipótesis de que la desviación del año trópico en relación con las estrellas era uniforme y sumaba un grado por siglo.

En la época de la comisión del calendario, se había demostrado que esto era erróneo más allá de toda duda, gracias primero a astrónomos árabes y luego a otros, como el patriarca Ignacio, miembro de la comisión que conocía la tradición científica islámica, señaló al Papa en una carta de 1579 y en sus comentarios de 1580 sobre el *Compendium*. Sin embargo, los árabes también habían creído en una precesión uniforme (con cálculos diferentes de los de Tolomeo), mientras que Copérnico y otros habían llegado a la conclusión de que el año trópico era variable, aunque no se ponían de acuerdo sobre la magnitud de la variabilidad.

Este debate científico sobre cómo calcular el año verdadero se complicaba por culpa de la antigua teoría cosmológi-

ca que muchas personas cultas, así como la Iglesia, todavía
consideraban verdadera en el siglo XVI. Era que los cielos
estaban compuestos de una serie de esferas concéntricas,
con la tierra en el centro, y la luna, el sol, los planetas y las
estrellas dando vueltas en sucesivas esferas; una configu-
ración precisa e inmutable que no admitía la posibilidad de
un año variable ni de un fondo estelar que parecía moverse
ligeramente cada año.

Una explicación era que podía haber otra esfera de estrellas de diámetro aún mayor, o varias esferas. Esta posibilidad creó mucho desorden y confusión, sobre todo por los
esfuerzos de la astronomía tradicional por encajar los nuevos datos, todavía esquemáticos, en la concepción tolemaica
del universo.

Los dos astrónomos de la comisión del calendario, Clavio y Danti, tuvieron que convencerse a sí mismos de que el
año era realmente variable en una época en que esto todavía
era polémico. Para Danti, la confirmación llegó cuando midió los equinoccios en Florencia en 1574 y 1575, y comprobó
que la duración del año difería de las medidas de Tolomeo.
Clavio encontró su prueba cuando construyó un globo celeste para el Colegio Romano y calculó la media de la precesión durante los años transcurridos entre las observaciones
copernicanas de 1525 y el año en que Clavio construyó el
artilugio, 1575. Su temprana fe tolemaica se debilitó. Clavio mantuvo una actitud abierta sobre la precesión durante
los debates de la comisión y en cierto momento habló a los
miembros de un ensayo inédito de un tal Ricciardo Cervini,
escrito en 1550, que argüía que no existía la precesión, aunque Cervini no había convencido a nadie.

Dado el alboroto sobre la precesión (y la inminente y
más peliaguda polémica sobre heliocentrismo y geocentris-
mo), Luis Lilio pasó prudentemente por alto todo el asunto
en su solución. Según Clavio (nuestra principal fuente de
información, junto con el *Compendium*, de lo que Lilio pensaba, ya que el manuscrito de Lilio se perdió), el viejo médico optó sencillamente por tomar el valor del año trópico que
daban las tablas astronómicas más aceptadas entonces, las
Tablas Alfonsíes, escritas originalmente en 1252-1272 por
encargo del rey Alfonso X de Castilla y modificadas poste-
riormente por distintos astrónomos. Las Tablas Alfonsíes
daban un año trópico medio de 365 días, 5 horas, 49 minutos y 16 segundos. Era unos 30 segundos más lento (más
largo) que el año verdadero, pero se le acercaba mucho. El
valor medio del año que se introdujo en la reforma, que es
nuestro año trópico (o del calendario) actual, es ligeramen-

te más exacto: 365 días, 5 horas, 49 minutos y 12 segundos: sólo 26 segundos más lento (más largo) que el año trópico verdadero.

Esta media final del año gregoriano nos permite resumir algunas medidas, estimaciones y suposiciones de la duración del año trópico que se habían hecho con el paso de los siglos, a muchas de las cuales tuvo acceso la comisión durante la década de sus deliberaciones.

Duraciones históricas del año (trópico)

Año(s)	Origen	Medidas (días, horas, minutos, segundos)	Margen de desvío del año actual
Presente	Reloj atómico	365d 5h 48m 46s*	Ninguno
141-127 a.C.	Hiparco	365d 5h 55m	+6m 14s
45 a.C.	Julio César	365d 6h	+11m 14s
139 d.C.	Tolomeo	365d 5h 55m 13s	+6m 27s
499	Aryabhata	365d 8h 36m 30s	+2h 47m 44s
882	al-Battani	365d 5h 48m 24s	-22s
c. 1100	Omar Khayyam	365d 5h 49m 12s	+26s
1252-1272	Tablas Alfonsíes	365d 5h 49m 16s	+30s
c. 1440	Ulugh Beg	365d 5h 49m 15s	+29s
1543	Copérnico	365d 5h 49m 29s	+43s
1574-75	Ignacio Danti	365d 5h 48m	-46s
1582	Calendario gregoriano	365d 5h 49m 20s	+26s

*Este valor es la duración oficial que tiene el año medio en nuestra época; se calculó en 1956 tomando como base el año 1900.

Una vez que Lilio tuvo un año medio, se planteó el siguiente problema, crucial para la reforma: cómo zanjar la diferencia entre el año de César y el año «verdadero». Para ello tuvo que comparar el año alfonsí, de 365 días, 5 horas, 49 minutos y 16 segundos, con el año juliano, de 365 días, 6 horas. El alfonsí era 10 minutos y 44 segundos más corto que el juliano, lo que era igual a un día perdido cada 134 años.

Al parecer, Lilio barajó diferentes ideas para convertir estas complicadas medidas en una sencilla fórmula para quitar del calendario el apropiado número de días que hubiera que saltarse. Rechazó la vieja propuesta apoyada por Bacon y otros, consistente en quitar un día más o menos cada 134 años. Lejos de ello, prefirió la sencillez del año bisiesto juliano, con su norma de los cuatro años, que era fácil de recordar, esperando resolver el exceso juliano con un decreto igual de conveniente.

Mientras el buen médico trasteaba con varias soluciones poco antes de su muerte, descubrió que el exceso ascendía a 3 días ganados al año verdadero cada 402 años (134 años X 3). Lo redondeó dejándolo en tres días cada 400 años, un número más accesible que se convirtió en la base de la norma del año secular bisiesto (que quita tres días del calendario cada cuatrocientos años eliminando la condición de bisiesto en tres de cada cuatro años seculares). Esta fórmula, basada en tablas no totalmente precisas y en un número redondeado, acabó por ser notablemente exacta, adelantándose a las estaciones sólo a razón de un día cada 3.300 años.

Lilio también propuso dos alternativas bien conocidas para recuperar los días perdidos debido al desajuste del propio calendario juliano, al que supuso que había que recortar 10 días para volver al equinoccio de la época de Nicea. Una alternativa era suprimir diez años bisiestos seguidos; la otra, más radical, suprimir diez días de golpe.

El otro gran problema de Lilio y la comisión del calendario era enmendar el calendario lunar católico utilizado para determinar la Pascua de Resurrección. Además, para el papa y otros cristianos, el proyecto de corregir el calendario solar (y devolver el equinoccio de primavera a su lugar correcto en el año trópico) nunca fue un fin en sí mismo, sino parte de un plan religioso requerido para devolver la festividad de la Pasión del Señor a la fecha que le tocaba.

La Pascua, en teoría, cae el primer domingo posterior a la primera luna llena después del equinoccio de primavera, fórmula al parecer sencilla, si no fuera por el viejo problema de que el año de la luna y el año del sol no coinciden. Para compensarlo, los medidores del tiempo cristianos habían utilizado el ciclo metónico de 19 años, que en teoría sincronizaba el sol y la luna, ya que 19 años solares eran igual a 235 meses lunares.

Bueno, casi. En realidad los ciclos lunares quedaban hora y media rezagados respecto del ciclo solar de 19 años, un desequilibrio que había alarmado a los computistas y astrónomos durante algún tiempo.

Lilio calculó que el hiato lunisolar era igual a 1 hora 27,5 minutos, lo que significaba que la luna se alejaba del calendario lunisolar de la Iglesia a razón de un día cada 312,7 años. En 1570 el error había sumado más de cuattro días.

Para poner fin a este caos lunisolar, Lilio y la comisión descartaron la vieja suposición metónica de que las fases de la luna, sobre todo la crítica luna llena, coincidían siempre, en el ciclo de 19 años, con el año solar. Lilio se concentró más bien en que funcionara un nuevo método para impedir que el calendario lunar perdiera un día cada 312,7 años.

Tampoco fue una tarea sencilla, ya que 312,7 no es precisamente un número fácil de dividir por un calendario gregoriano de 365 días, 5 horas, 48 minutos y 20 segundos. Pero una vez más, Lilio lo consiguió con un sencillo descubrimiento de que 8 periodos de 312,7 años son igual a casi 2.500 años, número que puede dividirse casi exactamente por siete periodos de 300 años más un periodo de 400. Fue la solución lunar de Lilio: quitar un día del calendario lunar cada 300 años siete veces, y luego un octavo día cada 400 años. Por sencillez, Lilio y la comisión volvieron a proponer las correcciones y quitar los días al final de los siglos que tocase.

El manuscrito de Lilio fue inicialmente recibido con dudas y recelos, pero se convirtió en la principal propuesta de la comisión cuando Clavio y compañía lo estudiaron y lo enviaron a varios expertos para que lo comentaran. Un presunto experto, Giovanni Carlo Ottavio Lauro, parece que en cierto momento quiso alargar el proceso de revisión llevándose el manuscrito de Lilio y quedándoselo durante varios meses. En teoría se lo llevó para hacer «correcciones» no concretadas, aunque Lauro utilizó el tiempo en realidad para retrasar la acción y así terminar su propia propuesta. Esta táctica enfureció tanto a los que apoyaban a Lilio en la comisión que recurrieron directamente al Papa, pidiéndole que se devolviera el manuscrito (que se devolvió) y se olvidasen las fantasías de Lauro.

La solución liliana ganó por fin el 5 de enero de 1578, cuando el Papa envió el *Compendium* del manuscrito de Lilio a universidades, jefes de Estado y prelados importantes, para que lo comentaran. Se envió el *Compendium* en lugar del manuscrito de Lilio, mucho más largo, para ahorrar

tiempo en un momento en que la fiebre de la reforma del calendario se había apoderado de Roma, o al menos del pequeño grupo de personas que se preocupaban de tales temas en
la Ciudad Eterna. También permitió a la comisión del calendario añadir sus propias observaciones y correcciones, que
Clavio dijo más tarde que habían sido mínimas. El *Compendium*, de 20 páginas, lo redactó el matemático español Pedro Chacón, presumiblemente con ayuda del hermano de
Lilio, Antonio.

Tras la publicación del folleto llovieron más comentarios sobre la comisión. Recibió una recia respuesta en comparación con anteriores intentos de reforma, como el iniciado a
principios del siglo XVI por Pablo de Middelburgo. Esta vez
el *Compendium* suscitó docenas de cartas, todavía guardadas en el Vaticano. Las más sencillas lo aprobaban; otras
contenían comentarios, propuestas y contrapropuestas, algunas fascinantes. El matemático de la corte del duque de
Saboya, Giovanni Battista Benedetti, envió una carta fechada en abril de 1578 en la que sugería corregir 21 días y
trasladar el solsticio de invierno al primero de enero. Benedetti propuso además cambiar la duración de los meses
para que coincidieran con el paso del sol por los 12 signos
del zodiaco. Otros comentaristas propusieron varias fechas para el equinoccio y se quejaron de que hubiera un valor medio para la duración del año. Algunos se tomaron la
molestia de publicar sus planes alternativos y hacerlos
circular, esperando conseguir una audiencia con el Papa y
la comisión.

La realeza también respondió. Por ejemplo, el rey Felipe II de España aprobaba el plan en una breve carta, pero
insistía en que el equinoccio se mantuviera en el 21 de marzo... por deferencia a Nicea, pero también por la razón práctica de que se ahorraría tiempo, dinero y trabajo si las fechas que ya figuraban en misales y breviarios se dejaban
tal como estaban.

Las quejas de los astrónomos y otros científicos continuarían durante varias décadas, mientras el nuevo calendario
se iba imponiendo. Muchos estaban de acuerdo con la parte técnica de la reforma, entre ellos Tycho Brahe y Johannes Kepler, que vivieron en países protestantes. Ambos
encontraron la reforma científicamente sólida y la mejor
que habían visto. Brahe fechó sus cartas utilizando desde

el principio el nuevo calendario y Kepler, en un artículo póstumo, dio sus razones en forma de diálogo entre un canciller protestante, un predicador católico y un matemático experto. Al final llegaba a la conclusión de que la Pascua de Resurrección, que tanta consternación causaba entre oponentes y defensores del calendario, «es una festividad y no un planeta». En 1613, Kepler hablaba a favor de las reformas, pero no consiguió convencer a los soberanos protestantes, una resistencia que duró hasta 1700. Las Tablas Rudolfinas del mismo Kepler sustituyeron a los valores gregorianos para determinar la Pascua de Resurrección. Esto hizo que, algunos años, Alemania celebrara la Pascua de Resurrección un día distinto que los católicos y otros protestantes.

Muchos astrónomos encontraron defectuoso el nuevo calendario, entre ellos varios matemáticos de Praga que se negaron a ayudar al obispo local a revisar el calendario de fiestas. Otros discrepaban, a veces con vehemencia, por razones religiosas. Entre estos estaba el astrónomo protestante Michael Mästlin (1550-1631), un profesor de Tubinga y uno de los maestros de Johannes Kepler. Decía que el Papa no tenía autoridad para imponer semejante reforma, y criticaba a Gregorio por llamar al nuevo calendario «perpetuo», porque este calificativo negaba el Juicio Final. Este argumento fue más tarde refutado por otro alemán, defensor del calendario, que sugirió que con el razonamiento de Mästlin la gente también debería dejar de construir casas.

Mästlin y otros se hacían eco de las críticas que afirmaban que la reforma debería seguir desde más cerca los verdaderos movimientos del sol (es decir, de la tierra) y de la luna. Se quejaban de los métodos usados para determinar la Pascua de Resurrección en las reformas lunares, se preocupaban de si el equinoccio, con la reforma, caería siempre el 21 de marzo, y ponían en duda las fuentes para la duración del año. Muchos astrónomos y matemáticos (entre ellos varios designados por monarcas y obispos para preparar la difusión pública de las reformas) no sólo presentaban críticas sino que publicaban sus propias soluciones, a veces en el mismo lugar que el nuevo calendario, para confusión de cualquiera que intentara entender las reformas del Papa.

Otros astrónomos, encabezados por Cristóbal Clavio, defendían el nuevo calendario. En 1595, Clavio escribió una refutación de Mästlin, dirigida a los muchos críticos del calendario, titulada *Novi calendarii Romani apologia, adversus Michaelem Maestlinum*: «Defensa del nuevo calendario romano, contra Michael Mästlin.» Explicaba, entre otras cosas, por qué la comisión adoptó un sistema de medias en lugar de movimientos totales.

Clavio también defendió el uso de las medias señalando que era imposible para todos los cristianos celebrar la Pascua de Resurrección exactamente en el mismo momento, dada la diseminación de los cristianos por varios meridianos. En 1606 Clavio contestó a sus críticos en una *Explicatio* de 800 páginas. En total, Clavio escribió seis tratados sobre el calendario, seis documentos bien razonados y científicamente sólidos que casi consiguió silenciar todas las críticas y allanar el camino de la reforma en países que inicialmente no se atrevían a seguir el nuevo calendario.

Uno de los más conocidos críticos académicos del calendario fue un enconado rival de Clavio, el erudito José Justo Escalígero (1540-1609), hijo del célebre filólogo italiano Julio César Escalígero. José Justo se había hecho calvinista y encontró la reforma plagada de supuestos errores, incluso se rebajó a insultar a Clavio llamándolo «alemán barrigudo». Pero esto no impidió que más tarde utilizara el sistema gregoriano para su más famoso proyecto: una cronología de sucesos históricos según las reglas de la astronomía. Fue una labor monumental que modernizó la vieja preocupación medieval por la cronología y unió todos las descripciones de sucesos que pudo encontrar. Además, él y Clavio no diferían tanto en sus respectivas labores, el alemán corpulento ajustando el calendario a los movimientos del sol y de la luna, y Escalígero intentando que el pasado y el futuro se correspondieran con un modelo aceptado generalmente. El año siguiente a la reforma del calendario Escalígero publicó su *Opus novum de emendatione temporum* (1583), fundando la cronología como una ciencia.

Escalígero inventó su propio calendario cronológico: el calendario del día juliano, un ingenioso aunque complejo sistema que no utiliza los años tal como son individualmente, sino un ciclo de 7.980 años astronómicos que cuenta un día por vez, sin días fraccionados, sin años medios, sin febreros bisiestos. Llegó a este número multiplicando tres ciclos cronológicos: un ciclo solar de 18 años, un ciclo lunar de 19 años y la indicción de 15 años utilizada por los romanos. Los tres ciclos comenzaban en el mismo momento, al principio de su «ciclo juliano», pero no volvían a coincidir hasta el final. Esto era útil para cualquiera que tratara de crear una cronología uniforme, ya que la fecha de cualquiera de los tres ciclos básicos podía traducirse a cualquiera de los otros dos.

Esto podría parecerle idiota al ciudadano medio. Sin embargo, el calendario de Escalígero está vivo hoy entre los astrónomos, que no necesitan un calendario basado en un año trópico medio, sino en un año astronómicamente exacto. ¿De qué otra forma podría medirse el tiempo entre, digamos, dos apariciones del cometa Hale-Bopp, o dos pulsaciones de un quásar? Escalígero comenzó su ciclo juliano a mediodía del 1 de enero de 4713 a.c., que basó en cálculos referentes al nacimiento de Cristo.

El otro gran cronólogo de principios de la era moderna fue Isaac Newton (1642-1727), cuya labor astronómica tiró por tierra lo que quedaba de la teoría planetaria tolemaica, y cuya obra sobre óptica, gravedad y matemáticas fundó la física moderna. Hombre de curiosidad universal, Newton, al final de su vida, se obsesionó por fechar correctamente el pasado. Esto incluía un complicado intento de correlacionar sucesos bíblicos con los consignados en civilizaciones que iban de Asiria a Roma.

Su astronomía y sus métodos para fechar sucesos largo tiempo ocurridos eran brillantes; utilizó eclipses registrados, el ritmo de modificación de la precesión de los equinoccios, y cuidadosas mediciones de estrellas, equinoccios, cometas y novas. Pero su intento de fechar mitos y leyendas de dudosa validez histórica y su inquebrantable voluntad de utilizar la Biblia para fechar sucesos empañaron la empresa. Decía, por ejemplo, que Dios creó el mundo en 4004 a.C., tal como había determinado James (1581-1656), arzobispo irlandés y estudioso de las Escrituras. Intentó establecer toda la cronología basada en el viaje de Jasón y los argonautas en busca del vellocino de oro, un esfuerzo que los admiradores llamaron «magistral» y propio de un «genio», pero que otros despreciaron por «no ser mejor que una inteligente novela de aventuras».

El 14 de septiembre de 1580 la comisión firmó el informe oficial a Gregorio XIII, con las soluciones de Luis Lilio casi intactas. También añadieron una cláusula para normalizar el Día de Año Nuevo en 1 de enero, la fecha utilizada por Julio César y por las Tablas Alfonsíes.

Gregorio aprobó con entusiasmo el plan, que se preparó para ponerse en práctica en octubre de 1581 (octubre era el mes que menos días santos tenía). Un retraso de última hora lo impidió, pues la comisión esperaba a un estudioso flamenco llamado Adriaan van Zeelst, que había prometido aportar ciertas mejoras a la solución de Lilio, aunque al parecer lo único que consiguió fue posponer la reforma hasta 1582.

El texto de la bula lo redactó sobre todo el representante español Pedro Chacón en otoño de 1581. El 20 de octubre de 1581 envió desde Turín un borrador al cardenal Sirleto, que estaba en Roma. Chacón murió días después, con lo que la versión final de la bula la escribió otro miembro de la comisión, Vincenzo di Lauri. Sirleto también envió a Antonio Lilio, el hermano de Luis, a trabajar con los ayudantes del papa en el texto definitivo de la bula final, en Mondragone, la villa favorita de Gregorio, en los alrededores de Roma.

El 24 de febrero de 1582, Gregorio XIII, ya con ochenta años, se sentó ante una mesa que todavía se conserva en Mondragone y firmó la bula que haría de aquél el último año del calendario de Julio César, al menos para los países católicos todavía dispuestos a aceptar decretos de la desprestigiada autoridad de la Santa Sede.

El 1 de marzo se fijó el texto en las puertas de San Pedro, en la cancillería de Roma y otros lugares de la ciudad. Impreso junto con el nuevo calendario perpetuo y las bases del nuevo sistema, se enviaron ejemplares a todos los países católicos, a través de los nuncios papales, mientras todo se preparaba para una nueva era del calendario que se bautizó con el nombre del Papa que hizo posible la reforma.

Gregorio se merecía este honor aunque sólo fuera por la hazaña burocrática de fomentar la reforma cuando muchos otros habían fracasado. Sin embargo, parece injusto que el misterioso médico que realmente ideó la reforma no consiguiera una pequeña ración de inmortalidad por sus desvelos, por ejemplo una estrella con su nombre. O como Clavio, Copérnico y Tycho Brahe, un cráter de la Luna.[28]

---

28. Curiosamente, el cráter de Clavio es más grande que los de sus colegas, más famosos que él. Además es el cráter donde se desarrollaba una parte de la película de Stanley Kubrick *2001: una odisea del espacio.*

14

Diez días perdidos para siempre

Me rechinan los dientes, pero mi mente siempre va once días adelantada o rezagada y no deja de murmurar en mis oídos: «Ese ajuste concierne a los todavía no nacidos.»

MONTAIGNE, 1588[29]

Cuando las campanas repicaron en Europa en los últimos momentos del 4 de octubre de 1582, el calendario hizo algo que no había hecho desde la época de Julio César: se saltó 10 días, al menos en aquellos países que obedecieron la bula papal.

Los que vivían en lo que habría sido el 5 de octubre perdieron de repente diez días de su vida, según el nuevo calendario de Roma. Esto inquietó sinceramente a las personas, que pensaron que, de alguna manera, les habían robado esos días. En Francfort, una multitud se rebeló contra el Papa y los matemáticos, que, según ellos, habían conspirado para cometer aquel crimen. Otros expresaron abiertamente su miedo a incomodar a los santos a los que rezaban para todo, desde obtener buenas cosechas hasta pasar la otra vida en el paraíso. Y en todas partes la gente se preguntaba: ¿Y si estos días nuevos están equivocados? ¿Y si los santos no nos escuchan?

Más mundanos y prácticos fueron los marineros, los muleros, los tejedores, los espaderos y los reyes, que se preocuparon por los impuestos no recaudados, los sueldos no ganados y los plazos de entrega que se adelantaban diez días. Los banqueros se devanaron los sesos tratando de calcular los intereses de un mes de 21 días y los sacerdotes locales intentaban explicar a los inquietos feligreses que no

---

29. El error de Montaigne (la reforma suprimió diez días, no once) sugiere que incluso entre los intelectuales la reforma era confusa.

sólo se había mudado las festividades de algunos santos; también se habían eliminado muchas otras celebraciones,[30] desde cumpleaños y aniversarios de boda hasta ferias locales y ceremonias civiles. Incluso el cumpleaños del Papa había cambiado: del 1 de enero de 1502 pasó al 11 de enero de 1502.

Página de un calendario astronómico para octubre de 1582. G. A. Magini, *Novae ephemerides* (1582).

---

30. Algunas festividades siguieron ancladas en el nuevo calendario en su fecha original, como el domingo y la celebración de la Navidad el 25 de diciembre.

Pero la situación en octubre de 1582 era mucho más confusa. Porque sólo unos cuantos países aprobaron la reforma y mucha gente se levantaba por la mañana, después del 4 de octubre, sin que hubiera cambiado nada, como si estuviera efectivamente en 5 de octubre.

Si el Vaticano hubiera publicado el edicto un siglo antes, es casi seguro que se habría obedecido en una Europa entonces mayoritariamente católica. Pero en 1582 el continente era un cambiante mosaico de protestantes y católicos; de reinos y ducados aliados del Papa, o enemigos suyos, o en algún punto intermedio; de familias y pueblos divididos por la lealtad hacia una fe u otra, con la Inquisición católica intentando domesticar a protestantes, judíos, musulmanes, brujas y herejes, y persiguiendo a hombres de ciencia como Galileo, mientras las fuerzas vivas protestantes perseguían a Tycho Brahe y a Kepler, y quemaban vivo a Miguel Servet en Ginebra.

Fue la época de la matanza del día de San Bartolomé en París; del ataque de la Armada Invencible española contra la Inglaterra protestante; de las campañas de terror de las tropas españolas contra los protestantes holandeses; del terrorismo inglés contra el catolicismo de Irlanda; del llamado *raid* de Ruthven en Escocia, donde los nobles protestantes secuestraron al rey Jacobo VI y lo tuvieron encerrado 10 meses; y de incontables batallas, sitios y declaraciones de independencia de ciudades y Estados protestantes de Europa Central.

Con este telón de fondo, la bula de Gregorio fue un documento político lamentable, una orden papal tan chirriante como todo lo producido por la pluma pontificia durante aquellos tumultuosos días de la Contrarreforma. Clavio y otros insistieron en que la bula no se había hecho con intención de provocar a las Iglesias rivales, ya fuera la protestante o la ortodoxa de Oriente. Pero el mero hecho de que Gregorio tomara su autoridad del Concilio de Trento (un concilio contrarreformista, convocado principalmente para exponer reformas y políticas destinadas a frenar la marea protestante) garantizaba que los no católicos se opusieran a la reforma por ser ún edicto de un papado que no reconocían, aunque su ciencia fuera sólida.

Los países incondicionalmente católicos acataron la bula, aunque muchos se quejaron de que el edicto se hubiera publicado sólo ocho meses antes de que la reforma entrara en vigor. En octubre de 1582 los calendarios ya se habían impreso y planeado los acontecimientos; ahora todo tenía que cambiarse. Aun así, Italia, España y Portugal se las arreglaron para hacer los cambios a última hora. El nuncio de Saboya, por ejemplo, recibió el nuevo calendario el 28 de mayo. El 12 de junio había enviado ejemplares al duque de Saboya y al arzobispo de Turín, que estuvo de acuerdo con el cambio y ordenó que pusieran ejemplares del calendario en las puertas de las iglesias de su ducado, situado a caballo entre la Italia y la Francia actuales. Uno de estos ejemplares llegó al embajador británico en París, sir Henry Cobham (1538-1608). Éste la envió al secretario de Estado inglés, sir Francis Walsingham (c. 1532-1590), con un despacho sobre varios asuntos de Estado, el 17 de octubre de 1582:

> *Os envío [...] las cartas del duque de Saboya ratificando el nuevo calendario del Papa, con la bula del nuncio [...]. El rey francés ha garantizado a dicho nuncio que el calendario del Papa se imprimirá y publicará con su privilegio.*

Las naciones con menor tradición católica o con menos prisa no obedecieron inmediatamente. Francia esperó a diciembre, momento en que el rey Enrique III ordenó el cambio. Bélgica y los estados católicos flamencos también lo pospusieron hasta finales de 1582; Flandes y parte de Bélgica dieron el salto el día siguiente al 21 de diciembre, que fue 1 de enero. Esto supuso saltarse la Navidad, como Thomas Stokes, un comerciante y espía inglés que vivía en Flandes, subrayó en una carta a Francis Walsingham, el mencionado secretario de Estado inglés, el 2 de enero de 1583 (tiempo gregoriano).

> *Ayer, por proclamación de la Corte, y en esta ciudad, fue designado día de Año Nuevo y primero de enero; así que este año han perdido el día de Navidad [...]. Brujas, a 23 de diciembre de 1582, según la usanza inglesa, que aquí dicen 2 de enero de 1583.*

Informado de que algunos países no habían hecho el cambio tal como estaba programado, el Papa, el 7 de noviembre, publicó un recordatorio para los países que no habían obedecido, ordenándoles omitir los 10 días que había entre el 10 y el 21 de febrero de 1583. Gregorio también censuró a estos remolones, ordenándoles que «el método expuesto abajo debe adoptarse universalmente, sin más excusas ni obstáculos». En 1584 el resto de Bélgica había hecho el cambio. Hungría obedeció en 1587.

Esto cubría la mayor parte de la Europa católica de Occidente, con excepción del Sacro Imperio Romano Germánico, un microcosmos de la macro-Europa, un mosaico desquiciado de reinos rivales, ducados, feudos, y ciudades-Estado, unas católicas y otras protestantes, y nominalmente vasallas del emperador. En aquel momento, el titular del Sacro Imperio era Rodolfo II (1522-1612), rey de Hungría y de Bohemia. El nombre de Rodolfo se menciona en la bula de 1582, pues el Papa le hace una petición personal para que lleve a cabo la reforma. Pero el emperador carecía de autoridad o de ejércitos para imponer nada más allá de sus territorios básicos.

Esto dejaba a los Estados alemanes a su arbitrio. En octubre de 1583 se convirtieron Baviera y Austria. También Wurzburgo, Múnster y Maguncia en noviembre de aquel año, aunque cada cual quitó los diez días de un sitio diferente. Los cantones católicos de Suiza pasaron del 12 al 22 de enero de 1584; otros Estados alemanes católicos, junto con Bohemia y Moravia, se hicieron gregorianos a finales de 1584.

Los protestantes de Alemania y otras partes rechazaron la reforma, a menudo con resentimiento y vehemencia. Jacobo Heerbrand, profesor de teología de Tubinga, acusó a Gregorio (a quien llamó *Gregorius calendarifex*, artífice de calendarios), de ser el «Anticristo romano» y su calendario un caballo de Troya ideado para inducir a los auténticos cristianos a rendir culto a Dios en días indebidos.

No reconocemos a este Licurgo (o mejor dicho, Dracón, de cuyas leyes se dijo que se escribieron con sangre), a este calendarífice, del mismo modo que lo que oímos no es la voz del pastor del rebaño del Señor, sino el aullido del lobo [...]. Todos estos repugnantes y abominables errores, sus prácticas sacrílegas y adoración de ídolos, sus vicios y dogmas perversos e impíos que están condenados por la palabra de Dios [...] poco a poco quiere introducirlo una vez más en nuestras iglesias.

Heerbrand acusó al nuevo calendario de ser una prolongación del Concilio de Trento y al Papa de propugnar un cambio religioso y no civil. Su consejo: obrad como los pastores contra el «lobo que amenaza vuestro rebaño» y «manteneos firmes en vuestra libertad, luchad por ella como corresponde a campeones y soldados de Cristo».

Otros protestantes arguyeron que el calendario del Papa era contranatura y en un folleto decían que los agricultores ya no volverían a saber cuándo arar y sembrar los campos, y que los pájaros estarían confundidos y no sabrían cuándo cantar ni cuándo salir volando. Otro folleto, escrito a medias por el astrónomo antigregoriano Michael Mästlin, asustaba a los agricultores de Bohemia y otras partes proclamando que el Papa en realidad estaba robando 10 días de la vida de todos. Los católicos contaban absurdos de su propia cosecha, por ejemplo que en la italiana Gorizia un nogal había reaccionado a la reforma floreciendo diez días antes. Otros protestantes coincidieron con la reacción de Martín Lutero cuando éste se enteró de las reformas católicas: que deberían ser las autoridades civiles y no los papas quienes se encargaran de medir el tiempo. También otros decían que el calendario juliano había lo había elegido Dios y no debían alterarlo ni los papas ni los reyes... una posición que la misma Iglesia católica había dado por supuesta durante siglos, utilizando el mismo argumento para impedir la reforma del calendario.

Para la gente de Alemania y otras partes, este lío significaba que la gente tenía que vérselas con dos calendarios: el juliano de los países protestantes y el gregoriano de los católicos, el viejo estilo frente al estilo nuevo. También significaba que alguien que viviera, digamos, en la católica ciudad de Ratisbona el 1 de enero, llegaría a la luterana Núremberg, que está a unos 70 kilómetros, el 21 de diciembre del año anterior. (Ratisbona adoptó el calendario gregoriano en 1583, Núremberg en 1699.) Peor aún, las fiestas cristianas, incluida la Pascua de Resurrección, caían ahora en días distintos, como en una repetición de lo que Beda el Venerable había lamentado en la lejana Northumbria durante la Época Oscura: «Dicen que la confusión era tal en aquellos tiempos que la Pascua de Resurrección llegaba a celebrarse dos veces en un año.»

Más tarde, en 1700, los protestantes de Alemania y Dinamarca adoptaron gran parte de las reformas gregorianas, incluyendo la supresión de 10 días y la norma del año secular bisiesto. Pero no supieron calcular la Pascua de Resurrección y terminaron adoptando una fecha idéntica a la de los católicos, salvo en ciertos años, como 1724 y 1744, en que los católicos y protestantes celebraron la Pascua en domingos diferentes. En 1775, Federico II de Prusia suprimió por fin el calendario de la Pascua protestante, tras lo cual se impuso por completo el calendario gregoriano en el centro de Europa.

La mayor confusión se dio en Suecia, que adoptó el nuevo cálculo pascual de los protestantes alemanes, pero no quitó los 10 días de su calendario. Antes bien, quitaron sólo un día en 1700, según la fórmula gregoriana del año secular bisiesto, que seguían todos los países reformados aquel año. Esto dejó a los suecos con un calendario diferente de todos los demás: 10 días desajustado respecto del gregoriano, pero también un día en relación con el juliano. En 1712 volvieron al calendario juliano, añadiendo un día extra, el 30 de febrero. Hasta 1753 no adoptaron por fin el año gregoriano.

La Iglesia ortodoxa de Oriente también rechazó la reforma; un esfuerzo de última hora de Roma para incluirla había sido incapaz de reparar siglos de enemistad. La vieja hostilidad, en todo caso, había ido a peor desde al caída de Bizancio ante los turcos, más de un siglo antes... una derrota que fue más amarga para muchos cristianos ortodoxos porque creyeron que Occidente se había mantenido al margen y no había hecho nada por ayudarles.

Desde la caída de Constantinopla, las Iglesias de Oriente habían sido empujadas a una posición minoritaria dentro de un poderoso Imperio musulmán, aunque continuaban funcionando en sus ciudades principales. Sin embargo la autoridad central, ligada al antiguo Imperio griego, había desaparecido, dejando que las iglesias locales de Constantinopla, Alejandría, Antioquía y otras se las arreglasen por sí mismas en el medio más o menos hostil del régimen otomano.

Enviar una delegación oficial de Roma a los dirigentes ortodoxos era un proyecto arriesgado a fines del siglo XVI, dada la sensibilidad turca ante cualquier cosa que pudiera fomentar una alianza entre los cristianos de Oriente y Occidente. Estaban particularmente sensibles a causa de los reveses militares sufridos en su frontera con Occidente, en los Balcanes, y después de la batalla de Lepanto, en 1571, en el golfo de Patrás, donde la flota conjunta hispanoitaliana había derrotado decisivamente a la marina turca y terminado con el monopolio otomano de las rutas del Mediterráneo oriental.

En mayo de 1582, el Papa envió a su embajador para asuntos del calendario, un tal Livio Cellini, disfrazado de mercader, con una delegación estatal que iba a Constantinopla desde Venecia para negociar un tratado comercial con los turcos. Cellini llegó el 27 de mayo y al día siguiente fue a visitar a Jeremías II, patriarca de Constantinopla.

No era el primer contacto con representantes de la Iglesia griega para tratar del calendario. La comisión de Gregorio ya había solicitado anteriormente la opinión del obispo ortodoxo de Venecia y había trabajado de cerca con el representante sirio de la misma comisión, el patriarca Ignacio, con la esperanza de apaciguar a los griegos y ganarlos para su causa. La comisión habló seriamente sobre invitar a representantes orientales para que asistieran a las conversaciones romanas sobre la reforma. Pero Clavio y los demás se negaron en 1581. Temían que retrasara la reforma y echara a perder la ocasión, en parte porque dependía en buena medida del mismo Gregorio, que a los 80 años no esperaba vivir eternamente.

Jeremías simpatizaba con la reforma, pero dijo a Cellini que muchas Iglesias orientales serían abiertamente hostiles a cualquier cosa que viniera de Roma. Aun así, el patriarca hizo un esfuerzo para persuadir a los demás. Todo quedó en agua de borrajas, sin embargo, cuando llegó la noticia de que Gregorio había publicado unilateralmente la bula en febrero. El sínodo de Constantinopla de noviembre de 1582 condenó duramente la reforma por ir contra la tradición, las Escrituras, los concilios y la voluntad de los fundadores de la Iglesia. También censuraron todo el proceso de la reforma decretada por Roma, considerándola vanidad del Papa.

Las Iglesias de Oriente se opusieron radicalmente a adoptar el calendario gregoriano hasta el congreso ortodoxo que se celebró en Constantinopla en 1923. Uno de los puntos de la agenda fue el «nuevo» calendario. El congreso, sin embargo, no lo adoptó oficialmente. (Los conferenciantes de esta tumultuosa reunión tampoco se pusieron de acuerdo en ninguna otra cosa.) Desde 1923, varias Iglesias orientales han adoptado el nuevo calendario, incluso el año solar gregoriano. Sin embargo, han conservado el viejo sistema para calcular la Pascua de Resurrección, y hasta hoy celebran la resurrección de Cristo en un día diferente que los cristianos occidentales.

Las Iglesias parcialmente reformadas son Constantinopla, Alejandría, Antioquía, Grecia, Chipre, Rumanía, Polonia y, más recientemente, Bulgaria, que hizo el cambio en 1968. Las Iglesias de Jerusalén, Rusia y Serbia, y los monasterios de Monte Athos siguen leales por completo al calendario de César, que ahora va 13 días por detrás del gregoriano. En Grecia siguen en pie pequeños grupos de «calendaristas viejos» (llamados en griego *Paleomerologitas*), fieles al calendario juliano a pesar de haber sido excomulgados por sus respectivas iglesias por no acatar las reformas.[31] Sólo la Iglesia ortodoxa de Finlandia, con unos 60.000 miembros en esta nación básicamente luterana, ha adoptado totalmente el calendario gregoriano, Pascua de Resurrección incluida.

Cómo reaccionó la mayoría de la gente al nuevo calendario a fines el siglo XVI es algo que sólo podemos entrever fragmentariamente, ya que Europa no tenía aún ningún periódico vaticano, ningún *Paris Match* ni ningún *Times*. Y poca gente escribía diarios, práctica que tendría que esperar a la clase media alta que aparecería a finales del siglo siguiente, y a la nueva conciencia del tiempo y del valor individual que fomentaría la Ilustración y que haría que las personas creyeran que valía la pena escribir sobre sus experiencias.

Para la gente que vivía en zonas que adoptaron el nuevo calendario, el cambio probablemente significó poco desde el punto de vista práctico, una vez que el aldeano de la Toscana o del valle del Loira se hubieran recuperado de la conmoción sufrida por el cambio de los días santos y la pérdida de diez días. En 1582 aún había mucha gente que vivía aislada, en comparación con las pautas actuales, ya que rara vez se alejaba de su pueblo y de sus campos. Había más individuos cultos que en la época de Bacon y, por supuesto, muchos más que en la de Carlomagno, y muchos tenían comida suficiente. Aun así, la vida cotidiana en 1582 seguía siendo muy parecida a la de los siglos anteriores: llena de trabajo duro durante la siembra y la cosecha, pero en comparación, con poco que hacer el resto del año; con momentos de placer repartidos entre los tradicionales peligros de la peste, la guerra, el hambre y, para algunos, la persecución religiosa.

El tiempo se introdujo con más apremio aún en el antiguo ciclo de la vida y la muerte por la continua difusión de relojes y campanas, y por una creciente conciencia del trabajo, el comercio, los impuestos, los contratos, etc., que poca

---

31. A los monasterios de Monte Athos se les permite conservar el calendario juliano porque la Iglesia de Constantinopla, a la que pertenecen, ha tolerado su actitud.

gente podía eludir en 1582. Esto significa que muchos europeos que vivían en países gregorianos habrían oído hablar del cambio antes o después, aunque sólo fuera porque ahora rezaban a los santos en diferentes días. No obstante, algunos seguirían viviendo rodeados de cierta intemporalidad hasta bien entrado el siglo xx, y siguen así incluso en la actualidad, en lugares dispersos.

Para quienes vivieran en una aldea que se había hecho gregoriana cuando la vecina seguía siendo juliana, el cambio de calendario habría sido más evidente. Por ejemplo, ¿cómo habría afectado el salto de 10 días a aquel viajero nuestro que se paseaba entre la terca Núremberg y la gregoriana Ratisbona? Si era un mulero que llevaba una carga de carbón de Núremberg, ¿le reprocharían en Ratisbona que llegaba con diez días de retraso? Y una mujer que se casara el 10 de junio en Ratisbona, ¿seguiría soltera en Núremberg el mismo día, que allí sería primero de junio?

La mayoría, ante aquellas rarezas e inconveniencias, reaccionó seguramente con un gruñido y un encogimiento de hombros. Las fechas y los sistemas de fechar habían estado revueltos durante tanto tiempo, con competiciones de festividades de santos, diferentes Años Nuevos, y nombres para los días que la gente probablemente estaba acostumbrada a tener que pensar a la vez en más de un sistema. Esto es sin duda lo que habría hecho nuestro mulero. En cualquier caso, no se habría preocupado tanto como nosotros sobre tales discrepancias, por la sencilla razón de que poca gente se preocupaba entonces por seguir el tiempo con exactitud. La mayoría de los relojes actuales siguen sin concretar más allá de los cuartos de hora. Y nadie tenía que coger un tren a las 17:02 ni un programa favorito de la tele que no se quisiera perder.

En Moravia hay una leyenda local sobre el cambio del calendario que nos da un indicio de lo que pensaban y decían al respecto los ciudadanos de a pie. Un sencillo posadero llamado Bartolomé quiere entender el cambio y para aconsejarle se presentan un sacerdote y el demonio. Como Moravia era católica, no cuesta imaginar la posición de los dos consejeros ni el resultado.

Durante todo el proceso del gran cambio gregoriano es probable que poca gente se fijara en el papel de la ciencia y no se diera cuenta de que era uno de los primeros ejemplos de la temprana edad moderna en que una medida que afectaba a casi todo el mundo se imponía menos por cuestiones religiosas que por un incipiente respeto a la exactitud científica... en este caso, por conseguir el tiempo exacto.

• • •

En ninguna parte fue tan ruidoso el alboroto del calendario como en Inglaterra, que hacia 1580 era un país de tres o cuatro millones de habitantes que acababa de empezar su rápido ascenso a la condición de superpotencia económica y militar. Por el momento, sin embargo, el pequeño reino insular era débil y estaba aislado, regido por una reina protestante que había pasado todo su gobierno tratando de protegerse a sí misma y a su reino de las grandes potencias católicas de la época, sobre todo España.

Hecha prisionera en 1554 por su hermana, la reina María, que sospechaba que estaba complicada en una conspiración protestante, y tras sobrevivir a varias intrigas católicas, entre ellas un intento de regicidio, Isabel I estaba en 1582 tan enfrascada como siempre en ahuyentar sus enemigos. Es por tanto de lo más sorprendente que cuando se enteró de la bula papal no la rechazara inmediatamente. Por el contrario, ordenó a su amigo y consejero John Dee (1527-1608) que estudiara y comentara las reformas.

Científico, astrólogo y durante mucho tiempo confidente de Isabel, Dee era un personaje fascinante, un hombre que en muchos aspectos personificaba la era isabelina de Francis Bacon, William Shakespeare, Francis Drake y Walter Raleigh, un periodo de impetuosidad, ingenio, exploraciones, aventuras comerciales, conquistas y mentalidad abierta. El mismo Dee había estudiado en Cambridge, había publicado a Euclides, era experto en instrumentos de navegación, astrólogo y un prestidigitador que disertaba sobre todo, desde la naturaleza de los ángeles hasta la teoría copernicana. Hijo del trinchador mayor y encargado de la real cocina de Enrique VIII, Dee también había viajado mucho de joven, perfeccionando sus estudios de astronomía y cosmología en Bélgica y dando conferencias en la universidad de Reims ante un amplio público. Figura menor en el continente, le ofrecieron algún cargo en la corte del rey francés y en la de Iván el Terrible de Rusia.

En lugar de aceptar, volvió a Inglaterra en 1551 para ser un intelectual en la corte de la reina María, aunque cambió pronto de lealtades poniéndose al servicio de Isabel, hermanastra de la reina. En un momento dado, Dee afrontó una acusación de traición por apoyar a Isabel, pero fue absuelto. Esto le ganó la devoción de Isabel, que en 1558, tras la muerte de María, pidió a Dee consejo astrológico sobre cuál sería la mejor fecha para su coronación. Más tarde pasaría a ser «su filósofo».

Dee se tomó muy en serio lo del calendario. En 1582 escribió un largo y vehemente tratado en apoyo de la reforma, y que llevaba el siguiente título: «Llano discurso y humilde consejo dirigido a nuestra graciosa reina Isabel, para que su Excelentísima Majestad medite y reflexione acerca de la necesaria reforma del calendario vulgar para contar o comprobar los años y días civiles, según el tiempo transcurrido realmente.» Dee incluyó en las guardas una cancioncilla con la intención de adular a Isabel y de que se fijara en sus propios méritos, comparando la situación con la de César y Sosígenes:

> *Así como César y Sosígenes*
> *pusieron del calendario los orígenes,*
> *nuestra Emperatriz, a César semejante,*
> *encargó a Dee lo que tenéis delante.*

La obra comenzaba con una sencilla introducción al problema y luego venía una cronología circular, o rueda del tiempo, en la que Dee puso los grandes nombres de la historia del calendario: César, Hiparco, Tolomeo, Bacon y otros. Luego se lanzaba a un análisis de la ciencia que había tras las reformas de Luis Lilio, sobre todo la duración del año. Consultando el *De revolutionibus* de Copérnico, el *Almagesto* de Tolomeo y las tablas de Erasmo Reinhold, se convenció de que el trabajo hecho por Lilio y la comisión romana del calendario era sólido y de que las reformas eran una solución sensata... con una excepción.

Como no era católico, a Dee no le cuadraba que la corrección del calendario se remontara hasta el Concilio de Nicea. Dee defendió que la restauración llegara hasta la época de Cristo, lo que significaba quitar 11 días en lugar de 10. Más tarde, Dee transigió con gran pesar, aceptando que se quitaran 10 días para estar a la misma altura que el resto de Europa. Además redactó un proyecto de calendario para 1583, sin los 10 días, pero con una solución menos traumática que la eliminación de los 10 días de una vez. Con este calendario, Inglaterra habría suprimido tres días en mayo, uno en junio, y tres en julio y agosto, en momentos que no coincidieran con días importantes ni con fiestas.

Una vez terminado, Dee envió el tratado y un modelo del calendario al hombre que al parecer encabezaba la comisión oficial de la reina para estudiar el asunto, lord Burghley, el lord tesorero de Inglaterra. Dee comenzaba el informe con otro poema, resaltando en unos versos realmente malos que el objeto de su reforma era la verdad científica:

En general, en breve y por sensatez,
humildemente os entrego de una vez
estas palabras sobre el Tiempo
donde Vuestra Señoría verá sin contratiempo
que lo que mueve mi voluntad
es el Amor a la Verdad.

Burghley leyó el *Discurso* y consultó con otros tres consejeros intelectuales de la reina: el matemático Thomas Digges, sir Henry Savile y un tal Chambers. Estos expertos dieron su aprobación y remitieron el tema a los consejeros principales de la reina. También éstos aprobaron el plan, así como la reina, que estableció una fecha para su puesta en práctica: mayo de 1583.

Antes de que pudieran sustituirlo, quedaba un obstáculo: la aprobación del arzobispo de Canterbury, Edmund Grindal, y los obispos clave de la Iglesia anglicana. Para conseguirlo, Walsingham, el secretario de Estado, envió una carta el 18 de marzo de 1582[32] pidiendo al arzobispo que conferenciara con sus obispos y mandara la respuesta «con la rapidez conveniente, porque está previsto que dicho calendario se promulgue antes del primero del próximo mayo». Walsingham mandó el 29 de marzo otra nota apremiando a Grindal para que respondiera sin dilación. Sugería que la misma reina estaba deseosa de recibir su conformidad oficial. «A Su Majestad le parece digno de reproche que todavía no haya oído nada de los informes que ella cree que ha recibido Vuestra Señoría», escribió Walsingham.

Nada habría sido más fácil, de no ser por un problema: que el arzobispo Grindal dijo que no.

Parte de su obstinación era una larga contienda entre él y la reina en la que, sin duda, habría acabado por ceder si no hubiera muerto aquel mismo año. Pero más importante era su vieja y profunda desconfianza de Roma, una postura que representaba una importante corriente en la Iglesia anglicana y en una sociedad que en 1580 estaba orgullosa de una manera xenófoba de su nueva religión, de su odio a España y a los católicos, y de su amor por su reina.

Isabel lo comprendía, por lo que su apoyo a la medida fue mucho más asombroso. Posiblemente no hacía sino sucumbir al entusiasmo del círculo intelectual de su corte, los poetas, los científicos, aventureros y filósofos que se pasa-

---

32. Es decir, el 28 de marzo de 1583, según el nuevo calendario gregoriano. Porque Inglaterra no sólo seguía el calendario juliano, sino que comenzaba el año el 25 de marzo.

ban el tiempo deleitándose entre sí (y a Isabel) con su ingenio, su sabiduría y su práctico sentido común, cuando no estaban intrigando contra los enemigos de la reina dentro y fuera del país. Pero Isabel también era pragmática, una consumada equilibrista política con una habilidad asombrosa para espantar a los enemigos y entusiasmar a los leales.

Al parecer, estaba de acuerdo con «su filósofo» en que la reforma era aconsejable. También es posible que Dee la convenciera al decir que la reforma tenía una conexión británica a través de Roger Bacon. Sin duda, la reina tenía un motivo político, aunque no está claro cuál. Debía de formar parte de su delicado juego de movimientos en relación con España en un contexto que culminó con el envío de la Armada Invencible. También es posible que fuera un intento de hacer valer su voluntad sobre el arzobispo en el largo tira y afloja que llevaban los dos.

Fuera lo que fuese, Grindal envió su respuesta el 4 de abril, incluyendo comentarios de obispos clave y de un «piadoso entendido en matemáticas». Lo fundamental de la carta a Walsingham era un estrategia magistral que evitaba decir nada directamente. Antes bien, Grindal pedía un aplazamiento, alegando que un cambio de aquella envergadura tenía que discutirse en un concilio ecuménico de todos los cristianos, como el convocado en Nicea por Constantino.

Después de elevar mis sinceras preces a Vuestra Señoría, ruego os dignéis comprender que, al recibir las cartas que me mandáis en nombre de Su Majestad, y las opiniones acerca de la resolución del señor Dee [...] y tras haber hablado y deliberado oportunamente [...] no nos gustaría abordarlo ni admitirlo de cualquier manera, sin consultar y deliberar previamente, no sólo con nuestra principal asamblea del clero, sino también con otras Iglesias reformadas [protestantes] que profesan la misma religión que nosotros y sin cuyo consentimiento produciríamos, si siguiéramos adelante, una justa situación de cisma, y admitiendo, no abierta sino indirectamente, la resolución del Papa y el concilio [de Trento], conseguiríamos que se apartaran de todas las demás algunas Iglesias de nuestra fe.

De este modo, Grindal desvió la presión ejercida sobre él personalmente, insistiendo en que se celebrase una reunión que nunca tendría lugar, ni siquiera entre los quisquillosos protestantes. Grindal también argumentó que la Iglesia anglicana no podía, ni por la ley de las Escrituras ni la de Dios, refrendar un edicto de un papa que «todas las Iglesias reformadas de Europa sostienen y afirman mayoritariamente [...] que es el Anticristo». En una larga lista de razones por las que el calendario no debía reformarse, Grindal y sus obispos recordaban además a Walsingham que sería particularmente repugnante aceptar un edicto publicado como si fuera una bula, ya que éste había sido el instrumento pontificio que había excomulgado a Isabel en 1570.

Dee contraatacó diciendo que el nuevo calendario no tenía nada que ver con el Papa, que era la astronomía la que dictaba el cambio. Señaló la necesidad de que una naciente potencia marítima estuviera en pie de igualdad con sus socios comerciales del continente en algo tan básico como las fechas. Pero el asunto se desestimó tras un fallido intento de aprobarlo en el Parlamento en 1584 (estilo antiguo) con el título de «Ley que concede a Su Majestad autoridad para alterar y remozar el calendario según el utilizado en otros países». Esta ley se presentó el 16 de marzo y posiblemente se volvió a presentar el 18 de marzo. Luego desapareció, junto con todos los esfuerzos por cambiar el calendario, por razones que se desconocen. Es posible que la reina y sus consejeros abandonaran el tema sin más, para no forzar el contencioso del estado contra la Iglesia en un momento en que aumentaba la posibilidad de la guerra contra España.

Poco después de terminar la polémica sobre el calendario, Dee abandonó la corte inglesa, se fue a Europa Oriental y viajó con su familia y con un «mediador de los espíritus» llamado Edward Kelley. En Bohemia continuó con sus aventuras intelectuales y se vio envuelto en varios asuntos dudosos que mezclaban la astrología y las charlas angélicas con Kelley en la corte de Praga. Durante el resto de su vida, Dee luchó por la adopción del nuevo calendario en Inglaterra, aunque tras el fracaso del ataque español de 1588 (apoyado por el Papa) la repulsa por todo lo romano hizo imposible cualquier reforma.

Tendrían que pasar otros 170 años para que Inglaterra adoptara finalmente el calendario gregoriano; fue uno de los países europeos que más tardó en hacerlo. Sucedió a pesar de los serios intentos de reforma de 1645 y 1699, ambos bloqueados por una todavía alborotadora Iglesia anglicana y por los puritanos, para quienes el calendario «al viejo estilo» era el estilo de Dios.

Pero a medida que Inglaterra se convertía en una potencia militar y económica cada vez más importante, los inconvenientes del «viejo» y «nuevo estilo» (V. E. y N. E.) cada vez eran más molestos para los hombres de empresa y un obstáculo para cualquiera que tuviera conexiones en el continente. «La chusma inglesa prefería desmentir al sol con su calendario a llegar a un acuerdo con el Papa», comentaba Voltaire. Y en latín alguien escribió una cancioncilla reimpresa en un tratado prorreformista de 1656:

> Cur anni errorem non corrigit Anglia notum,
> cum faciant alii; cernere nemo potest.

> *¿Por qué los ingleses no enmiendan su viejo y conocido error como hacen otros? Nadie lo sabe.*

Sin embargo, a lo largo de los años, mucha gente de Inglaterra y, con el correr del tiempo, de sus colonias, al parecer se tomaron los inconvenientes con calma, y las cartas que se enviaban a través del Atlántico llevaban dos fechas: V. E. y N. E. Parece que con el tiempo los ingleses se han tomado con mucho orgullo (o arrogancia) lo de ser diferentes, más o menos como los estadounidenses y su desprecio por el sistema métrico decimal.

Y aquí se detuvo el tema hasta un día de primavera de 1750, el 10 de mayo, cuando un aburrido conde llamado George Parker (1697-1764) pronunció en la Royal Society un discurso con un título de aspecto aburrido: «Apuntes sobre los años solar y lunar, el ciclo de 19 años, llamado vulgarmente Número Dorado, la epacta, y un método para encontrar el día de la Pascua de Resurrección, tal como hoy se observa en muchas partes de Europa.» Parker, un astrónomo aficionado bien conectado con el círculo newtoniano de Greenwich y Londres, empezó su discurso recordando cuánto se había desviado el año juliano del año verdadero desde la época de César... y desde la reforma gregoriana. Como punto de referencia, utilizó la que entonces era, quizá, la medida más exacta del año: 365 días, 5 horas, 48 minutos y 55 segundos, según los cálculos del astrónomo real Edmund Halley (1656-1742), el hombre que dio nombre al cometa Halley.

«Hasta ahora, en Inglaterra hemos seguido la cuenta juliana, o viejo estilo, del año civil —dijo Parker hacia el final del discurso, técnico en general—, así como el viejo método para encontrar las lunas de las que depende la Pascua de Resurrección: ambos están muy equivocados.»

Lo más probable es que el discurso del conde hubiera pasado sin pena ni gloria si no hubiera sido por un miembro del público, el recientemente retirado secretario de Estado Philip Dormer Stanhope (1694-1773), conde de Chesterfield. Famoso por su ingenio y refinamiento, y por las sagaces cartas que escribió a su hijo, Stanhope, ya con cincuenta y seis años, se entusiasmó, sin que sepamos la causa, con el discurso del viejo conde y se esforzó por promover la reforma en Inglaterra.

Todavía importante miembro del partido *whig* (liberal) y prominente intelectual durante esta edad dorada de los salones, Stanhope consultó primero con matemáticos y astrónomos. A continuación llevó la causa a los dirigentes de su partido, empezando por su viejo colega Thomas Pelham (1693-1768), secretario de Estado y futuro primer ministro.

Pelham, al principio, acogió fríamente la idea, como más tarde contaría Stanhope. «Se alarmó ante una empresa tan audaz —escribió Stanhope—, y me conminó a que no revolviera asuntos largo tiempo tranquilos, añadiendo que no le gustaban las novedades.» Otra versión de este encuentro, debida al revisor y preparador de las memorias de Pelham, William Coxe, dice que el futuro primer ministro no se entusiasmó. «Al noble secretario le afectaba mucho la máxima favorita de sir Robert Walpole —escribió Coxe—, *tranquilla non movere* [no mover las cosas en reposo], para entusiasmarse por la propuesta, que probablemente agitaría los prejuicios civiles y religiosos del pueblo.»

Para vencer esta inercia, Stanhope quiso poner en evidencia a sus paisanos, señalando a todo el que quisiera escucharle lo último que había escrito en una carta a su hijo: que además de Inglaterra, también Rusia y Suecia seguían sin calendario reformado. «No era, en mi opinión, muy honorable para Inglaterra seguir manteniendo un enorme y reconocido error, sobre todo en semejante compañía, el inconveniente del cual sentían igualmente todos los que tenían correspondencia con el extranjero, tanto política como comercial.» Stanhope también llevó la propuesta a un medio que no había estado disponible para Cristóbal Clavio ni para John Dee a fines del siglo XVI: la prensa popular. Escribió con seudónimo varios artículos divertidos e informativos para un periódico londinense de la época, *The World*. El afable conde también habló del cambio en los salones londinenses de moda, en antecámaras parlamentarias, en salas de fumadores y fincas rurales.

Tras ganarse por fin el apoyo de Pelham y el de otros ministros de la corona, Stanhope presentó en 1751 un proyecto de ley para reformar el calendario en el Parlamento: «Acta para regular el comienzo del año y para corregir el calendario que se utiliza actualmente.» En una carta a su hijo, escribió: «Había llevado un proyecto a la Cámara de los Lores para corregir y reformar nuestro actual calendario [...]. Estaba claro que el calendario juliano fallaba y había sobrepasado el año solar en 11 días.» Luego describía los preparativos del proyecto y su presentación, en parte como lección filial sobre cómo comportarse al presentar un tema complicado en público.

> *Me decidí, pues, a emprender la reforma, a cuyo efecto consulté con los mejores juristas y los astrónomos más hábiles y formé con ellos el proyecto en cuestión. Pero entonces comenzaron mis apuros, pues era yo quien debía presentar este proyecto, que necesariamente estaba a rebosar de jerga jurídica y cálculos astronómicos, en los que soy un completo ignorante. Sin embargo, era necesario hacer creer a los lores que yo sabía algo del asunto y hacerles creer de paso que también ellos, que tampoco tenían la menor idea, tenían alguna. Dada la situación, lo mismo habría podido hablarles en céltico o en esloveno tanto que de astronomía, y no me cabe duda de que me habrían entendido por igual, de modo que en vez de entrar en materia, me propuse otra cosa mejor, y fue agradarles en vez de instruirles. Les tracé pues una breve historia de los calendarios, desde el egipcio hasta el gregoriano, divirtiéndolos de vez en cuando con breves anécdotas [...]. Como les gusté, creyeron que sabía de lo que hablaba y muchos dijeron que gracias a mí todo estaba ya claro para ellos, cuando Dios sabe que ni siquiera me lo había propuesto.*

Stanhope había hecho bien su trabajo de base. El proyecto pasó por las tres versiones habituales y fue aprobado el 17 de mayo por unanimidad y sancionado por el rey Jorge II el día 22, tras lo cual Stanhope dijo en broma que fue su «estilo el que ayudó a la Cámara en este difícil asunto» y no el contenido de lo que había dicho sobre matemáticas y ciencia.

La ley ordenaba suprimir 11 días del calendario de Gran Bretaña y sus colonias, de manera que al miércoles 2 de septiembre de 1752 le siguió el viernes 14 de septiembre. El undécimo día se añadió porque en 1700 los gregorianos, según la regla del año secular bisiesto de Lilio, no habían observado el año bisiesto y no habían añadido un día. Esto significaba que el calendario juliano, que sí había añadido un día, tenía un desfase de 24 horas. La ley también ordenaba que en el futuro el año del calendario y la Pascua de Resurrección se observaran según el sistema gregoriano, y que el año empezara en Inglaterra el 1 de enero, en lugar del 25 de marzo.

Stanhope y el Parlamento se esforzaron por concretar los detalles del cambio y reducir al mínimo los problemas con los bancos, los contratos, las festividades y otros negocios públicos y privados. Por ejemplo, la ley explica que todas las fechas de tribunales, festividades, «reuniones y asambleas de todos los cuerpos políticos y administrativos», elecciones y responsabilidades oficiales sujetas a «ley, estatuto, constitución, costumbre o uso» debían «calcularse según el dicho método nuevo de numerar y medir los días del calendario anteriormente mencionado, es decir, 11 días antes que los días respectivos donde están ahora».

Semejantes disposiciones se aplicaron a mercados, ferias y lugares de comercio, «ya para la venta de mercancías o ganado, ya para contratar sirvientes o cualquier otra finalidad», y para alquileres, uso de propiedades, contratos, «entrega de bienes, ganado, manufacturas y mercancías». La ley también ordenaba que nadie pagase sueldos ni contara intereses por los 11 días perdidos. Ni siquiera quienes cumplían veintiún años entre el 3 y el 13 de septiembre de 1752 según el Viejo Estilo (tal era entonces la mayoría de edad legal en Gran Bretaña) tuvieron un respiro. Tampoco lo tuvieron los soldados a punto de ser licenciados del ejército, los criados coloniales a final de contrato o los delincuentes que tenían que salir de la cárcel. Todos tuvieron que esperar el adecuado número de «días naturales» que habrían transcurrido según el viejo calendario.

Durante los meses transcurridos entre la votación y la promulgación, el gobierno llegó a una inverosímil alianza con la Iglesia de Inglaterra, que finalmente se había puesto a favor de la reforma y adoptado un lema: «Estilo Nuevo, Estilo Verdadero.» Esto se convirtió en la divisa de los predicadores de Inglaterra, que añadieron un detalle patriótico repitiendo lo que ya había dicho John Dee, que Roger Bacon, inglés de pura cepa, había estado entre los primeros que habían pedido la reforma, unos quinientos años antes.

La ley la divulgaron la *London Gazette* y otros periódicos y almanaques. Por ejemplo, *The Ladies Diary, or Woman's Almanack*, publicado en Londres, ofrecía una detallada explicación del cambio en la cubierta y en los calendarios del mes de septiembre:

The Ladies Diary or Woman's Almanack, cubierta y (en la página siguiente) el mes de septiembre. Londres (1752).

1752 September hath only XIX Days in this Year.

First Quarter, 15th, 2 After.
Full Moon, 23d, at Noon.
Last Quarter, 30th, 1 After.

Sun enters ♎ 22d. 5h. 1m. 11f.
E. T. Equat. + 7'. 41"th. 22d
5h. 8m. 52f. Ap. T. Sun's mean
An. 2f. 23°. 23¹. 44". 59'''.

1	T	*Giles, Abbat & Conf.* Sun *faster than Year* 3¹ 55"	8A	12
2	W	*London* Burnt, 1666. *Sun* rises 5, 37. fets 6, 22.	8	49

BY 365 *Days, 6 Hours, the mean* Julian *Year, being long reckon'd for* 365d. 5h. 48m. 54f. 41th. 27 *fourths, the Year by the Sun, according to Dr.* Halley, (See Palladium 1750, p. 53.) *The Account of Time has each Year run a-head of Time by the Sun* 11m. 5f. 18th 33 *fourths, or* 44m. 21f. 14th 12 *fourths, every* 4 *Years, and consequently* 3d. 1h. 55m. 23f. 40 *thirds in* 400 *Years : And so from the Council of* Nice, *when the Kalendar was settled, in the Year* 325, *to this present Year* 1752, *being* 1427 *Years, the Time by Account is forward of that by the Sun* 10 d. 23 h. 43 m. *and therefore* 11 *Days is left out of Account, in this Month, as the most convenient, for reducing the Kalendar or Year to its first establish'd Order. And for keeping the shortest and longest Days (or the Solstices) and also the Days of* 12 h. *long (or the Equinoxes) on the same nominal Days of the Month for the future, it is ordain'd by Act of Parliament, that every fourth hundred Year is to consist of* 366 *Days as usual, but all other whole hundred Years of* 365 *Days only : The Years between which whole hundreds to be common and* Bissextile *as formerly, and the Date of the Year henceforward to begin on the first of* January.

14	T	*Holy Cross Day,* Holy-Road, *or* Exalt. *of the Cross*	9	33
15	F	Day 12 hours 20 minutes long	10	24
16	S	Day decreased 4 hours 14 min.	11	18
17	A	15 Sund. after Trinity. *Lambert,* Bish. and Mar.	Morn.	
18	M	*Planetary Hour by Day* 62 *minutes*	0	18
19	T	*Birth of the Virg.* Mary. *Dunstan. Sun* 6¹ 22"*fast*	1	22
20	W	Fast.	2	27
21	T	St. MATTHEW, Apostle, Evangelist, and Martyr	3	35
22	F	*Equal Day and Night in all the Habit. World,* Sun	4	45
23	S	Sun 7¹ 44" *too fast* [*truly rises and sets at* 6	☽ rises	
24	A	16 Sunday after Trinity. *Sun apparently rises and*	6A	6
25	M	[*sets at* 6, *allowing for Refraction*	6	34
26	T	St. *Cyprian,* Abp. of Carth. and Mart.	7	9
27	W	Day decreased 4 hours 56 minutes	7	50
28	T	*Sheriffs* of LONDON Sworn. Day br. 4h. 11m.	8	39
29	F	S. *Michael* and all An. L. Mayor of *Lon.* Elected	9	38
30	S	S. *Jer.* Pr. Con. & D. *Sun* ri. 6h. 11m. sets 5, 48	10	45

THE third of *September* the fourteenth is nam'd,
For which, *British* Annals will ever be fam'd ;
For by *Wisdom* and *Art* to the House made appear,
The *Sun* was redue'd to attend on the *Year* ;
His *Julian* Vagaries long Time has he known ;
But has now got a new-bridal *Year* of his own.

Aun así, cuando septiembre dio el salto muchos británicos reaccionaron con consternación y, en algunos casos, con ira por los 11 días perdidos. William Coxe, preparador de las memorias de Pelham, resumió las reacciones:

> *En la práctica [...] esta innovación tuvo una oposición fuerte, incluso entre las clases altas de la sociedad. Muchos hacendados, aparceros y comerciantes estaban preocupados por las dificultades tocantes a las rentas, los alquileres, los pagarés y las deudas, que dependían de periodos fijados por el Viejo Estilo [...]. La mayor dificultad, sin embargo, estaba en aplacar el clamor de la gente contra aquel supuesto sacrilegio, el cambio de los días santos en el calendario y la mudanza de todas las fiestas inamovibles.*

En Londres y otras partes se concentraban muchedumbres en las calles y gritaban «Devolvednos los 11 días.» En 1754 fue una consigna electoral en el Oxfordshire, donde el hijo de George Parker, el astrónomo que había hecho el discurso que había inspirado a Stanhope, se había presentado para el Parlamento. Estas elecciones aparecen en una famosa serie de grabados de William Hogarth (1697-1764). En un grabado celebran un banquete dos candidatos *whig*, uno de los cuales es «sir Commodity Taxes» [sir Impuestos] para sus partidarios. Todo el mundo se divierte y hay numerosas escenas con gente comiendo, un médico atendiendo a un herido, músicos tocando y un hombre golpeado en la cabeza por un ladrillo arrojado por unos *tories* (conservadores) que desfilan. En el suelo, a los pies del hombre herido, hay un cartel: DEVOLVEDNOS LOS 11 DÍAS.

Otros disconformes gritaban una cancioncilla popular antirreformista:

> *En mil setecientos cincuenta y tres*
> *el estilo papista nos cortó los pies.*

En Bristol parece que hubo revueltas contra la reforma que terminaron con muertos. El 6 de enero de 1753, que debería haber sido el segundo día de Navidad según el Viejo Estilo, un periódico informó:

> *Como ayer fue Navidad al Viejo Estilo, la gente del campo la observó puntualmente, y como por orden de nuestros magistrados fue día laborable, algunos*

fueron al mercado y aprovecharon la oportunidad para subir el precio de la mantequilla a 9 o 10 chelines por libra.

También en Bristol, un tal John Latimer informa que el espino de Glastonbury, que florecía cada año exactamente el día de Navidad, «se ha saltado desdeñosamente el nuevo estilo» al «florecer el 5 de enero, lo que indica que debería observarse aunque sólo fuera el Viejo día de Navidad, a pesar de esta legislación antirreligiosa».

En la *City* de Londres, los banqueros protestaron por la reforma y la confusión que había causado a su industria, negándose a pagar los impuestos en la fecha habitual, el 25 de marzo de 1753. Los pagaron 11 días después, el 5 de abril, que ha seguido siendo el día de los impuestos en Gran Bretaña.

Con menos seriedad, un corresponsal escribió una carta al «inspector», que se publicó en el número de septiembre de 1752 de la popular *Gentleman's Magazine*:

> *Sr. inspector:*
>
> *Le escribo con la mayor perplejidad y deseo que encuentre alguna manera de poner orden en este asunto; de lo contrario creo que me volveré loco y encima se me romperá el corazón. ¿Qué ha pasado? ¡Deseo saberlo lisa y llanamente! Me fui a la cama anoche, que era viernes 2 de septiembre, y lo primero que ven mis ojos esta mañana en la cabecera de su periódico es que estamos a viernes 14 de septiembre. No me fui a la cama hasta la una o las dos: ¿he dormido 11 días en 7 horas? Por mi parte no me encuentro más descansado que después de un sueño normal de cualquier noche.*
>
> *Me dicen que el Parlamento tiene una ley sobre esto. Dicho sea con el debido respeto, siempre he pensado que había pocas cosas que un parlamento británico no pudiera hacer, pero si me hubieran preguntado, habría dicho que una era la supresión del tiempo.*

Mucha gente, sin embargo, no pareció muy afectada por el cambio y numerosos cronistas de la época se limitaron a mencionar el suceso sin grandes comentarios. James Clegg, un cura y agricultor de sesenta y dos años que vivía en el Derbyshire, anotó los que para él fueron acontecimientos fundamentales de septiembre de 1752:

1. lluvia densa toda la tarde, volví para traba-
jar, anoté mi última voluntad y estuve en casa todo
el día.
2. en casa hasta la tarde y paseo hasta Chinley,
visité al viejo William Bennets y a John Moults en
Nase, y volví sano y salvo, gracias a Dios.
3. comienza este día el uso del Nuevo Estilo para
numerar los días de los meses, y según ese cálculo
mi cumpleaños será el último día de octubre. Estu-
ve en casa hasta la tarde, tuvimos una fuerte lluvia
que elevó las aguas; cuando amainó fui a Chappel
por unos asuntos y volví con felicidad.

Los periódicos también dieron cuenta del cambio, pero poco más. Ninguno informó de los disturbios ni de otros problemas, ya que por entonces no era todavía normal que la prensa general informase de estos asuntos. El *General Advertiser* de Londres imprimió pasajes de la ley en el número del 2 de septiembre de 1752 (Viejo Estilo). El día siguiente, 14 de septiembre, lo caracterizó el periódico con un simple N. E. después de la fecha. Por lo demás, el periódico contaba su habitual mezcla de noticias de las capitales del mundo, de movimientos portuarios, cifras bursátiles y anuncios comerciales. Entre estos últimos, aquel primer día del nuevo calendario, había uno que decía que «Las Diversiones Nocturnas» de Spring Gardens, Vauxhall, «terminarán esta noche, 14 de septiembre N. E.». También iba a celebrarse un concierto de violín aquella noche en Islington, una venta de diez barcazas en Billingsgate al mediodía del siguiente martes, y una reunión de los administradores del Hospital de las viruelas el 20 de septiembre. La marea alta llegó al Puente de Londres a las 17:28.

Al otro lado del Atlántico, en las colonias británicas, el *Poor Richard's Almanac* de Benjamin Franklin, que aparecía en la cuáquera Filadelfia, contaba:

En la reunión anual de los llamados cuáqueros [...]
desde la aparición de esta ley, se acordó recomendar
a los amigos una conformidad conjunta, tanto en
omitir los once días de septiembre [...] como en co-
menzar el año el primer día del mes llamado enero.

El autor de la noticia, R. Saunders, deseaba a sus lectores «que este Año Nuevo (que es ciertamente un Año Nuevo, como nunca se había visto y nunca se volverá a ver) sea un año feliz».

En este mismo almanaque, Franklin, de cuarenta y seis años entonces, decía graciosamente a sus lectores:

No te asombres, no mires con desdén, querido lector, esta deducción de días, no te lamentes por la pérdida de tanto tiempo, sino consuélate porque tus gastos parecerán menores y tu mente se alegrará. Y cuánta posibilidad hay aquí, para quienes aman la almohada, de reposar tranquilamente el segundo día de este mes y no tener que levantarse hasta la mañana del decimocuarto.

Varios periódicos coloniales, entre ellos *The Boston Weekly News-Letter*, *The Carolina Gazette* y *The New York Evening Post*, dieron cuenta de la entrada en vigor del Nuevo Estilo, pero dijeron poco más.

Gran Bretaña no fue el último país europeo que cambió. Suecia cambió el año siguiente, 1753. Luego hay un largo periodo, pues los países balcánicos fuertemente apegados a la ortodoxia griega esperaron hasta principios del siglo xx. Bulgaria hizo el cambio en 1912, 1915 o marzo de 1916, ya que las distintas fuentes de información no están de acuerdo. Letonia, Lituania y Estonia se convirtieron alrededor de 1915, durante la ocupación alemana; Rumanía y Yugoslavia hicieron el cambio en 1919. Rusia esperó hasta 1918, después de la Revolución bolchevique, pero tuvo que quitar 13 días (del 1 al 13 de febrero) para saldar los días de diferencia con el calendario juliano que había acumulado 336 años después de la reforma gregoriana. Grecia no reformó su calendario civil hasta 1924.

La mayoría de países y pueblos de fuera de Europa no reaccionaron al nuevo calendario en las décadas y siglos que siguieron a 1582, con la única excepción de América, donde España y Portugal impusieron la reforma a los pueblos que habían conquistado, es decir, aztecas, incas y mayas, cuyos progresos en astronomía y en calendarios casi fueron suprimidos por los europeos, aunque en la actualidad hay grupos mayas aislados que siguen utilizando su antiguo calendario. Más tarde, Gran Bretaña, Francia, Estados Unidos y otras potencias coloniales impusieron su calendario a los indios de América del Norte.

En Asia, los japoneses adoptaron el calendario gregoriano en 1873, durante el periodo de occidentalización de los
emperadores Meiji. Muchos países y pueblos de este continente y de África prefirieron mantener su propio calendario
tradicional para los acontecimientos religiosos y culturales.

China resistió hasta 1912, aunque el calendario gregoriano sólo se impuso en el país con la victoria de los comu-
nistas, en 1949. El 1 de octubre de aquel año, el triunfante
Mao Zedong se subió a lo alto de la Puerta de la Paz Celeste,
la puerta principal del palacio imperial de Pekín. Ordenó
entonces que Pekín sería en lo sucesivo la capital de China,
que la bandera oficial de China sería la roja con las estrellas
doradas, y que el año chino se ajustaría al calendario gregoriano.

Pero por entonces, este calendario, impuesto 2.000 años antes por Julio César y modificado 1.600 años después por un
Papa mediocre, se había convertido en el calendario mundial: una clave para medir el tiempo que hoy utiliza todo el
mundo, salvo los pueblos más aislados, como unidad cronológica universal. Ello a pesar de sus extrañas peculiarida-
des y de los giros de la historia que lo produjeron, siguiendo
una trayectoria inverosímil, desde Sumer y Babilonia hasta Roma, desde la India gupta y el Oriente islámico hasta la
Europa del Renacimiento.

La búsqueda continúa actualmente en la edad del tiempo
atómico, lo que nos lleva por fin al Edificio 78 del Observatorio de la Marina de Estados Unidos, en Washington, D.C.,
donde el tiempo se mide hoy, no observando la luna y el sol,
ni con un reloj de sol, de agua, de péndulo, de cuerda ni de
cristal de cuarzo, sino con una pequeña cantidad de un raro
elemento llamado cesio.

15

En el tiempo atómico

Pero el tiempo es demasiado grande, se niega a dejarse llenar.

JEAN-PAUL SARTRE

Estoy delante del reloj base.

Se encuentra en una pequeña estructura, de tipo búnker, encima de una loma cubierta de hierba. El dial de los 50 relojes atómicos individuales está conectado con un banco de ordenadores que hay tras un ancho vidrio, en el Observatorio de la Marina estadounidense. En medio de los paneles y luces parpadeantes hay una pantalla digital en la que los brillantes números rojos señalan las horas, los minutos y los segundos. Éste es literalmente el pulso de Estados Unidos en esta época del tiempo atómico. Además, alimenta un sistema mayor que señala el tiempo de todo el mundo con un margen de imprecisión de una milmillonésima de segundo por año, es decir, 0,0000000000114079 de año.

Pero el tiempo oficial ya no se mide de esta forma, utilizando términos anticuados como los segundos y los años. Desde 1972, en que empezó a funcionar la red atómica, se mide el Tiempo Universal Coordinado (TUC), no por el movimiento de la tierra en el espacio, sino por las oscilaciones a nivel atómico de un metal extraño, blando y de color gris azulado que se llama cesio.

Al parecer, todos los átomos oscilan, cosa que yo no sabía antes de visitar este Observatorio Naval. Pero antes de que alguien se alarme, debería saber que toda la materia absorbe y emite cierta cantidad de energía, y que esto sucede en algunos elementos con extraordinaria regularidad: absorbe, emite, absorbe, emite, absorbe, emite, un proceso no muy diferente del vaivén uniforme del péndulo, y que puede registrarse con instrumentos como una frecuencia constante. En 1967 se determinó que la media del movimiento atómico del cesio era de 9.192.631.770 oscilaciones por segundo. Ésta es actualmente la medida oficial del tiempo universal, que reemplaza la vieja medida estándar, basada en la rotación y la órbita de la tierra, cuyo número base era 1 segundo igual a 1/31556925,9747 de año. Esto significa que bajo este nuevo régimen del cesio, el año ya no tiene oficialmente 365,242199 días sino 290.091.200.500.000.000 oscilaciones de cesio, oscilación más o menos.

Esto significa que hemos hecho realidad el sueño de César, Aryabhata, al-Juarizmí, Bacon, Clavio y muchos otros: la construcción de un aparato que por fin puede medir un año exacto y preciso.

Pero esto, ay, no es el final de nuestra historia.

Como sabemos, la tierra tiembla y estos temblores producen variaciones aleatorias en su rotación. Por eso mismo el reloj base es *demasiado* preciso y debe ajustarse periódicamente. Se hace sumando o restando segundos para compensar el movimiento real de la tierra. Si no, el reloj base se apartaría gradualmente del tiempo terrestre, dejando a la larga la parrilla del tiempo atómico tan confusa para la horda de los nanosegundos como el calendario juliano para quienes no soportaban que el año tuviera minutos de más o de menos. Desde 1942, casi cada año se añaden segundos. Hasta ahora no se ha restado ninguno.

Resulta paradójico. Después de un milenio bregando para conseguir un año exacto y verdadero, hemos acabado por superar la meta. Porque al final resulta que ni siquiera la tierra es del todo exacta; el hecho que habría dejado atónitos a todos los astrónomos y computistas que se esforzaron por objetivar el tiempo utilizando como modelo una naturaleza representada por los movimientos de la tierra, los planetas y las estrellas. Les parecería... bueno, más natural que un año inventado por un papa, un emperador, un parlamento o un reloj mecánico al que había que dar cuerda y que a menudo adelantaba o se atrasaba.

Así que nos hemos quedado con otro bache, otro desajuste, el que hay entre el tiempo atómico y el tiempo terrestre, que fluctúa según el capricho de la naturaleza, aunque a veces muy poco. Incluso con los más eficaces instrumentos modernos, los medidores actuales del tiempo han de limitarse a observar y a registrar las inclinaciones y vaivenes de la tierra mientras pierde un nanosegundo aquí y gana otro allá. Pero siguen siendo tan incapaces de decir el tamaño de este desajuste en un momento dado como Beda el suyo en el siglo VIII; entre lo que él observaba estaban la duración del año según su reloj de sol y la duración que debía tener según el calendario de la Iglesia. En su época, es verdad, existía el mismo problema con un tiempo sagrado demasiado perfecto comparado con el tiempo terrestre, puesto que entonces todo el mundo creía que era perfecto: aunque en aquella época la perfección venía de Dios, no del cesio.

Lo cual deja a todo el que viva pendiente del reloj o del calendario atrapado en un misterio que nos pertenece por entero, entre nuestra obsesión por el orden y la perfección, y la sencilla realidad de que nada es perfecto, y menos aún la naturaleza, algo que volvemos a aprender cada temporada de huracanes y cada vez que falla la última Teoría de Todo.

Para complicar más el tema está el hecho de que nuestro pequeño planeta no tiene uno, sino varios años computables, todos ligeramente diferentes. He mencionado varias veces el año sidéreo: el año que se mide según el tiempo que tarda la tierra en dar una vuelta alrededor del sol. Y por supuesto el año trópico, que es el que transcurre entre un equinoccio de primavera y el siguiente, aunque no es totalmente exacto para la astronomía moderna, si hemos de ponernos quisquilloso. Oficialmente, el año trópico es el tiempo que tarda la tierra en dar una vuelta completa alrededor del sol utilizando como punto de partida y de llegada el equinoccio vernal. Es ligeramente diferente del año equinoccial, ya que la velocidad de la rotación de la tierra disminuye ligeramente con el paso del tiempo. Esto significa que el punto en que comienza el equinoccio un año dado en relación con el sol no será exactamente el mismo punto un año después, debido a la mencionada disminución y a otras fluctuaciones planetarias.

Por si esto no aturdiera, también tenemos el año medido entre dos solsticios de junio, entre dos equinoccios de septiembre, etc.; y todos con un año cuya duración varía tan infinitesimalmente que Sosígenes, al-Juarizmí, Gregorio XIII y los demás se habrían subido por las paredes.

Puestos a detallar, y para los interesados, doy a continuación una lista de varios «años» y lo que durarán en el 2000.[33]

---

33. Estos valores, menos el del año sidéreo, los determinó el astrónomo Jean Meeus en 1992.

Año	Tiempo medio del año 2000 (días)
Sidéreo	365,2564
Trópico	365,24219
Entre dos equinoccios de marzo	365,24237
Entre dos solsticios de junio	365,24162
Entre dos equinoccios de septiembre	365,24201
Entre dos solsticios de diciembre	365,24274

Nuestro año del calendario depende de la medida del tiempo que transcurre entre dos equinoccios de marzo, como originalmente establecieron César y Sosígenes. La reforma del papa Gregorio en 1582 dejó a nuestro año del calendario a 26 segundos del año equinoccial y así sigue.

En este momento, sentado ante mi escritorio, veo un reloj, mi reloj de pulsera, un calendario de pared, un calendario de mesa y un pequeño icono en mi ordenador con la fecha y la hora. En el maletín llevo un ordenador de bolsillo y un programa de partidos de béisbol de los Baltimore Orioles. Y en casa tenemos al menos media docena de calendarios y sabe Dios cuántos relojes; horarios de los partidos de fútbol de mis hijos, horarios escolares, plazos para pagar recibos y fechas por todas partes.

Esto pide la siguiente pregunta: ¿Por qué necesitamos medir un picosegundo cuando ni siguiera puedo seguir la pista de lo que hago día a día?

Planteo esto al historiador Steve Dick, del Observatorio de la Marina de Estados Unidos. Un hombre afable y tranquilo, de pelo castaño corto y un bigote bien cuidado, que ríe y dice que todos preguntan lo mismo. «Te sorprendería saber cuántos usos hay», dijo, y empezó con la navegación; fue el empujón original que dio comienzo, aquí, en el mismo Observatorio Naval, en el siglo XIX, a nuestro actual sistema de sincronización.

Según él, una milmillonésima de segundo se traduce en el espacio lo que viene a ser unos centímetros en navegación, detalle nada despreciable cuando se pilota un avión, de noche, con niebla, y se quiere aterrizar en un aeropuerto o en un portaaviones. Estas divisiones diminutas son decisivas para sincronizar la entrada de las señales televisuales o de los satélites, para calcular transferencias bancarias, para enviar de todo, desde correo electrónico hasta señales de sonar de un submarino, y para que los misiles «inteligentes» sigan su trayectoria y caigan en un complejo enemigo de armas químicas y no en medio de un arrabal popular. Los exploradores utilizan el reloj base para encontrar rastros con unos centímetros de aproximación, utilizando localizadores manuales SPG (Sistema de Posición Global o General). Estos localizadores cuestan unos 250 dólares y funcionan simplemente levantando el chisme hacia el cielo, esperando que conecte con unos cuantos satélites. Una vez establecido el contacto, el localizador indica la situación exacta en grados, minutos y segundos.

Pero esperad... Determinar el año exacto es mucho más alucinante. Porque cuando bajamos al mundo de los nanosegundos, el tiempo empieza a cambiar de un modo que tiene que compensarse. El tiempo, de hecho, empieza a *deformarse* y *curvarse* notablemente en este nivel de precisión, en ciertas situaciones, como apuntó Albert Einstein. El gran físico teorizó que el tiempo es relativo a la velocidad a la que se viaja por el espacio. Que el tiempo, para quien se moviera a la velocidad de la luz (300.000 km por segundo), iría mucho más despacio que para quien se moviera en la tierra, mientras ésta recorre el espacio, alrededor del Sol, a unos 30 kilómetros por segundo.

Se comprobó en 1971, cuando dos científicos tomaron cuatro relojes atómicos del Observatorio Naval y los lanzaron hacia el este y el oeste, alrededor del planeta, en sendos aviones. Comparando los nanosegundos de estos desplazamientos por encima de la superficie del planeta con los relojes atómicos que quedaron en tierra, se demostró que el tiempo de quien viaja en avión a menos de una millonésima de la velocidad de la luz es 59 nanosegundos más lento si va al este y 273 nanosegundos si va al oeste... diferencia debida a que la tierra rota hacia el este.

¿Y qué significa esto para la medición el tiempo? Por ejemplo, significa que cada vez que alguien va en avión, su «año» tiene unas milmillonésimas de segundo más; lo que no sirve absolutamente para nada, ya que las fluctuaciones de la tierra afectan a la duración del año en un margen de una milésima de segundo. Pero, quién sabe, puede que llegue a importar mucho si los humanos aprenden a viajar a grandes velocidades por el espacio, pues un «año» en una nave espacial que se moviera a 297.600 kilómetros por segundo duraría mucho más de 365,242199 días terrestres.

• • •

Perdido en este universo en expansión de cesio, nanosegundos, curvaturas y recalibraciones está el humilde calendario, con sus doce meses y sus 365 casillas (366 los años bisiestos): un chisme para medir el tiempo que no oscila, ni curva el tiempo, ni tiene nada que ver con el espectro electromagnético. Inventado en su forma actual hace unos dos mil años, y corregido hace sólo cuatro siglos, es lo bastante viejo para ser una pieza de museo.

Pero sigue siendo vital para todos.

No es que sea casi perfecto. Hay un montón de pequeños defectos que molestan a la gente y que lo único que consiguen es que un reducido pero inquieto grupo de reformadores en ciernes estén a la espera de conseguir un calendario mejorado que lleve su nombre. Entre estos defectos destacan:

• Las divisiones del año (el mes, el trimestre, el semestre) no tienen la misma duración. Esto es de lo más desagradable para cualquiera que gestione una operación comercial, pague impuestos o recoja estadísticas.

• Los días de la semana cambian cada año y cada año empieza el día siguiente al del año anterior, o dos días después, cuando lo que sigue es un año bisiesto. A causa del año bisiesto, este desajuste traza un ciclo que se repite cada 28 años. Esto dificulta la concreción de fechas anuales, ya que no dejan de moverse en la semana. La posición de las semanas también se mueve cada año en el interior de los meses y los trimestres.

• El calendario gregoriano sigue estando equivocado, pues el año que describe va unos 25,96 segundos por delante del año verdadero. Desde 1582, ha acumulado alrededor de 2 horas, 59 minutos y 12 segundos y llegará a un día completo dentro de unas 72 generaciones (en 4909), suponiendo que los humanos todavía estén allí y todavía utilicen el calendario bautizado según un papa fallecido 3.330 años antes.

• La «era» que utilizamos para calificar nuestros años (inicialmente la «era cristiana» y en los últimos tiempos «nuestra era») sigue siendo confusa porque no existe el año 0. Esto significa que, técnicamente, los siglos empiezan en la posición ...01, no en la ...00, y los milenios en la

...001, no en la ...000. Pero la gente prefiere celebrar el comienzo, digamos, del siglo xx en 1900, y el milenio que viene en el año 2000 y no en el 2001. Otros se quejan de la extrañeza de una cronología d.C. y un a.C., con fechas «positivas» y «negativas».

A lo largo de los años ha habido intentos de arreglar estos pequeños y molestos problemas. Uno de los más curiosos fue el calendario de la Revolución Francesa («calendario de la Razón»). No hizo nada por corregir el error de 25,96 segundos, que los revolucionarios probablemente desconocían. Pero arreglaron otros problemas en su celo por extirpar el viejo orden, tal como César, Constantino y muchos otros habían hecho.

En este caso, los jacobinos se limitaron a tirar el calendario gregoriano y a reemplazarlo por el suyo, que era mucho más uniforme y conveniente. Publicado en 1792 (el año I de la revolución), este nuevo calendario tenía meses uniformes de 30 días; los 5 (o 6) días que faltaban se añadían al final. Eran días reservados para las fiestas de *La virtud*, *El carácter*, *El trabajo*, *La opinión* y *La recompensa*.[34] Los nombres de los meses no se tomaron del repertorio de los dioses y los emperadores, sino de la naturaleza y del trabajo agrícola: *Vendimiario*, *Brumario*, *Frimario* (de la escarcha), *Nivoso*, *Pluvioso*, *Ventoso*, *Germinal*, *Floreal*, *Prarial* (de los prados), *Mesidor* (de la siega), *Termidor* (del calor) y *Fructidor*. Las semanas tenían 10 días, por tanto cada mes tenía tres semanas. Los días también se dividieron, según el sistema métrico decimal, en 10 horas de 100 minutos, y cada minuto en 100 segundos.

El calendario de la Razón fue una gran mejora, pero sólo duró hasta 1806, cuando Napoleón reinstauró el sistema gregoriano sin pestañear. El experimento produjo varios relojes curiosos, relojes con diez horas, minutos divididos en décimas; y multitud de libros publicados con años de un solo dígito.

En fechas más próximas a nosotros, los esfuerzos reformistas se han concentrado en mejorar el calendario gregoriano, el más popular de cuyos resultados es el propuesto calendario universal, llamado calendario mundial (*world calendar*) en los países anglófonos.

---

34. Los mayas y los aztecas utilizaban un orden parecido; también los egipcios.

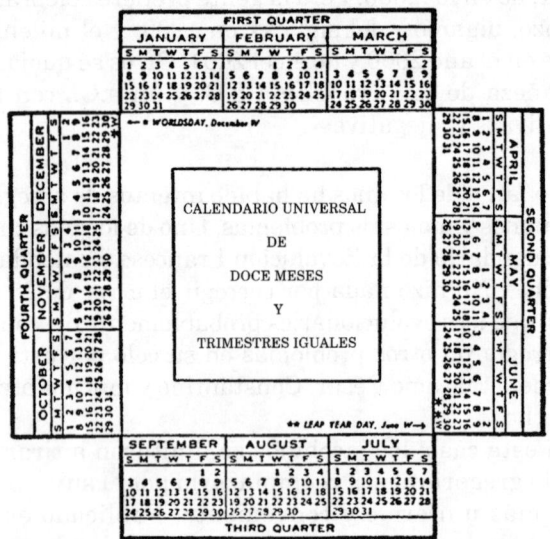

Al parecer restauraría la distribución original de César de 12 meses que alternan entre 30 y 31 días: lo que Augusto y el Senado romano cambiaron en el año 8 d.C. para dar a Augusto el mismo número de días en agosto que César tenía ya en julio. El calendario universal empezaría cada año y cada trimestre en domingo. Y cada mes empezaría siempre el mismo día de la semana. Los días que faltasen serían simplemente días extra, no ligados a ningún mes. Hubo un plan para declarar «día del mundo» a este día especial.

Los partidarios del calendario universal han intentado varias veces que las Naciones Unidas refrenden esta reforma, y a punto estuvieron en 1961, que comenzó en domingo. En 1954, el Vaticano refrendó el calendario universal; incluso se presentó en el Congreso de Estados Unidos, pero no cuajó.

Hay otras propuestas que van y vienen, entre ellas un calendario de 13 meses de 28 días cada uno, con un día extra (o dos) añadidos como días especiales. Fue la posibilidad favorita de la Comisión Nacional estadounidense para la Simplificación del Calendario, de 1929, que presidió George Eastman, el fundador de Eastman Kodak.[35]

---

35. La comisión se formó a petición de la Liga de Naciones, que organizó una campaña mundial en 1928-1929 para simplificar el calendario, sin éxito. La comisión estadounidense estaba compuesta por docenas de destacados ciudadanos, como el mentado Eastman, Henry Ford, Adolph Ochs, Gilbert Grosvenor y George P. Putnam.

Una de las ideas más recientes la vi en Internet. Se trata del «Calendario lunar de las diosas»; quienes lo proponen abogan por un calendario de 25 meses que alternan 29 y 30 días; cada mes lleva el nombre de una diosa: Ártemis, Bast, Cibeles, Gea, etc.

Reparar el error de los 25,96 segundos es mucho más sencillo. Además, se han hecho propuestas para establecer una regla del año milenario bisiesto, que anularía la gregoriana del año secular bisiesto, eliminando el día que se añade en los años bisiestos milenarios, como el año 2000. Esto haría que el error del calendario gregoriano «nuevamente reformado» fuese sólo de un día cada 3.323 años. Sin duda, este arreglo se hará oficial en algún momento del próximo milenio, o en el siguiente, si es que el mundo sigue usando aún el calendario de Gregorio.

En cuanto al problema de que no haya un año 0, no conozco planes para introducir correcciones; correcciones que a la postre obligarían a cambiar todos los libros de historia que manejan fechas anteriores al año 1 d.C. En los círculos de calendaristas van y vienen las nuevas ideas, con propuestas sobre sugerir un nuevo sistema cronológico que empezaría con un año 1 según no sé qué fórmulas y en distintos momentos de la historia.

Precisamente el otro día, un grupo de calendaristas de Internet tuvo una breve discusión que comenzó cuando alguien apuntó que el equinoccio de septiembre de 1997 sería el año 6000 en la cronología del prelado y estudioso irlandés James Ussher (1581-1656). Ussher decía que Dios había creado el mundo el 23 de octubre del año 4004 a.C. Otro participante contestó que según el calendario bizantino (del que no sé nada) acababa de comenzar el año 7506. «La razón por la que me interesa tanto es que comienza antes que todos los calendarios que he visto», dice este calendarista. «Si utilizáramos esta fecha, gran parte de la historia registrada tendría una fecha positiva y esto eliminaría la necesidad del d.C.»

Otro calendarista «chateador» replicó:

«Una solución mucho más fácil sería añadir sencillamente 10.000 al actual número de años. Sería facilísimo recordar que, por ejemplo, en 2011 conmemoraremos el 2.500 aniversario de la carrera de Maratón.» También señala la ridícula práctica del calendario con el a.C. que cuenta los años hacia atrás, pero empieza cada uno de estos años negativos el 1 de enero, tras lo cual siguen hacia delante por los días, las semanas y los meses como si estuvieran en el lado «positivo» del eje a.C./d.C.

Tras esta observación intervino otra persona que mencionó una propuesta hecha varios años antes, el «calendario holocénico», que utilizaría el final de la última era glaciar, hace unos 12.000 años, como punto de partida. A continuación hubo una lluvia de respuestas e ideas y el debate, al menos en este pequeño rincón del ciberespacio, no ha terminado.

En el ínterin, mientras oscilan los átomos de cesio del reloj base, y la tierra tiembla y disminuye ligeramente su velocidad, la mayoría de los mortales seguimos viviendo como siempre desde que nos enteramos de que existía el tiempo, tanto si nos regulamos por el calendario gregoriano como si lo hacemos por el holocénico, el zoroástrico, el hebreo, el babilonio, el núer, el islámico o el lunar de las diosas. Nos tomamos del mejor modo posible un calendario utilizado por casi todo el mundo que es defectuoso, pero que dura, sobre todo porque satisface las expectativas de la mayoría y es al que estamos acostumbrados.

Mientras veía el desfile de centelleantes números rojos en el reloj base del Edificio 78, yo mismo estaba fuera del tiempo. Mi calendario personal indicaba que aquel día, 18 de septiembre, tenía que ir al norte de la ciudad para acudir a una cita concertada para las 11:30 de la mañana, es decir, al cabo de unas 8.273.368.593.000.000.000.000 oscilaciones de cesio. En el tiempo *démodé* de los mortales era unos 15 minutos. Fuera cual fuese el tiempo, exceptuando quizá el tiempo curvo de Einstein, estaba claro que iba a llegar tarde, y estuve a punto de jurar por mi agenda que me pasaría el día entero llegando tarde.

Lo cual da un significado nuevo a las palabras de Sartre, que creo que lo captó al revés cuando dijo que «el tiempo es demasiado grande, no se deja llenar».

Hablaba del tiempo de los relojes, de los interminables ciclos de segundos, minutos y horas que pasan sin cesar. Por el contrario, el tiempo de los calendarios está en esas casillas de días unidos entre sí, encajonados en un tramo de tiempo finito y artificial. Después de todo fuimos nosotros, los humanos, quienes inventamos este objeto que es a la vez una herramienta milagrosa y una jaula de momentos finitos que nos obliga a ir corriendo de un lado para otro, intentando sacar el máximo partido del breve tiempo que nos ha tocado.

Hay momentos, cuando llego irremediablemente tarde, o no puedo meter nada más en mi agenda, en que doy un suspiro y me digo que ojalá aquel hombre de Cro-Magnon del valle del Dordoña, de hace 13.000 años, hubiera tirado a un rincón el hueso de águila y se hubiera puesto a dormir. O se hubiera ido a dar un largo paseo bajo el cielo paleolítico. O se hubiera ido a jugar con sus cro-magnoncitos. Por supuesto, esto sólo habría retrasado lo inevitable, pues algún otro homínido vestido con pieles se habría encargado de grabar muescas y contar fases de la luna, lanzando a la humanidad a su extraña y épica búsqueda.

Y ahora me tengo que ir, se me hace tarde.

alguien me dijo que en la [illegible] el hombre [illegible] Manuel del valle del Ordiuna, [illegible] 1.000 [illegible] había [illegible] [illegible] el [illegible] de [illegible] [illegible] [illegible] hubiera sido [illegible] largo [illegible] el [illegible] de [illegible] [illegible] [illegible] nos [illegible]. Por supuesto, esto [illegible] retrasado [illegible] inevitable, pues [illegible] un [illegible] hombre [illegible] vestido [illegible] [illegible] de grabar imágenes y contar [illegible] la luna [illegible] a la humanidad a su [illegible] y [illegible] búsqueda.

Y ahora [illegible] que [illegible] tarde.

El hilo del tiempo
El calendario

prehistoria	Cro-Magnon Calendario (?) lunar Hueso grabado, Francia .... c. 28000 Venus de Laussel .... c. 25000 Calendario (?) del hueso de águila Le Placard, Francia .... c. 11000 Primera fecha egipcia conocida .... 4241 Nilómetros y primeros calendarios .... c. 4000	prehistoria
4000	**Calendario Solar** Egipto Comienza el Gran Ciclo Maya actual .... 3114 Primer calendario chino Emperador Yao .... 2357 Calendario sumerio de 360 días .... c. 2100	4000
2000	**Stonehenge** Calendario *tzolkin* maya de 260 días	2000
1000	Primer calendario romano, de 10 meses, Rómulo .... 753 **Hesíodo** *Trabajos y días* .... c.750 Calendario romano corregido, de 12 meses .... 700 Semana de siete días en Babilonia 700	1000
500	Herodoto *Historia* .... c. 450 **Ciclo metónico** Metón .... 432 Aristóteles .... 384-322 Alejandro funda Alejandría .... 332 Tres calendarios mayas en uso, incluido el de 365 días .... c. 300	500

500	Edad dorada de la astronomía alejandrina	307-150 d.C.	500
	Egipto: se promulga el año bisiesto con la oposición de los sacerdotes	238	
	Año de Hiparco: 365 días, 5 horas, 55 minutos	141-127	
	Año romano de confusión: 445 días	46	
	Calendario juliano	45	
AC/DC	Año de Julio César: 365 días, 6 horas		AC/DC
	Nace Jesucristo	c. 4	
DC	Augusto modifica el calendario juliano	8	DC
100	Calendario lunar corregido Zhang Heng, China	123	100
	Claudio Tolomeo *Almagesto* Año: 365 días, 5 horas, 55 minutos, 13 segundos	167	
200	India: termina la época de los *sulvasutra*		200
	Los mayas descubren el cero	c. 300	
300	Constantino el Grande Batalla del puente Milvio	312	300
	Domingo/Semana de siete días	321	
	Concilio de Nicea Fórmula matemática para la Pascua	325	
400	**Agustín de Hipona** Tiempo sagrado	404	400
	Los bárbaros cruzan el Meno (Main)	406	
	Caída de Roma	476	
	Tsu Ch'ung Chi, matemático chino	c. 480	
	Aryabhata La *Aryabhatiya*, India Año: 365 días, 8 horas, 36 minutos, 30 segundos	499	

500

Boecio
Consolación de la filosofía 525

Anno Domini
Dionisio el Exiguo 525

Benito de Nursia
Regla de San Benito 540

India: numeración con nueve cifras 595

Brahmagupta,
matemático indio 598-665

600

Agustín de Canterbury,
arzobispo 601

Matanza de monjes celtas .... c. 610

Mahoma huye de La Meca
Comienza el calendario islámico 622

Isidoro de Sevilla
Etimologías .... c. 630

Concilio de Whitby,
Se decide la fecha de la Pascua britana 664

Los musulmanes invaden
desde la India hasta España 632-730

700

Se funda el Imperio islámico

Beda
De temporum ratione 725
Historia de la Iglesia de los anglos 731

Los francos detienen a los árabes
en el sur de Francia 732

Kanaka llega a Bagdad con las matemáticas
y la astronomía hindúes 733

Carlomagno

800

titular del Sacro Imperio Romano

El califa de Bagdad regala
una clepsidra a Carlomagno 807

800

Se funda en Bagdad la Casa de la Sabiduría 820

al-Jwarizmí
Algoritmi de numero indorum 825

India occidental: aparece el cero 876

al-Battani
Año: 365 días, 8 horas, 36 minutos, 30 segundos 882

800

900

Abbo de Fleury,
maestro de cómputo 945-1004

900

1000

Época de los traductores en la Europa latina

Hermann el Cojo sugiere errores en el cómputo 1042

Omar Khayyam
Año: 365 días, 5 horas, 49 minutos, 12 segundos 1048-1122

Época de las universidades 1100-1300

1000

1100

Calendario judío de
Abraham bar Hiyya ha-Nasi
1122 .... c. 1125

Pedro Abelardo,
profesor de la Universidad de París .... c. 1130

Raniero de Paderborn aplica
al cómputo los números hindúes 1171

Averroes, Córdoba
Sagrado frente a Profano .... c. 1190

Papa Inocencio III,
Máxima influencia europea
del catolicismo romano

1100

1200

Conrado de Estrasburgo
10 días de error en el
solsticio de invierno

Medidores del tiempo
Roberto Grosseteste
Juan Sacrobosco .... c. 1240

1200

1200

Roger Bacon
Opus maius 1267

Tomás de Aquino
Suma teológica 1270

Tablas Alfonsíes 1270

1300

Jubileo
Papa Bonifacio VIII

Dante
La divina comedia 1307

Chaucer
Cuentos de Canterbury .... c. 1320

Intento de reforma del calendario
Clemente VI 1345

Peste bubónica
Europa, 30 millones de muertos 1347

Primeros Relojes Mecánicos .... c. 1350

Cisma en la Iglesia
Papas en Aviñón y Roma 1378

1400

Antipapa Juan XXIII 1412

Intento de corrección del calendario lunar 1417

Los turcos toman Constantinopla
Fin del Imperio Bizantino 1453

Invención de la imprenta
Impresión de calendarios .... c. 1470

Humanismo/Tiempo profano

1500

Renacimiento en Italia

Comisión del Calendario 1514

V Concilio de Letrán
Pablo de Middleburgo
Fracasa la comisión del calendario 1517

Martín Lutero
Catedral de Wittenberg 1517

Copérnico
De revolutionibus
Año: 365 días, 5 horas, 49 minutos, 29 segundos 1543

Se aprueba el calendario gregoriano 1582

Papa Gregorio XIII,
Cristóbal Clavio,
Luis Lilio
Año: 365 días, 5 horas, 48 minutos, 20 segundos

Galileo Galilei utiliza el telescopio
para ver planetas y satélites .... c. 1630

Se introduce el calendario gregoriano

en la Europa protestante
(aceptación completa, 1775)

Se acepta el calendario gregoriano en
Gran Bretaña y sus colonias americanas 1752

Calendario de la Razón 1792

en la Francia revolucionaria 1806

Calendario gregoriano en Japón 1873

Calendario gregoriano en Rusia 1917

Calendario gregoriano en China 1949

Fracaso del calendario mundial
Reforma del calendario 1961

Comienza el tiempo atómico
Tiempo universal coordinado
Año: 290.091.200.500.000.000 oscilaciones de cesio 1972

Año seglar bisiesto

Termina el Gran Ciclo Maya actual 2012

1500 · 1600 · 1700 · 1800 · 1900 · 2000

Índice de ilustraciones

Pág. 234   *La reforma del calendario.* El papa Gregorio XIII
y la comisión del calendario, hacia 1581. Archi-
vio dello Stato, Siena. Con permiso de la entidad
propietaria.

Pág.250   Página de un calendario astronómico para octubre de 1582. G. A. Magini, *Novae ephemerides,*
1582. De la colección del profesor Owen Ginge-
rich. Con permiso del propietario.

Págs.268
y 269   *The Ladies Diary or Woman's Almanack,* cubierta y (en la página siguiente) el mes de septiembre, Londres, 1752, British Museum,
Londres. Con permiso del museo.

Pág. 282   El calendario universal, 1957.

Nota bibliográfica

He escrito este libro como novelista fascinado por la inusual e inesperada historia del nacimiento y evolución del calendario utilizado en casi todo el mundo. No formulo quejas contra los expertos académicos en los amplísimos campos de la medición del tiempo, la astronomía, las matemáticas, la filosofía del tiempo, la teología o la historia. He hecho todo lo que he podido por investigar con minuciosidad y exactitud lo que era necesario en cada uno de estos campos para escribir la presente historia. He consultado con expertos que generosamente me concedieron su tiempo y que, por lo general, o estuvieron de acuerdo con mis interpretaciones o me ayudaron a corregirlas. Obviamente, cualquier error o malinterpretación es de mi propia cosecha.

Lo que sigue es lo más destacado de las fuentes que he utilizado para escribir este libro. Según el estilo tradicional, he consultado centenares de fuentes, tanto primarias como secundarias, comparándolas unas con otras y pidiendo a algunos expertos que revisaran el material. En asuntos del calendario he utilizado fuentes primarias siempre que me ha sido posible. He trabajado extensivamente en la Biblioteca del Congreso de Washington y he visitado y trabajado en la Británica de Londres, en la Vaticana y en algunos archivos de Roma.

Sorprendentemente, encontré pocos libros recientes sobre el calendario, aunque hace poco el astroarqueólogo Anthony F. Aveni ha publicado un excelente libro sobre la historia y el significado del tiempo, titulado *Empires of Time: Calendars, Clocks and Cultures* (Kodansha International, 1995). También me fue de mucha ayuda *Time: The Familiar Stranger*, de J. T. Fraser (The University of Massachusetts Press, 1987); el pequeño pero informativo volumen de Margo Westrheim, *Calendars of the World* (Oneworld, 1993); y el clásico de P. W. Wilson, *The Romance of the Calendar* (Norton, 1937). También *The Book of Calendars*, preparado por Frank Parise (Facts on File, 1982).

El más indispensable de todos los trabajos en general fue una colección de ensayos que encontré en la librería vaticana de Roma: *Gregorian Reform of the Calendar: Procee-*

dings of the Vatican Conference to Commemorate Its 400th Anniversary 1582-1982, preparado por G. V. Coyne, M. A. Hoskin y O. Pedersen (Specola Vaticana, 1983). Contiene artículos de expertos en el calendario de todo el mundo, que detallan todos los aspectos de la reforma gregoriana, la historia del calendario eclesiástico católico, la reacción a la reforma de 1582 y la situación actual del calendario.

Para ideas e información general sobre la historia del tiempo y la ciencia, he consultado *The Discoverers: A History of Man's Search to Know His World and Himself*, de Daniel J. Boorstin (Vintage, 1983), y varias enciclopedias: *The World Book Encyclopedia* (1995), *The New Catholic Encyclopedia* (1967), *A History of Technology*, preparada por C. Singer y otros (Clarendon Press, 1954), y el *Dictionary of Scientific Biography*, preparado por C. C. Gillispie (1970-1980). Atlas y trabajos históricos generales como *Europe: A History*, de Norman Davies (Oxford University Press, 1996), *The Penguin Atlas of Medieval History* (1967) y *The Penguin Atlas of Medieval History* (1969), de Colin McEvedy, y *The Times Concise Atlas of World History*, preparado por Geoffrey Barraclough (Hammond, 1982). Y los indispensables *Webster's New Biographical Dictionary* (1983); *Webster's New Geographical Dictionary* (1984); y *Webster's New Universal Unabridged Dictionary* (1972).

Entre los sitios de Internet están el New Advent Catholic Supersite, *http://www.knight.org/advent/cathen/*; el CalendarLand, *http://website.juneau.com/home/janice/calendarland/*, un sitio de información general sobre el pasado y el presente del calendario en todo el mundo; y Britannica Online, *http://www.eb.com/*. También he utilizado numerosos sitios sobre temas que van desde las matemáticas hasta las descripciones de ciudades y países; y desde la filosofía del tiempo hasta la peste negra.

Sobre antiguos calendarios y sociedades, he utilizado *Empires of Time*, de Aveni; y el clásico de Alexander Marshack, *The Roots of Civilization* (McGraw-Hill, 1972). Marshack tuvo además la amabilidad de enviarme varios artículos que actualizaban su trabajo. Consulté asimismo *The Maya*, de Michael Coe (Thames and Hudson, 1993); *The Prehistoric Solor Calendar* de John Phelps (John Hopkins Press, 1955); *Archaeoastronomy in the New World*, preparado por Anthony Aveni (Cambridge University Press, 1982); *Stonehenge Decoded* de G. S. Hawkins (Delta Dell, 1965) y *Stonehenge Complete* de C. Chippindale (Cornell University Press, 1983).

Sobre la historia general de la ciencia, el tiempo y el calendario: *The Ordering of Time: From the Ancient Computus* to the *Modern Computer*, de Arno Borst (Polity Press, 1993), y *Ancient Inventions*, prep. por Peter James y Nick Thorpe (Ballantine Books, 1994). También *History of the Hour: Clocks and Modern Temporal Orders* de Gerhard Hohrn-van Rossum, trad. de Thomas Dunlap (University of Chicago Press, 1996). Sobre filosofía, *A History of Philosophy*, de Frederick Copleston (Doubleday, Nueva York, 1985).

Sobre la historia de la astronomía, recurrí a *A History of Astronomy*, de A. Pannekoek (Dover, Nueva York, 1961); *Early Astronomy*, de Hugh Thurston (Springer-Verlag, Nueva York, 1994); y *The Cambridge Illustrated History of Astronomy*, prep. por Michael Hoskin (1997). Sobre la antigua Alejandría, he consultado *City of Stargazers*, de Kenneth Heuer (Scribner's, 1972). Sobre astronomía en general, *Orbiting the Sun, Planets and Satellites of the Solar System*, de Fred L. Whipple (Harvard University Press, 1981), y *Astronomical Tables of the Sun, Moon and Planets*, de Jean Meeus (Willmann-Bell, Richmond, Virginia, 1983). También de Jean Meeus y Denis Savoie, «The History of the Tropical Year», *Journal of British Astronomical Association*, 102, 1 (1992), pp. 40-42. Sobre la historia de las matemáticas, *A History of Mathematics*, de Carl B. Boyer (John Wiley & Sons, 1991), y *The Crest of the Peacock* de G. G. Joseph (Penguin, 1992). Sobre la ciencia del tiempo, *About Time. Einstein's Unfinished Revolution*, de Paul Davies (Touchstone, 1995) y *A Brief History of Time*, de Stephen Hawking (Bantam, 1988).

Para el calendario romano utilicé *The Calendar of the Roman Republic*, de Agnes Kirsopp Michel (Princeton University Press, 1967); *The Roman Origins of Our Calendar*, de Van Johnson (American Classical League, 1974); y *Playing with Time. Ovid and the Fasti*, de Carole E. Newlands (Cornell University Press, 1995). Sobre historia romana en general, *The Decline and Fall of the Roma Empire*, de Edward Gibbon; *History of the Later Roman Empire*, de J. B. Bury (Dover, 1958); y *The Cambridge Ancient History*, vol. IX, prep. por J. A. Crook y otros (Cambridge University Press, 1994).

Sobre historia medieval y del Renacimiento he utilizado *The Civilization of the Middle Ages*, de Norman F. Cantor, (HarperPerennial, 1993); *The Pelican History of Medieval Europe*, de Maurice Keen (Penguin, 1988); y *The Foundations of Early Modern Europe, 1460-1559*, de Eugene F. Rice hijo (Norton, 1970). Sobre la ciencia en la Edad Media y el Renacimiento: *Science in the Middle Ages*, preparado por David C. Lindberg (University of Chicago Press, 1978);

The Foundations of Modern Science in the Middle Ages, de Edward Grant (Cambridge University Press, 1996); y *The Measure of Reality: Quantification and Western Society, 1250-1600*, de Alfred W. Crosby (Cambridge University Press, 1997). Sobre la Iglesia en la Edad Media, he utilizado *A History of the Medieval Church, 590-1500*, de Margaret Deanesly (Methuen & Co, 1969). También he utilizado *Intellectuals in the Middle Ages*, de Jacques Le Goff, trad. de Teresa Lavender Fagan (Blackwell, 1994), y *Medieval Civilization, 400-1500*, también de Le Goff, trad. por Julia Barrow (Blackwell, 1995). Como fuentes primarias he utilizado el fenomenal «Internet Medieval Sourcebook», de la Fordham University de Nueva York, en *http://www.fordham.edu/halsall/sbook2.html*, que incluye amplias ofertas de textos originales completos y a menudo difíciles de encontrar.

Sobre la India he consultado *A History of India* de Romila Thapar (Penguin Books, 1977); para la historia del Islam y del Imperio árabe, *The Arabs, A Short History*, de Philip K. Hitti (Regency Publishing, 1996). Sobre el calendario islámico, leí *The Muslim and Christian Calendars*, de G. S. P. Freeman-Grenville (Oxford University Press, 1963).

La reforma gregoriana se cita con mucho detalle en varias fuentes ya mencionadas. También he utilizado varias fuentes primarias, incluida la bula promulgada por Gregorio XIII, el *Compendium novae rationis restituendi kalendarium*, publicado por la comisión papal del calendario, y otros documentos guardados en los archivos del Vaticano y otras bibliotecas. He tomado mucha información de la *Gregorian Reform of the Calendar*, citada más arriba.

Para contar la reforma británica del calendario he utilizado varias fuentes originales, incluyendo documentos gubernamentales del reinado de Isabel I y de la década 1750-1760; y varios periódicos y folletos de las colonias inglesas y americanas entre 1751-1753. *The Gentleman's Magazine* también me dio detalladas y entretenidas versiones sobre la reforma en 1580-1590 y en 1752. Consúltense los números de marzo de 1751, abril de 1751 y septiembre de 1752. Véase además un pequeño folleto informativo de H. Dagnall, *Give Us Back Our Eleven Days: An Account of the Change from the Old Style to the New Style Calendar in Great Britain in 1752* (edición de autor, Queensbury, Reino Unido, 1991).

Para adentrarme en los personajes más importantes he leído los trabajos originales de cada uno sobre el tema, además de biografías, artículos y notas biográficas en enciclopedias y diccionarios. Sobre Roger Bacon, mis fuentes secundarias son *Roger Bacon and his search for universal science*, de Stewart C. Easton (Russel and Russel, 1971); *Roger Bacon, A Biography*, de Winthrop F. Woodruff (James Clark & Co, 1938), y «The True Roger Bacon», de Lynn Thorndike, *The American Historical Review*, vol. XXI, n.º 3, enero y febrero de 1916. Sobre Copérnico he leído *The World of Copernicus*, de Angus Armitage (E. P. Publishing Ltd., 1972). Sobre lord Chesterfield, *Lord Chesterfield: His Character and Characters*, de Colin Franklin (Scholar Press, 1993). Sobre Cristóbal Clavio y la vida intelectual romana del siglo XVI, *Between Copernicus and Galileo: Christoph Clavius and the Collapse of Ptolemaic Cosmology*, de James M. Lattis (University of Chicago Press, 1994). Sobre John Dee: *John Dee: Scientist, Astrologer, and Secret Agent to Elizabeth I*, de Richard Deacon (Frederick Muller, 1968), y *John Dee, The Politics of Reading and Writing in the English Renaissance*, de William H. Sherman (University of Massachusetts Press, 1995). Sobre Julio César: *Julius Caesar*, de J. F. C. Fuller (Da Capo Press, 1965), y *Caesar*, de Christian Meier (Basic Books, 1982). Sobre Constantino: *Constantine the Great*, de Michael Grant (Scribner's, 1993). Sobre Beda: *Bede, the Schools and the Computus*, de Charles Jones (Variorium, 1994).

[illegible] y el comentario. [illegible] Roger Bacon [illegible] Roger Bacon [illegible] de [illegible] (Russel and Russel, 1971). Roger Bacon [illegible] Westacott [illegible] The Roger Bacon [illegible] Opus [illegible] Little, Roger Bacon [illegible] Roger Bacon [illegible] de [illegible] 1972. [illegible] The Character [illegible] de [illegible] Press, 1952. [illegible] Erwin Panofsky, [illegible] *Gothic Architecture and Scholasticism* [illegible] Johann Huizinga [illegible] de [illegible] University of Chicago Press, 1961. Sobre John Dee, [illegible] A [illegible] de Richard [illegible] (con [illegible]), 1988. John Dee: *The Politics of Reading and Writing in the English Renaissance*, de William H. Sherman, University of Massachusetts Press, 1995. Sobre John Dee [illegible] Cambridge [illegible] Peter French [illegible] 1972 [illegible] Routledge [illegible] Paul, 1988. [illegible] Ricoeur, 1992.

Agradecimientos

No tengo palabras para expresar el profundo agradecimiento que siento por mi familia por soportarme durante los meses que pasé trabajando hasta la madrugada y durante los fines de semana, con objeto de escribir este libro; por mi bella y comprensiva esposa Laura, por mis hijos Sander, Danielle y Alex. Por mi padre, que leyó el manuscrito y fue una gran ayuda y una fuente de inspiración. Y por mi madre, que siempre ha sido mi partidaria más entusiasta.

Muchas gracias a Stephen Power, extraordinario corrector que me pidió que escribiera el libro, sabiendo de alguna manera que sería un placer para mí y una maravillosa experiencia. A Mel Berger, que siempre ha creído en mí y me ha animado: es el mejor agente que conozco. Gracias a Marcie Posner, agente trotamundos de la casa William Morris, y a Claudia Cross. Y también a Sue Warga, correctora de estilo sin par, y maestra de miles de detalles.

Gracias a Polly Bart, extraordinaria investigadora y amiga; y a mi ayudante Tanya Vlach.

Varios académicos y consejeros me ayudaron a entender y reconstruir la historia y los hechos presentados en este libro. Gracias a mi viejo amigo Steve Vicchio y a otros expertos lectores: Anthony Aveni, Richard Landes, Tom Settle, Rick McCarty y Steve Dick. También agradezco la ayuda de los bibliotecarios e investigadores de la Biblioteca del Congreso, la Británica de Londres, la Vaticana de Roma, y la Milton S. Eisenhower de la Universidad Johns Hopkins de Baltimore. También doy las gracias a Richard Hansen, David Joyce, Clive Priddle, Brett Robertson, el Observatorio Naval de Estados Unidos y el Real Observatorio de Greenwich. Y a Richard Harris, a Tom Bettag, al personal de ABC Nightline y al personal de las oficinas de ABC News en Washington y Roma.

Agradecimientos

[illegible]

Índice analítico

Witold Rybczynski

Esperando el fin de semana

Si bien Aristóteles afirmó que "trabajamos para tener tiempo de ocio", en las sociedades modernas es a menudo el trabajo el que absorbe la mayor parte del tiempo y el esfuerzo humanos. Para un número creciente de personas, la actividad remunerada, a pesar de su carácter obligatorio, se ha convertido en un bien más deseado que la diversión. ¿Ha perdido el hombre moderno la capacidad de no hacer nada?

A lo largo de la historia, el ocio ha cumplido diversas funciones. Desde la simple necesidad de recuperar energías, con el único fin de mantener el rendimiento, hasta la más compleja función de antídoto psíquico contra la monotonía y el desinterés, pasando por la necesidad innata de fiestas profanas o sagradas, la relación entre trabajo y tiempo libre ha sido siempre un elemento central en la conducta individual y colectiva.